CORPORATE
FINANCE

公司金融

许东海　米彦香 —————— 主编

经济管理出版社
ECONOMY & MANAGEMENT PUBLISHING HOUSE

图书在版编目（CIP）数据

公司金融 / 许东海，米彦香主编. -- 北京 ： 经济
管理出版社，2025. 5. -- ISBN 978-7-5243-0315-2

Ⅰ. F276.6

中国国家版本馆 CIP 数据核字第 2025FA7488 号

组稿编辑：魏晨红
责任编辑：魏晨红
责任印制：张莉琼
责任校对：王纪慧

出版发行：经济管理出版社
　　　　　（北京市海淀区北蜂窝 8 号中雅大厦 A 座 11 层　100038）
网　　址：www.E-mp.com.cn
电　　话：（010）51915602
印　　刷：北京市海淀区唐家岭福利印刷厂
经　　销：新华书店
开　　本：720mm×1000mm/16
印　　张：16
字　　数：320 千字
版　　次：2025 年 5 月第 1 版　　2025 年 5 月第 1 次印刷
书　　号：ISBN 978-7-5243-0315-2
定　　价：68.00 元

前　言

本书全面介绍了公司金融的基本理论与方法，涵盖货币的时间价值、投资组合理论、资本资产定价模型、债券估值及其计算方法、公司财务报表的基本构成与分析框架、资本成本的理论基础与计算模型、资本预算的理论依据与投资决策方法、公司融资方式及其管理策略、营运资本管理的实践应用、资本结构理论、股利政策理论及其影响因素等关键领域。

作为金融学专业、会计学专业和财务管理专业本科生核心课程的指导书籍，在保证学科体系完整的前提下，以适应理论教学改革的需求为出发点，坚持理论与实践并重，努力贴近本科阶段的教学实际，强化实践性教学环节，通过例题分析和本章小结与练习题演练，使读者能够全面领会所学内容，突出应用能力培养，提高分析问题和解决问题的能力。本书的内容共十章。其中，第一章至第五章是公司金融的基本理论部分，主要包括公司金融导论、货币的时间价值、投资组合理论、资本资产定价模型和债券估值。第六章至第七章是资金使用部分，主要包括财务报表分析和资本预算。第八章至第九章是资金筹集与管理部分，主要包括长期筹资方式、短期筹资方式和资本结构。第十章是股利政策。

本书既可满足金融学、财务管理、会计学等专业本科课程教学的需要，也可为从事相关问题研究和教学的人员提供参考，为从事金融管理的从业工作者带来启发与裨益。

本书由许东海、米彦香主编，高铁林、赵沙沙副主编。全书的编写分工如下：许东海负责第一章、第二章、第三章、第四章、第六章、第七章和第九章；米彦香负责第五章；高铁林负责第十章；赵沙沙负责第八章。许东海对本书进行了整体的调整和修改。

本书的出版得到了河北师范大学 2024 年校级教材建设研究项目的经费支持。本书在编写过程中，参考了大量国内外专家的著作、教材与文章，在此表示诚挚谢意。由于水平所限，书中难免出现错误和纰漏，恳请同行及读者批评指正。

目　录

第一章 公司金融导论

📚 **学习要点**

1. 了解公司金融的概念。
2. 掌握公司金融的研究内容。
3. 掌握企业的组织形式。
4. 理解经营活动与财务活动。
5. 掌握公司金融的目标。

第一节 公司金融的概念

一、金融学两大研究领域

公司金融（Corporate Finance）是金融学的一个重要分支学科，金融学（Finance）作为经管类专业的一门核心课程，聚焦价值判断与价值规律的深度探究，是从宏观经济学理论体系中逐渐分化并独立发展而成的一门学科。金融学以货币、信用、金融机构、金融市场及金融工具等核心要素为研究对象，系统性地研究社会经济活动中的资金融通行为、资金的优化配置机制及金融市场的运行规律，旨在通过对金融资源的科学调配与有效管理，实现经济资源在时间维度和空间维度上的合理流动与最优分配，进而促进社会经济的持续、稳定、高效发展。为什么会有金融？其本质是因为有人持有富余的钱。例如，在市场中存在两方，其中一方资金富余，且资金没有合适的用途，想找一个合适的渠道将富余的资金进行投资，称其为"资金供给方"；另一方资金不足，想办法融资，以进行日常的消费或者投资等，称其为"资金需求方"。这时就需要一个金融中介，即金融机构将资金从供给方调配至需求方。

通常来说，金融就是实现资金供给方、金融中介、资金需求方三方的资金的跨时间配置。首先，对于资金供给方来说，通过放弃或者减少当前的消费，将资金委托给金融机构，由金融机构去代替他们理财或者投资，赚取未来的收益，实现未来收益的增值；其次，对于资金需求方来说，通过金融机构从资金供给方获取资金，相当于透支自己未来的资金，在当前进行更好的投资，赚取更高的回报；最后，金融机构通过从资金供给方代理资金调配至资金需求方，并从中赚取一定的手续费等。这样三方都实现了资金的跨时间配置，这就是金融学的本质。

虽然目前金融学的细分领域较多，但是可以将其大致分为两个大的研究领域，即公司金融和投资学。

（一）公司金融

20世纪前，公司金融在学术界通常被视为微观经济学相关理论在企业层面的具体应用，其本质上是经济学科的一个重要分支。然而，这一局面在1897年发生了显著改变。托马斯·格林纳（Thomas Greene）在《公司理财》一书中，对公司金融的理论体系与实践应用进行了系统的梳理与深入的研究，从理论架构、研究方法及实践应用等维度，清晰地展现了公司金融区别于传统微观经济学的独特性与独立性。该著作的出版成为公司金融学科发展史上的关键转折点，此后，公司金融逐步从微观经济学的理论框架中分化出来，发展成具有独立研究对象、理论体系与方法论的专门学科，在金融学领域中占据举足轻重的地位，并发挥着日益重要的作用。公司金融是金融学的分支学科，是"帮助公司做融资决策和投资决策"的一门学科，可以理解为帮助公司解决关于资金的问题。其中，融资决策主要是研究公司在需要资金时，如何从现有的众多融资渠道中选出最佳的融资方案。投资决策主要是研究公司筹集到资金之后，如何进行投资、如何寻找合适的项目，这时需要给公司出谋划策，确定资金投向哪个项目，为公司创造出更多的收益或者现金流量，提高公司的整体价值。

（二）投资学

投资学是研究"资产投资"的学科，可以划分为实产投资（直接投资）和证券投资（间接投资）。例如，当个人或者公司有富余资金时，其中一个选项就是投资，这时可以选择一家专业机构，如证券公司或者基金公司代替其进行投资，投资的对象通常是股票、证券、国债等金融资产，通过投资来获得合理的收益，并承担与之相匹配的风险。投资学的核心就是以效用最大化准则为指导，获得财富配置的最优均衡解。

二、公司金融的研究内容

公司金融是金融学非常重要的内容之一，具体来说，公司金融主要解决以下三个方面的问题。

（一）投资

公司应进行怎样的长期投资、公司要进行怎样的投资、如何寻找合适的项目？例如，在新建厂房、购入各种设备，或者发展新的主营业务，甚至进行一项并购时就需要给公司做一个规划，决定资金投向哪个具体的项目，会为公司将来创造出更多的收益或者现金流，增加公司的整体价值。为实现判断每个投资项目对公司是否有利、每期的投资项目对于公司整体来说是否合适，需要通过经济分析评价，这就是"公司金融"课程中所说的资本预算（Capital Budgeting），资本预算是指公司对于一定期限内的长期资产投资计划，根据财务指标进行的预算和分配。资本预算的主要内容包括长期资产的购买、租赁和建造等。公司在进行资本预算时，对面临的各个不同的投资项目，通过评估和决策来决定具体投资哪个项目，这就是"公司金融"课程中所说的投资决策（Investment Decision）。投资决策通常需要对项目的收益、成本、风险和时效等方面进行综合分析和比较。资本预算和投资决策是公司金融中的两个重要方面，后文将详细讲解。

（二）融资

如果公司要进行某项长期投资，如工厂建设、各种设备的购入等，那么如何筹集这些长期投资所需资金、如何从现有的众多融资渠道中选出最佳的融资方案，就是公司金融主要研究的第二个问题——融资，也称为资金筹集。

在当今的世界经济中，金融创新相当活跃，融资渠道大大增多，主要分为直接融资和间接融资。直接融资可以简单地理解为没有金融中介机构介入的资金融通方式，如股权融资、债券融资、风险投资等；间接融资即有金融中介机构介入的资金融通方式，如银行信贷、贴现等，当然还要考虑涉及公司融资期限与长期投资期限匹配、融资成本比较等内容，这就是"公司金融"课程中所说的融资决策，即帮助公司从众多融资渠道中选出最佳的融资方案。

（三）营运资本管理

营运资本管理是指公司应如何管理短期资产，以及如何进行短期融资。短期资产管理对于公司来说也是非常重要的，会涉及公司日常的现金管理、流动性管理、流动资产、流动负债等内容，如果这些方面出现了问题，可能会导致公司陷入财务困境，甚至濒临破产。可以通过关注公司净营运资本来加强对短期资产的管理。净营运资本是公司流动资产与流动负债之差，该指标能够直观地反映公司在短期内可自由支配的资金规模，以及短期债务的偿还能力。净营运资本的数值越大，意味着公司在满足短期债务清偿需求后，仍能剩余较多的货币资金，这不仅体现了公司较强的流动性风险抵御能力，也表明公司具备更为充裕的资金用于长期债务融资或其他战略投资活动，从而在一定程度上降低了公司陷入财务困境的风险，为公司的稳健经营和可持续发展提供了有力保障。

总体来说，"公司金融"课程主要学习投资、融资和短期资产管理三个方面的内容。从投资的角度来说，会涉及资本成本的确定、未来现金流的估计等；从融资的角度来说，会涉及对出资者的回报，如何支付债券利息、如何发放股利等。

第二节　企业的组织形式

为什么称为"公司金融"，而不是"企业金融"？公司金融与企业金融之间是否有区别？回答这些问题需要从企业的组织形式来分析。

企业的组织形式是指企业存在的形态和类型，通常有三种组织形式，分别是独资企业（Sole Proprietorship）、合伙制企业（Partnership）和公司制企业（Corporation），平常所说的"公司"实际上就是公司制企业。

一、独资企业

独资企业是由个人出资、个人所有和经营的企业，也称个体企业或者自然人企业，是一种最初级的经济形态，不具备法人主体资格。因为独资企业是由个人出资创办的，企业负责人就是投资者本人，有很大的自由度，只要遵纪守法，可以选择适合自己的经营方式，如需要雇用多少员工、是否进行银行信贷融资等，由企业负责人决定。如果公司运营顺利，对获得的收入依法缴纳税金后，剩余的资金由企业负责人自行分配；反之，如果公司运营失败，亏损并欠下外债，就需要由企业负责人承担无限连带责任，用自有资产进行偿还。我国的个体户和私营企业大多属于独资企业。

二、合伙制企业

合伙制企业是指由两个或两个以上的个人或者实体组织通过签订合伙协议，共同出资、合伙经营、共享利润、共担风险的组织。合伙制企业可以分为普通合伙制企业和有限合伙制企业两类。这两类合伙制企业的区别主要在于，在普通合伙制企业中，普通合伙人对合伙企业的债务承担无限连带责任，即合伙人需以个人全部财产对合伙企业债务负责；而在有限合伙制企业中，有限合伙人以其认缴的出资额为限，对合伙企业债务承担有限责任，其责任范围仅局限于其出资额度内。这种责任承担方式的不同，是两类合伙制企业的核心区别，对企业的风险承担、经营决策及合伙人权益保护等方面均产生深远影响。

三、公司制企业

公司制企业是依据国家相关法律法规，由法定数量以上的投资者（股东）出资组建，拥有独立法人资格，实行自主经营、自负盈亏的经济组织形式。在我国，公司制企业主要分为有限责任公司和股份有限公司两种组织形式。当企业采用公司制组织形式时，其所有权与经营权实现分离，即股东作为所有者，主要负责涉及所有者权益或资本权益变动等重大决策事项，而公司的日常生产经营活动及财务管理等具体运营事务，由专业的经营者团队负责决策与执行。这种分离机制有助于充分发挥专业管理人员的经营才能，降低股东直接参与日常经营的管理成本，同时也有利于公司治理结构的完善与优化，提升企业的运营效率与市场竞争力。

需要注意的是，公司制企业具有"法人资格"，《中华人民共和国民法典》第一篇第三章第五十七条规定："法人是具有民事权利能力和民事行为能力，依法独立享有民事权利和承担民事义务的组织。"即公司制企业在法律上等同于一个人，享有权利和负担义务，这是公司制企业区别于其他组织形式企业的重要特点。所以，公司制企业作为法人可以起诉别人，也可以被别人起诉。

四、不同组织形式企业的优缺点

以下对不同组织形式企业的优缺点进行分析，以便读者在创办企业时能够根据实际情况选择合适的企业组织形式。

（一）独资企业

独资企业是由个人出资、个人所有和经营的企业。例如，读者可以通过线上或线下方式去注册一个独资企业。

1. 独资企业的优点

（1）发起容易。不需要与他人协商并取得一致，投资者本人即可办理，由投资者本人决定企业的名称、成立日期、未来的主营业务，而且只需要很少的注册资金等。

（2）固定成本较低。因为企业规模很小，政府对其监管也相对较少，不会要求企业负责人定期披露财务报表和经营状况等数据，且对企业规模无明确的限制，此外因为是个人发起设立，所以对企业进行内部协调相对容易。

（3）独享所有的利润。因为独资企业是由一个人发起的企业，所以企业负责人会独自享有公司所有的利润,不用分享给其他人。

(4)只缴纳个人所得税。个人独资企业按照现行税法规定无须缴纳企业所得税,只需缴纳个人所得税,适用5%~35%的超额累进税率。

2. 独资企业的缺点

(1)所有者生命有限。企业的存续年限是与所有者的寿命相挂钩的,如果企业投资人无法继续经营企业或者去世了,那么这个企业也就终结了。

(2)外部融资难。因为个人的资金终归有限,企业的权益资本会受到所有者个人财产的限制,想将企业做大做强会比较辛苦,也比较难。另外,以个人名义借款和贷款的难度也较大。因此,独资企业限制了其业务的拓展和规模的扩大。

(3)无限责任。无限责任作为一种责任承担形态,其内涵较为严苛。具体而言,当企业面临财务困境,其全部财产价值不足以清偿到期债务时,企业投资人需承担超出企业资产范围的责任,即以个人全部财产用于清偿企业债务。这一责任形式实质上将企业的责任与投资人的个人责任紧密相连,形成一种连带责任关系。这意味着企业所有者不是以其在企业中的出资额为限承担责任,而是要将其个人全部资产纳入债务清偿范围,即将所有者个人的所有资产与企业的经营风险紧密捆绑,一旦企业出现债务危机,投资人将面临极大的财务风险,其个人财产可能因企业债务而遭受严重损失,这种责任形式对于企业投资人而言具有较高的风险和较大的经济压力。

(二)合伙制企业

合伙制企业的优缺点与个人独资企业类似,只是程度有些区别。

1. 合伙制企业的优点

(1)发起相对容易。与独资企业相似,创立合伙制企业没有那么多限制,相对容易。

(2)企业资本数量不受单个所有者财富的限制。合伙制企业的资本数量不受单个所有者资产的限制,因此合伙制企业拥有更多的经营资本和发展空间。

(3)只缴纳个人所得税。作为合伙制企业的合伙人,赚取收入之后,只需要缴纳个人所得税。

2. 合伙制企业的缺点

(1)无限责任。合伙制企业的缺点与独资企业相似,但合伙制企业又分为普通合伙制和有限合伙制两类。普通合伙制企业的所有合伙人都要承担无限责任,也就是说,当企业的全部财产不足以清偿到期债务时,普通合伙制的所有合伙人应以个人的全部财产用于清偿企业债务。有限合伙人则不参加合伙企业的经营,仅以其出资额为限承担责任。

（2）所有权利益流通性差。依据相关法律规定，当合伙人欲转让其在合伙企业中的所有权份额时，须获得其他合伙人的同意，而在某些情况下，还需对合伙协议进行相应修改。这一规定使合伙企业所有权的转让过程较为复杂，从而导致其所有权利益的流通性受到较大限制，难以像其他企业组织形式中的股权或股份那样便捷地进行转让与流通，这在一定程度上影响了合伙制企业在资本运作与权益调整方面的灵活性。

（三）公司制企业

公司制是现今最普遍的企业组织形式，是现代企业典型的组织形式。

1. 公司制企业的优点

（1）有限责任机制。股东以其认缴的出资额为限对公司承担有限责任，实现投资风险的有效隔离。

（2）容易转让所有权。一个公司实行的所有权与经营权的分离，是公司制企业区别于独资企业和合伙制企业组织形式最重要的特点，具有永续经营特性。公司存续不受股东变更的影响，可通过股权转让实现所有权平稳过渡。

（3）可以无限存续。在最初的所有者和经营者退出后，只要有合适的接班人，公司仍然可以继续存在。

（4）融资渠道多元。公司制企业融资渠道较多，更容易筹集所需资金。例如，公司可以通过债权融资和股权融资两种方式融资，债权融资包含银行贷款、应付票据、发行债券、应收账款等，股权融资包括增发股票、配股、引入战略投资者等。

2. 公司制企业的缺点

（1）设立成本高。《中华人民共和国公司法》对建立公司制企业的要求高于建立独资企业或合伙制企业的要求，并需要提交一系列法律文件，通常花费的时间也较长。公司制企业成立后，政府对其监管比较严格，需要定期提交各种报告。

（2）代理成本问题。所有权与经营权分离可能引发道德风险，所有者成为委托人，经营者等代理人可能为了自身利益而损害股东等委托人的利益，需通过薪酬激励、股权期权等机制降低代理成本。

（3）双重征税。作为独立法人，公司制企业需缴纳企业所得税，在分配税后利润时股东还需缴纳个人所得税。

关于公司制企业所有权与经营权的分离、代理问题等内容，会在后续章节中讲述。

第三节　经营活动与财务活动

在此通过引入 S 公司的发展历程来介绍相关内容。

1878 年，机械纺织技术刚刚引进，国内制造纺织机才刚刚起步。创始人认为这将是一个有前途的行业，他用自己和家族的财产进行投资，以个人身份成立了独资企业——机器织布所，他实际上就是个体业主。

从晚清走来的机器织布所，从国外引世界机器纺织之良技，在国内集聚能工巧匠，共同抵御洋商挤压，振兴民族工业。机器织布所将获得的大半利润都用于技术研究开发，并且创立了专门的研究部门，这时创始人家族出现资金紧张的状况，需要进行融资，虽然向亲戚朋友请求出资帮助，但帮助有限，所以采用合伙制企业的方式吸引出资者，并将机器织布所名称改为机器织布局。因为出资者都对所负的无限责任心存恐惧，所以大部分投资者采用有限合伙人的方式。有限合伙人所负的责任以其出资金额为限，即使企业陷入困境，债务违约时，有限合伙人也没有义务去偿还出资金额限度以上的公司负债。但是有限合伙人不能参加合伙企业的经营，并且只有征得普通合伙人同意才可以将所有权益转让给第三者，通过这种方式得到了众多投资者的出资帮助，机器织布局的规模得到了进一步的扩大。20 世纪 30 年代，机器织布局的纺织品品类丰富、品质优良、数量巨大，已享誉海内外，为城市提供了物质和经济基础。

中华人民共和国成立后，纺织工业成为重要的民生产业，机器织布局更名为纺织工业局，在社会主义建设时期和计划经济时期，为解决百姓的穿衣问题，吸纳就业，为人民生活水平的提高和城市的美化作出了巨大贡献，其拥有棉、麻、丝、毛、化纤纺织，产业门类齐全，从纤维到纱，从布到服装、家纺等消费品，形成了完整的产业链。

1995 年，随着改革开放进程的不断深入，传统的劳动密集型纺织工业陷入了困境。但是，有着光荣历史和优良传统的纺织人以大无畏的气概实施了两大壮举。首先，响亮地喊出了"第二次创业"口号，进行了以"减员压锭"为标志的大规模适应性调整，果断实施了产业结构、资本结构和劳动力结构的大调整。在漫长的、伟大的、悲壮的"第二次创业"中，纺织人不回避矛盾、不畏惧困难、不放弃信念，在困难和挫折面前始终无怨无悔、负重前行，充分显示了纺织人的优良品质。其次，提出了"科技创新引领时尚产业升级"的复合型发展战略，通过推进以产业体系优化、经营范式革新、效能机制强化、可持续发展为内涵的战略变革，着力构建新型产业生态，努力使传统纺织制造业向高端提升、向制造业后续服务价值链延伸，打造与国际大都市相匹配的现代纺织业。在转型的过程中，纺织工业局多次面临资金短缺的问题，通过财政支持、员工入股、抵押贷款等方式力克难关，并将纺织工业局进行了改制，更名为纺织控股（集团）公司，成为公司制企业。最后，2001 年，公司成功在上海证券交易所上市，并积极实施"多角化+国际化"发展策略，如开展了碳纤维、复合塑料、汽车用布、医药咨询、投资等业务，在发展过程中，多次通过银行贷款、发行债券、增发股票、配股、引入战略投资者等方式解决企业所面临的资金困境。现在，纺织控股（集团）公司通过构建"技术研发—智能制造—时尚品牌"三位一体发展模式，形成了垂直整合的产业链生态系统。其业务矩阵覆盖新型材料研发、数字化生产体系、全球化贸易网络及品牌运营服务，实现生产要素的跨领域协同配置，已发展成为一家拥有较完整纺织服装产业链的企业集团。

S 公司的发展历程包含的企业活动分为经营活动和财务活动两个部分，如图 1-1 所示。

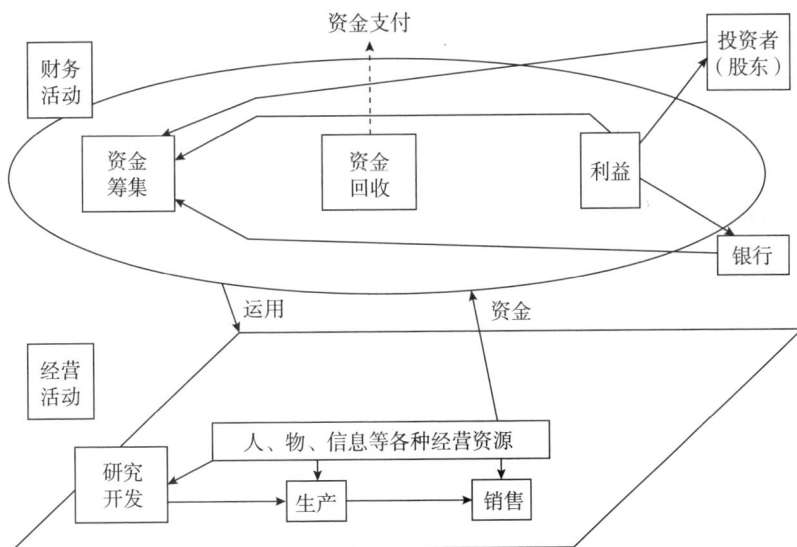

图 1-1 经营活动和财务活动

一、经营活动

上述 S 公司作为一家综合性纺织业企业，所涉及的从产品的开发、生产到销售等一系列活动，称为经营活动。

经营活动是指从事公司注册时所规定的与业务范围相关内容的活动，具体表现为商品供应链管理、专业技术服务供给、运营性资产租赁、市场营销推广及税务合规管理等系统性经济活动，构成企业持续运营的基础单元。

以制造业企业为例，企业为了开展营业活动，不仅需要准备工人、技术人员、管理者、销售人员等人力资源，还需要准备进行生产的相关设备、原材料等物资，此外为了顺利地开展经营活动，还需收集所要生产和销售的产品的市场信息，如现在的市场价格、是否有竞争者等。企业在收集了人、物、信息等各种经营资源的基础上，才可以进行产品研发、生产、销售等一系列后续活动。

二、财务活动

企业活动的第二个方面是关于资金的活动，称为财务活动。财务活动是以现金收支为主的企业资金收支活动的总称。财务活动包括资金筹集、资金运用和利润分配三大部分。其中，资金筹集是指企业为进行生产建设和经营活动而筹措和集中所需资金的相关工作。资金运用是指将货币资本转化为固定资产、无形资产等价值载体的全过程。例如，将筹集到的资金分配到经营活动中，如各工厂、各种设备的资金分配等。当资金有富余时，可以将富余部分投资于债券或股票，在这种情况下资本就是运用到金融资产上了。利润分配是指企业将实现的净利润，按照国家财务制度规定的分配形式和分配顺序，在缴纳相应税费、弥补亏损、提取法定公积金等步骤后，最终向投资者分配利润的过程。

三、经营活动和财务活动的关系

经营活动和财务活动就像自行车的两个轮子，只有同时向前才能保持平衡。经营活动的顺利展开，如果能够为企业资金的出资者(股东、债券持有者、银行等)提供其所期待的投资收益，将来企业就能相对容易地筹集到所需资金，即顺利的经营活动使顺利的财务活动成为可能。合理的财务活动可为企业经营活动提供所需的资金，财务活动如能提供充足的资金，会推动企业经营活动朝着期待的方向顺利地发展。

当然，经营活动与财务活动并不能明确地区分开。例如，企业为建设新工厂购买了建设用地，最终因各种原因未能建设，建设用地在闲置了一段时间后，市场价格上升了，企业获得了增值收益，这种情况与财务活动很难区分。再如，互换是金融交易，属于财务活动，但在经营活动中为规避汇率风险对进出口业务的影响而进行相关交易，也是经营活动的一部分。像S公司这样持有其子公司的股票，购买其子公司股票本身是财务活动，但从关联公司的关系来看，这又是经营活动的一部分。因此，现今经营活动和财务活动混在一起的情况较多。

第四节　公司金融的目标

一、概念定义

（一）资本市场

企业为了融资可以发行股票或债券。股票市场和债券市场合称为资本市场（Capital Market），资本市场是进行中长期（一年以上）资金（或资产）借贷融通活动的市场。

（二）资产

资产是指由企业拥有或者控制的、预期能够给企业带来经济利益的资源。个人投资者为实现个人资产的增值，可选择实物、股票或债券等投资方式。

（三）其他概念

投资者持有富余现金是没有收益的，如果投资股票的话，就会从有分红的公司得到红利，称为股利利得或现金利得（Income Gain），另外在股价上涨时也会获利，即资本利得（Capital Gain）；相反，股价下降时会遭受损失，即资本损失（Capital Loss）。对于企业债券而言也是相同的，投资者定期得到债券的定额利息（Interest），到期时收回与债券面额相等的本金（Receipt），这里的利息就是现金利得。

二、经济情景分析

假设读者是一家公司的首席财务官（Chief Financial Officer，CFO），应该怎样设定公司金融的目标？先来看一下由企业、消费者和金融机构构成的一个经济情景。为了简化，没有考虑政府的作用，假定所有企业都是上市公司，企业所生产的产品存在流通市场，消费者在企业中工作获取收入并按照自己的意愿支配收入，并且存在对所有企业的股票进行买卖的股票市场、公司可以发行公司债券的债券市场，如图 1-2 所示。

在图 1-2 中包含消费者、金融机构和企业，通过三者构成的简单情景分析三者之间的相互关系。

首先，从消费者的角度，消费者在生产部门的各个企业中工作，得到收入并进行消费。消费者可根据自己的喜好选择商品和服务，使用现金来消费。当然消费者并不需要把每期的收入全部花光，当收入有富余时，消费者就可以进行选择。对于消费者来说，可供选择的方式有三种：第一，保存剩余现金；第二，存入银行；第三，在资本市场投资，这里主要是指在资本市场上购买股票或债券。当然，消费者可以根据自己的需要取出银行存款，或者从银行等金融机构贷款，或者卖出自己所持有的股票或债券获得现金。

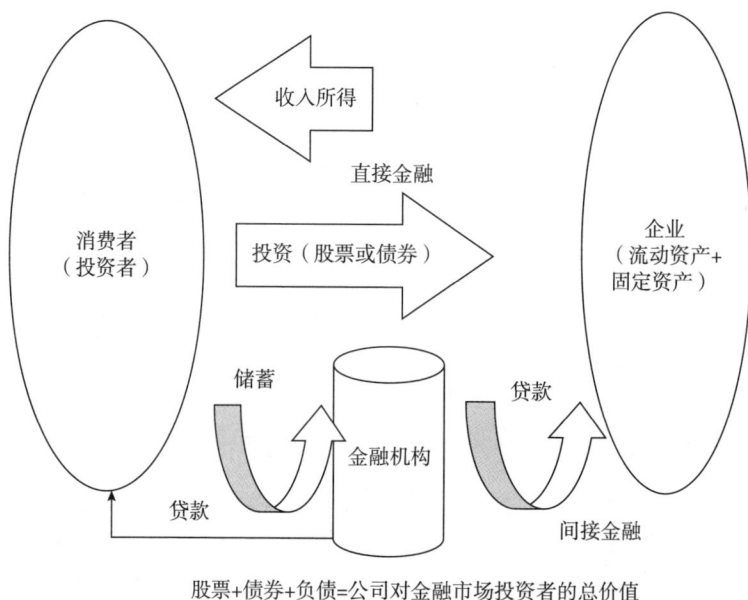

股票+债券+负债=公司对金融市场投资者的总价值

图1-2　企业、消费者和金融机构构成的经济情景

其次，从企业的角度，对于生产企业来说资金筹集也有两个途径。第一，在资本市场上通过发行股票或债券获得所需要的资金；第二，从银行等金融机构借款。前者称为直接金融，后者称为间接金融。两者的区别在于，直接金融是投资者直接从生产部门中选取企业进行投资，间接金融是指投资者在生产部门中选取哪个企业进行投资是由银行决定的。

对于业绩良好、有发展前景的股票来说，有高红利、高股价的预期，会受到投资者的青睐；相反，对于业绩差、没有发展前景的股票来说，预期收益也较低，会没有人气，股价也会较低。在这样的情况下，对于人气高、有预期收益的企业来说，因为有高额分红、股价上升的预期，会受到投资者的青睐，股票被大量买入，股价会上升，所以此类企业通过股票筹集购买生产设备或者厂房等所需要的资金是比较容易的；相反，产品销路不好，预期利益少的企业的股价低迷，进行新的融资会比较困难。与投资者相同，银行等金融机构也是根据企业未来的预期收益和现有经营状况等综合判断是否对企业进行融资的。

最后，企业的资产总价值由企业所拥有流动资产和固定资产的价值构成，公司对金融市场投资者的总价值由金融市场中投资者与金融机构等对企业的股票、债券和负债等进行估值确定，即投资者和金融机构等愿意为企业付出的总价值。

三、公司金融的目标

如何设定公司金融的目标？本书为大家提供总产值最大化、利润最大化、成本最小化和股东财富最大化四个选项，下面将分析哪个是最合理的公司金融的目标。

（一）总产值最大化

由于市场对某种产品的需求是有限的，如果将总产值最大化作为目标，有可能导致该产品的供需关系发生变化，由于供需关系决定了产品的市场价格，供大于求就会导致产品的市场价格下降，所以总产值最大化并不一定能为企业带来高收益。所以，总产值最大化并不是最合理的公司金融的目标。

总产值最大化是指在传统计划经济体制下的考核体系聚焦于所要达成的生产规模，具有产权与经营权高度集中化、生产要素配置效率受限和价值创造维度单一化三个特征。

（二）利润最大化

有读者认为利润最大化是公司金融的目标，这种看法看起来好像是正确的，企业未来持续发展就必须提高利润，但利润最大化是哪年的利润？是今年的利润还是明年的利润？是5年的利润还是10年的利润？因为今年的利润最大化可能会导致之后的利润受到影响，例如，今年搞促销，卖出去很多产品，但可能透支了市场对产品的需求，导致下一年的利润下滑。所以，利润最大化不是最合理的公司金融的目标。

（三）成本最小化

成本最小化与利润最大化存在的同样问题就是期限，要最小化时间成本，期限是难以确定与抉择的。

（四）股东财富最大化

财务总监等经营层作为代理人，应该最大化股东的利益，股东的利益体现在其持有的股票价值上。若能最大化股票的价值，就相当于最大化了股东的利益。因为最大化股票的价值是指股票的当前价值，所以就不需要考虑是今天、明天还是未来等难以确定与抉择的期限问题。

有读者可能有疑问：为什么不最大化明天的股票价值？这一问题会在后续的

有效资本市场中做讲解。在完善的资本市场中，未来所有可利用的信息、经营层现在所做的任何事情，以及企业未来的价值都体现在当前的股票价值中，所以只需要最大化当前的股票价值。

公司金融的目标就是股东财富最大化，但是这一目标也会受到一些因素的影响，如企业的社会责任（Corporate Social Responsibility，CSR）与股东财富最大化的矛盾、代理问题等。此外，还涉及债权人、政府、员工、顾客、供应商、社区、环境、经理、联盟伙伴等公司的其他利益相关者的利益。有学者提出了企业价值最大化这一观点，企业价值最大化具有深刻的内涵，其宗旨是把企业长期稳定发展放在首位，着重强调必须正确处理各种利益关系，最大限度地兼顾企业各利益主体的利益。企业价值在于它能带给所有者未来报酬，包括获得股利和出售股权换取现金。

虽然股东财富最大化是公司金融的目标，但公司的其他利益相关者的利益也不能被忽视，这是学术界的呼声，也是共识。

第五节　公司金融与其他学科的关系

本节介绍公司金融与经济学、金融学、管理学、会计学和统计学等学科之间的关系。

一、公司金融与经济学

经济学是专门研究有效分配与使用经济资源以达到财富增长的一门学科，重点研究资本市场和参与资本市场经济主体的行为及其价格机制。就其研究的主体范围来看，既有对单个主体行为的分析，也有对总量关系的分析，从而构成了微观经济学与宏观经济学两个层次。公司金融以企业为主体，研究公司投资、融资和短期资产管理三个方面内容。由上文可以看出：

第一，公司金融属微观经济学的范畴。公司金融是对单个主体经济行为的分析研究，因此，公司金融构成了经济学的一个分支。

第二，经济学是公司金融的理论基础。公司金融中的资本、价值、边际、均衡等概念均是从经济学中引入。经济学中的经济人假定、有限理性假定、市场有效性理论、代理成本等构成了公司金融的基本理论，经济学中的实证研究方法也被引进公司金融中，并不断得到拓展。

第三，公司金融的发展丰富了经济学的内容。经济学的进一步发展给公司金融的研究提出了新课题。

二、公司金融与金融学

金融学的英文"Finance"一词有财务、金融、财政、理财等含义,金融学是以货币及资本资源配置为核心研究对象的学科体系。作为现代经济的核心范畴,金融活动本质上体现为货币流通与信用关系的有机结合。从广义维度分析,该范畴覆盖信用货币的发行、存管、汇兑、清算及流通等全流程经济活动,也包含贵金属交易等特殊形态;从狭义层面分析,则特指信用资本的跨期配置与交易行为。聚焦公司金融与金融市场学的学科关联,其内在逻辑可归纳为以下四个核心维度。

第一,金融市场作为企业资本运作的核心平台,既是直接融资渠道或间接融资渠道的主要载体,也是资本配置的关键领域。在实现资源跨期转移过程中,金融工具的创新持续推动企业投融资效率的提升。

第二,基于有效市场假说,企业的财务信息与非财务信息需遵循市场透明度原则,通过价格发现机制充分反映于证券估值中。在此框架下,市场披露的运营数据成为投资者实施价值评估、绩效分析及首次公开发行定价的重要决策依据。

第三,开放型金融体系下,企业财务决策面临多维外部约束。货币供需关系、政策调整等因素不仅作用于利率与汇率波动,还会传导至资本市场及宏观经济层面,进而引发融资成本波动、资本结构优化压力、股权估值变动等连锁效应,最终重塑企业的战略投资与融资决策矩阵。

第四,公司金融构建了微观主体与宏观市场的双向互动关系。现代企业的战略决策已突破组织边界限制,通过与金融市场的深度交互,其财务活动的影响力已延伸至整个经济系统。作为市场的重要参与主体,企业的资本运作行为亦会反作用于金融市场的资本流动趋势与价格形成机制。

三、公司金融与管理学

管理学作为一门综合性学科,致力于探究组织管理活动的基本原理与实践方法。根据研究对象的空间维度差异,该学科体系可划分为宏观与微观两大研究范畴。宏观管理学聚焦国家经济系统的整体性治理,而微观管理学立足具体组织的运营管理,可进一步细分为多个专业领域。

需要指出的是,企业财务管理本质上属于价值形态的管控活动。该管理模块主要进行价值管理,对企业的资本活动进行计划、组织、控制、指挥、协调等,用财务学语言可表述为财务预测、财务决策、财务计划、财务组织、财务控制与财务协调。

公司金融与管理学的关系可总结为：

第一，管理学理论是公司金融的理论基础。管理学有关计划、组织、指挥、控制、协调的理论构成了公司金融中相关理论的基础。

第二，公司金融具有管理学属性。公司金融是对企业财务活动及其财务关系进行管理的一门学科，也正是从这一意义上考虑，公司金融从财务角度保证企业的管理目标实现。

四、公司金融与会计学

会计学作为经济管理领域的重要应用学科，其本质是通过系统化处理经济主体的财务信息与成本数据，构建支持经营管理决策的专项信息系统，是一门重要的管理学科。会计学是以货币形式，按会计准则的要求，对企业生产与再生产中的资金运动进行确认、计量、记录与报告的信息系统。所以，公司金融与会计学是两门不同的学科，两者的不同主要体现在以下四个方面。

第一，目标不同。公司金融的目标是通过财务活动的管理及财务关系的协调，实现股东财富最大化；会计学的目标则是运用会计特有的方法，通过对会计要素的确认、计量、记录与报告，提供与决策相关的信息或为确认与解除受托责任提供相关信息。

第二，前提假设不同。公司金融的前提假设有有限理性假设、市场有效假设等；会计的前提假设有会计主体假设、持续经营假设、期间假设和货币计量假设。

第三，内容不同。公司金融的研究内容主要是财务活动，即资金运动的管理与财务关系的协调。而会计学的主要内容是对会计要素的确认、计量、记录和报告。

第四，方法不同。公司金融主要运用预测、决策、计划、控制、监督、评价、考核、分析等方法实现对财务活动及财务关系的管理；会计学主要是以账户体系构建与复式簿记系统为核心的技术框架，依托会计凭证编制、账簿登记、成本归集与合并报表等专业方法，形成完整的价值计量与信息披露体系。

二者的联系体现在会计学为公司金融提供其管理所需的信息。公司金融的发展推动着会计学的发展，公司金融制度也是会计核算制度的基本依据。

五、公司金融与统计学

从企业资本运作的完整周期考察，投融资决策支持与风险价值评估等关键环节均深度依赖数理统计工具，这种交叉融合主要体现在以下两个方面。

第一，在基础数据治理层面，现代财务管理不仅需要依据会计准则生成结构化报表数据，更须整合多维度的非财务统计信息。经济信息的采集、标准化处理、分类编码及有效性核验，本质上属于描述统计学中的频数分布与集中趋势测度范畴。例如，市场渗透率统计与客户行为数据常作为财务预测的补充参数。

第二，在决策支持模型构建方面，统计推断技术已成为量化金融分析的核心工具。实证研究表明，资本市场估值模型普遍采用多元回归分析揭示变量间的协整关系，信用风险评估系统则广泛运用 Logit 概率模型与因子分析法。更前沿的研究已将机器学习算法与面板数据分析相结合，显著提升了财务危机预警模型的预测精度。

特别需要指出，现代公司金融理论体系的演进与计量经济学发展具有显著的协同效应。研究者通过构建动态随机一般均衡模型（Dynamic Stochastic General Equilibrium，DSGE），系统阐释货币政策传导机制对企业资本结构的影响路径；运用事件研究法（Event Study）可量化评估宏观政策调整对证券市场价格的冲击效应。

本章小结

（1）公司金融是金融学的一个重要分支。公司金融讨论公司财务决策问题，研究的主要内容是帮助公司做融资决策和投资决策。任何财务决策均以公司价值最大化或股东财富最大化为目标，公司金融活动成功的标志是实现公司价值增值。

（2）独资企业、合伙制企业和公司制企业是三种基本的企业组织形式，其中公司制企业（公司）是公司金融的研究主体。

（3）公司金融的目标是股东财富最大化。因此，所有融资决策和投资决策均须以股东财富最大化为目标，但也不能忽视公司其他利益相关者的利益。

✈ 重要术语

公司金融　投资决策　融资决策　企业组织形式　独资企业　合伙制企业
公司制企业　经营活动　财务活动　公司金融目标　股东财富最大化

练习题

1. 企业组织形式分为哪三种？它们的优缺点分别是什么？

2. 经营活动与财务活动的区别与联系是什么？

3. 为什么股东财富最大化是当下最恰当的公司金融目标？

4. 公司金融与经济学、金融学、管理学、会计学、统计学等学科有什么关系？

第二章 货币的时间价值

📚 **学习要点**

1. 了解货币时间价值产生的基本原理。
2. 掌握货币时间价值的计算方法。
3. 掌握年金的概念与计算方法。
4. 掌握公司价值的评价方法。

第一节 终值与复利

一、货币的时间价值

先分析以下三个资金选择题。

第一，现在给你 1 万元和 1 年之后给你 1 万元，你会选择哪个方案？

我想绝大多数人会选择现在接受 1 万元。

第二，现在给你 1 万元和 1 年之后给你 10 万元，你会选择哪个方案？

我想大多数人会选择 1 年后接受 10 万元。

第三，现在给你 1 万元和 1 年之后给你 11500 元，你会选择哪个方案？

这时读者的意见可能就会有分歧了。

第三个资金选择题，可以视为等同于现在拿 1 万元，按照年利率 15%，存款 1 年之后所得到的本息和，即 10000+10000×15% = 11500（元）。因此，认为自己在未来 1 年内没有年收益率超过 15% 的人，就会选择 1 年之后确定的 11500 元，而确定自己未来 1 年内有年收益率超过 15% 投资机会的人就不会接受，他们会选择现在的 1 万元。

偏好是反映了投资者在不同时间点和给定条件下对资金的喜好程度。选择现在的资金还是未来的资金，主要基于期间内投资机会收益率的大小。对于现在与未来金额不同的资金选择，并不仅是依靠收益率来选择的。对于急需资金的投资者，面对上述资金选择问题，即使他未来 1 年内年收益率有超过 15% 的投资机会，甚至对于不管未来有多少资金，都可能会放弃选择 1 年之后的 11500 元或者 10 万元，而会选择现在的 1 万元。

　　未来的资金现在所代表的价值对于每位投资者都不同，平时也没有特别注意，每位投资者一直在判断现在和未来的资金所代表的价值，并决定消费商品、选择投资对象与投资机会。

　　效用（Utility）是衡量投资者对资金的喜好程度或者满足度。对于资金选择问题，用效用可解释为：如果金额相同，那么现在的资金比不久的将来，不久的将来比更远的未来的资金的效用高，价值高。货币（资金）的时间价值是指当前所持有的一定量货币的价值比未来的等量货币的价值更高，这是由于时间因素所产生的价值差额。

二、终值

　　终值（Future Value，FV）是指某一时点上的一定量现金按照一定的利率折合到未来的价值，俗称本利和。在资金选择问题中，现在存款 1 万元，银行的 1 年期利率是 15%，1 年之后将取出 11500 元，那么这 11500 元就是现在的 1 万元 1 年后的终值。

三、利率

　　货币的时间价值通常是用每单位时间的比率来表示，称为利率（Interest）。例如，银行 1 年期利率为 15%，通常用 r 表示，那么在后续教材中就会了解到有时候会将利率称为折现（贴现）率（Discount Rate）、资本成本率（The Cost of Capital Rate）、资本机会成本（Opportunity Cost of Capital）、必要收益率（Required Return）或者内部收益率（Internal Rate of Return）。其实它们指的都是在一条时间线上现在或者说早一些时间的资金与未来或者说晚一些时间的资金之间进行交换时的交换率，以年为单位称为年利率、以月为单位称为月利率、以日为单位称为日利率，可以继续细分，1 小时、1 分钟、1 秒……一瞬间或者称为连续利率等。各种公式中常用的定义与符号如表 2-1 所示。

　　（一）单利

　　对利率进行计息时，需要考虑计息的方式，常用的有单利和复利两种方式。单利是一种计算利息的方法，它只对本金计算利息，而本金产生的利息不再计入本金重复计算利息。公式表达为：

表 2-1 各种定义与符号

符号	定义
PV(Present Value)	现值
FV(Future Value)	终值
C_t(Cash Flow)	第 t 期期末的现金流量
A(Annuity)	年金
r(Discount Rate)	折现(贴现)率
g(Growth Rate)	现金流的预期增长率
n	现金流收入或支付的期数

$$FV = PV + rPV + rPV + \cdots + rPV = (1+rn)PV \qquad (2-1)$$

其中，FV 是单利终值；PV 是本金，也称单利现值。

【例 2-1】

现在将现金 1 万元存入银行，求 1 年后的本利和，假定单利利率 r 为 10%。

【解】根据式(2-1)，因为只是求 1 年后的本利和，所以只计息一次，1 年后的本利和为：

$$FV = PV + rPV = (1+r)PV = (1+10\%) \times 1 = 1.1(万元)$$

（二）复利

复利是指在计算利息时，除本金产生利息外，之前各周期所产生的利息也再次计算利息的一种计息方式，即通常所说的"利生利""利滚利"。

复利终值是指按照复利计息方式，将本金和本金所产生的利息，逐期滚算到约定期限为止的本金之和。公式表达为：

$$FV = \{[PV(1+r)](1+r)\}(1+r)\cdots(1+r) = (1+r)^n PV \qquad (2-2)$$

【例 2-2】

现在将现金 1 万元存入银行，分别求 2 年后的单利和复利的本利和，假定利率 r 为 10%。

【解】单利：$FV = PV + rPV + rPV = (1+2r)PV = (1+2 \times 10\%) \times 1 = 1.2(万元)$

复利：$FV = [PV(1+r)](1+r) = (1+r)^2 PV = (1+10\%)^2 \times 1 = 1.21(万元)$

复利比单利多出的 100 元是来自利息的利息。有读者可能认为单利与复利计息方式的差距并不大，如果将计息的期限延长，就会看出复利与单利的差距，【例 2-2】中，如果存款期限为 30 年，则复利与单利的终值差额就会达到 134494 元，这是一个不小的数额。

（三）复利计息频率

【例 2-2】中，计息频率为 1 年 1 次，在现实生活中，计息频率有更多的变化，以复利为例。可按半年、季度、月、天等复利计息，此时，要调整对应的计息利率与期数，简化算法是将年利率除以频率，期数乘以频率。时间上连续的计息称为连续复利，可以简化为以 e 为底的利率次幂。如果是 n 年期，一年计息频率为 m 次，则可以化简为 e 的 rn 次幂。具体如式(2-3)至式(2-7)所示。

半年计息：$FV = C_0\left(1+\dfrac{r}{2}\right)^2$ （2-3）

按月计息：$FV = C_0\left(1+\dfrac{r}{12}\right)^{12}$ （2-4）

按天计息：$FV = C_0\left(1+\dfrac{r}{365}\right)^{365}$ （2-5）

连续复利(1 年)：$FV = C_0\left(1+\dfrac{r}{m}\right)^m = C_0 e^r$ （2-6）

连续复利(n 年)：$FV = C_0\left(1+\dfrac{r}{m}\right)^{mn} = C_0 e^{rn}$（一年 m 次，n 年计 mn 次） （2-7）

在同样的例子中，如果按月计息，复利与单利的终值差额如表 2-2 所示。

表 2-2　复利与单利的终值对比　　　　　单位：元

	年数	1	2	3	4	5	6	7	8	9	10
每年计息1次	单利	11000	12000	13000	14000	15000	16000	17000	18000	19000	20000
	复利	11000	12100	13310	14641	16105	17716	19487	21436	23579	25937
	差值	0	100	310	641	1105	1716	2487	3436	4579	5937
	年数	11	12	13	14	15	16	17	18	19	20
	单利	21000	22000	23000	24000	25000	26000	27000	28000	29000	30000
	复利	28531	31384	34523	37975	41772	45950	50545	55599	61159	67275
	差值	7531	9384	11523	13975	16772	19950	23545	27599	32159	37275
	年数	21	22	23	24	25	26	27	28	29	30
	单利	31000	32000	33000	34000	35000	36000	37000	38000	39000	40000
	复利	74002	81403	89543	98497	108347	119182	131100	144210	158631	174494
	差值	43002	49403	56543	64497	73347	83182	94100	106210	119631	134494
按月计息(1年计息12次)	月数	1	2	3	4	5	6	7	8	9	10
	单利	10083	10167	10250	10333	10417	10500	10583	10667	10750	10833
	复利	10083	10167	10252	10338	10424	10511	10598	10686	10775	10865
	差值	0	0	2	5	7	11	15	19	25	32
	月数	11	12	13	14	15	16	17	18	19	20
	单利	10917	11000	11083	11167	11250	11333	11417	11500	11583	11667
	复利	10956	11047	11139	11232	11326	11420	11515	11611	11708	11805
	差值	39	47	56	65	76	87	98	111	125	138
	月数	21	22	23	24	25	26	27	28	29	30
	单利	11750	11833	11917	12000	12083	12167	12250	12333	12417	12500
	复利	11904	12003	12103	12204	12306	12408	12512	12616	12721	12827
	差值	154	170	186	204	223	241	262	283	304	327

如表 2-1 中粗框所示，按照年复利 1 次时，单利与复利第一年没有差异，第二年有 100 元的差额；按照月复利计算时，单利与复利第一年有 47 元的差额，第二年则有 204 元的差额。可见，复利的计息频率、利率大小和期限，会使单利与复利的终值有很大的差距，这就是复利的优势。

第二节　现值与贴现

如果现在有一笔资金，可通过复利计息方式计算未来某个时点该笔资金的终值。假设已知 10 年后，将有 1 亿元的资金收入，如何计算 10 年后的 1 亿元现在的价值？其本质是求未来一笔资金的现在价值，所使用的方法称为贴现。本节主要介绍"现值"与"贴现"两个概念。

一、现值

现在价值简称现值（Present Value，PV），是指将未来的一笔资金按照某种利率折合到现在的价值。这是考虑了两个时间点上资产或负债的时间价值。公式表达为：

$$PV = \frac{C_t}{(1+r)^t} \tag{2-8}$$

其中，$\frac{1}{(1+r)^t}$ 为贴现因子，C_t 为 t 期的一笔资金。

【例 2-3】

如果你购买了一份理财产品，1 年后会得到 1.1 万元，假定利率为 10%，那么这个理财项目的现值是多少？

【解析】已知货币是有时间价值的，那么 1 年后的 1.1 万元的现值要低于现在的 1.1 万元，本题实质上是求解该理财项目的现值，或者说如果现在你想购买这个理财产品最多需要支付的价格。

【解】根据式（2-8），因为是求 1 年后的资金的现值，所以只贴现一次，1 年后的 1.1 万元其现值如下：

$$PV = \frac{C_1}{(1+r)} = \frac{11000}{(1+10\%)} = 10000（元）$$

二、贴现

在【例 2-3】中，将 1 年后的 1.1 万元折算成现值，折现（贴现）是指将未来收入，按照恰当的折现利率，折算成等价现在价值的过程。接下来，看一个多期的例子。

【例2-4】

假如你1年后获得1万元，2年后获得2万元，3年后获得3万元，如果年利率为10%，并保持不变，请问你现在需存入银行多少钱？

【解析】这个例子涉及多期、多个年份，如何计算多期资金的现值？方法也很简单，可以将例子中未来3年内的3笔资金分别按照给定的年利率求出其现值，并汇总求和，所得到的总额即多期资金的现值。

【解】 $PV=\dfrac{C_1}{(1+r)}+\dfrac{C_2}{(1+r)^2}+\dfrac{C_3}{(1+r)^3}=\dfrac{10000}{(1+10\%)}+\dfrac{20000}{(1+10\%)^2}+\dfrac{30000}{(1+10\%)^3}=48159.28(元)$

在【例2-4】中，C_1、C_2 和 C_3 分别代表1年后的1万元、2年后的2万元和3年后的3万元，当分别按照10%的年利率求现值时，复利期数会有所不同（见图2-1）。

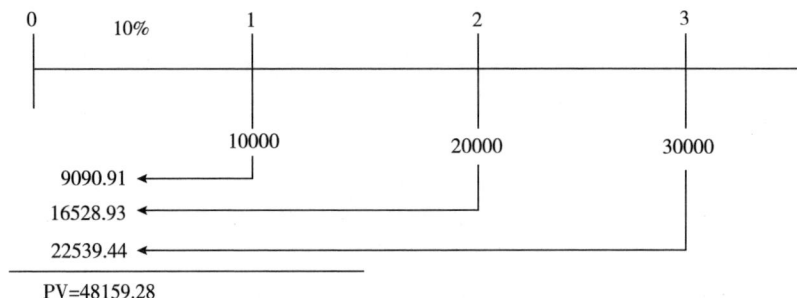

图2-1　现值的计算过程

1年后1万元的现值是9090.91元，2年后2万元的现值是16528.93元，3年后3万元的现值是22539.44元，然后将3笔现值求和，得到48159.28元。通过图2-1可以看出，在进行资金价值加总时，必须是在同一时间点的资金才能加总。例如，将1年后的1万元与2年后的2万元直接加总是不对的，因为它们所处时间是不同的，应该将1年后的1万元贴现到现在（9090.91元），与2年后的2万元贴现到现在（16528.93元），这样两笔资金才能加总。

三、现值与期限

图2-2列示了1元的现值与期限之间的关系。图中横轴代表年限，纵轴代表现值，不同的直线和曲线代表在不同的利率和年限下，1元的现值的变化情况。

可以看出，除了利率为 0，其他 4 条曲线都是向右下方倾斜的，这就说明在未来的年份中，1 元的现值均小于现在的 1 元。

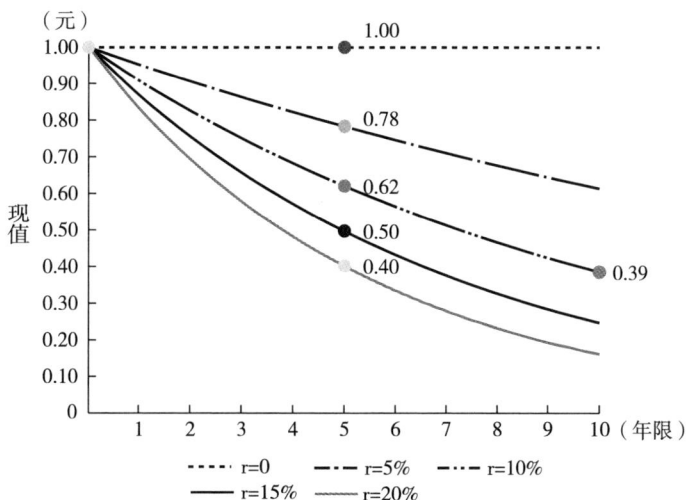

图 2-2 现值与期限的关系

当利率为 0 时，1 元的现值就等于 1 元，它是一条水平的直线，下方的 4 条曲线分别代表了当利率为 5%、10%、15% 和 20% 时 1 元的现值。可以看出，对于相同的年份，如期限均为 5 年时，利率越低，1 元的现值就越高；利率越高，1 元的现值就越低。再如，当利率均为 10% 时，年份越久的 1 元的现值比近些年份的 1 元的现值低，10 年后 1 元的现值是 0.39 元，而 5 年后 1 元的现值是 0.62 元。

（一）利率的计算

现在对现值、终值与贴现已有了初步的了解，那么来看一下，现值与终值的基本关系式为 $PV = \dfrac{FV}{(1+r)^t}$，式中共有四个参数：现值（PV）、终值（FV）、贴现率（r）和时间（t），这意味着只要知道四个参数中的三个，即可求解另外一个参数。

例如，已知现值（PV）、终值（FV）和时间（t），由 $PV = \dfrac{FV}{(1+r)^t}$ 推导出 $FV = PV(1+r)^t$ 后可以对公式进行转化，得到贴现率 r 的计算公式。

$$r = (FV/PV)^{1/t} - 1 \tag{2-9}$$

【例 2-5】

小明今年 33 岁，想为 30 年后即 63 岁退休后的养老生活存 500 万元，假设小明现有资金100万元，那么小明应该投资一个多大收益率的项目，才能实现其确定的目标？

【解】可通过现值与终值的公式进行计算，根据式(2-9)：

$$\because 500 = 100 \times (1+r)^{30} \qquad \therefore (1+r)^{30} = \frac{500}{100} = 5$$

可得 $(1+r) = 5^{1/30}$

进而推出 $r = 5^{1/30} - 1 = 1.05513 - 1 = 5.513\%$

【例2-5】是一个简单的数学计算，最终得到 $r = 5.513\%$，也就是说，小明需投资年收益率为5.513%以上的项目，才能使现在的100万元在30年后增值至500万元。

（二）期限的计算

通过对现值与终值的基本关系式 $FV = PV(1+r)^t$ 两边取自然对数，对 t 求解来计算投资期限，可得到对应计算投资期限的公式。

$$t = \ln(FV/PV)/\ln(1+r) \tag{2-10}$$

因为复利在现实生活中的应用比单利要多得多，所以后续在本书中未做特别说明时，均按逐年复利方式计算。

第三节　年金

一、年金的定义

在现值与终值中，C_t 代表每期期末的现金流量，金额可能并不相同，而年金是这一系列现金流量中特殊的一种。年金(Annuity)是指在未来的一段时期内每隔相同时间、发生相同金额的现金流入(出)或收(付)款项。

年金有两个特点：第一，年金的各期的间隔时间是固定的。第二，年金每期所发生的现金流的金额是相等的。例如，采用等额本息还款方式购买商品房时，各期的间隔时间固定为一个月，每个月的还款金额也是等额的。典型的应用场景涵盖保险费用支付、退休金给付、固定资产直线折旧计提、租赁契约定期支付以及定额分期收付机制等。这类资金流动安排具有显著的时间序列特征与金额恒定属性。

二、年金的分类

基于现金流发生时点及支付方向的差异，可将年金分为普通年金和先付年金两类。二者的不同在于现金流发生的时间不同，前者在期末，后者在期初，如果不特别说明，通常都认为是普通年金，即现金流发生在期末。

（一）普通年金

普通年金（Ordinary Annuity）是指在各期期末发生定额资金收付的年金，亦称后付年金，现金流收付发生在各期期末。普通年金还有两个比较特殊的年金形式，分别是递延年金和永续年金。

1. 递延（延期）年金

递延年金（Deferred Annuity）是指在整个收付款项期间，开始的若干期（如 m期）没有年金收付，而后面的若干期（如 n 期）有年金收付。延期年金和普通年金相比，付款期数相同，但递延年金现值却为 m 期后的 n 期的年金现值。

2. 永续年金

永续年金（Perpetual Annuity）是无限期等额收付的特种年金，由于是一系列没有终止时间的现金流，因此永续年金没有终值，只有现值。现实中优先股的股息、某些可永久发挥作用的无形资产（如商誉）等均属于此。

（二）先付年金

先付年金（Annuity Due）是指每期期初收付的年金，又称预付年金、期初年金，现金流发生在每期的期初。

三、普通年金的现值

（一）普通年金现值系数（Present Value Interest Factors of Annuity，PVIFA）

以普通年金为例，每期期末收付的资金金额相同，即 $C_1 = C_2 = C_3 = \cdots = C_n = C$，将各期期末的现金流分别贴现到现在，再汇总求和，得到的就是普通年金的现值。普通年金现值计算过程如图 2-3 所示。

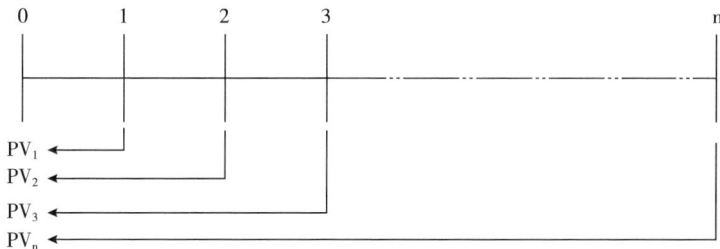

图 2-3 普通年金现值的计算过程

$$PV = PV_1 + PV_2 + PV_3 + \cdots + PV_n = \frac{C}{(1+r)} + \frac{C}{(1+r)^2} + \frac{C}{(1+r)^3} + \cdots + \frac{C}{(1+r)^n} \qquad (2-11)$$

对式（2-11）采用等比数列求和公式 $S_n = a_1 \times (1-q^n)/(1-q)$，对求和项进行化简，可得：

$$PV = \sum_{i=1}^{n} \frac{C}{(1+r)^i} = C\frac{(1+r)^n - 1}{r(1+r)^n} = C \times PVIFA \qquad (2-12)$$

【例2-6】

B公司提供一项专利给A公司，A公司在未来8年内每年年末支付5000万元的专利权使用费，年利率为5%，请计算未来8年使用费的现值。

【解析】只需将未来8年每年年末的5000万元分别贴现到现在，再汇总求和，可以利用普通年金现值系数来计算。

【解】根据年金现值计算公式[式（2-12）]，可得：

$$PV = C \times PVIFA = C \times \frac{(1+r)^n - 1}{r(1+r)^n} = 5000 \times \frac{(1+5\%)^8 - 1}{5\% \times (1+5\%)^8}$$

年金现值系数可以通过查询年金现值系数表得到：

$$PV = 5000 \times \frac{1.4755 - 1}{5\% \times 1.4755} = 32316.06（万元）$$

（二）资本回收系数（Capital Recovery Factor）

资本回收额是指在既定回收期内，按照复利计算规则等额收回初始投资本金或者清偿所欠债务的价值指标回收额，相当于现在投入一笔资金，在未来的一段时间内等额回收，每期回收的资金额。该参数的确定过程本质上是普通年金现值模型的逆向推导，其计算系数（通常称为投资回收乘数）与普通年金现值指标构成倒数关系，反映单位现值对应的动态回收能力。计算公式为：

$$(A/P, r, n) = \frac{r(1+r)^n}{(1+r)^n - 1} \qquad (2-13)$$

其中，r为利率，n为期限。

【例2-7】

为购房从银行借款1000万元，分20年期等额偿还，固定年利率为6%，如果每年年末等额偿还的话，每年需还款多少？

【解】直接利用资本回收系数公式[式（2-13）]得：

$$C = PV \times (A/P, r, n) = 1000 \times (A/P, 6\%, 20) = 1000 \times \frac{3.2071 \times 6\%}{3.2071 - 1} = 87.18（万元）$$

四、普通年金的终值

(一)普通年金的终值系数

年金终值(Final Value of Annuity)是指最后一次支付年金时,已收到的所有年金的本利和,即每期的年金按复利换算到最后一期期末时点的年金复利终值和。普通年金终值的计算过程如图 2-4 所示。

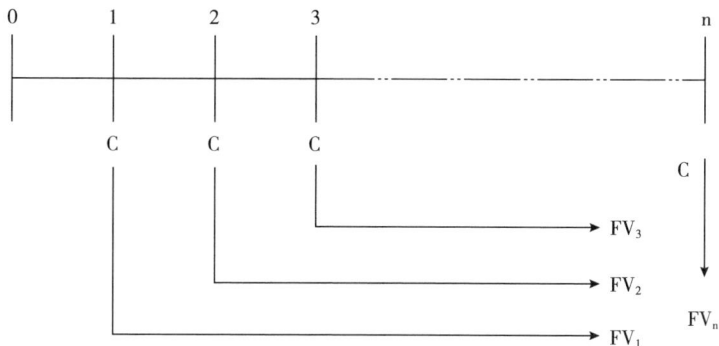

图 2-4　普通年金终值的计算过程

普通年金终值的计算过程与年金现值系数一样,可利用等比数列求和公式对求和项进行简化,得到普通年金终值系数(Future Value Interest Factors of Annuity,FVIFA)。

$$FVIFA = \frac{(1+r)^n - 1}{r} \tag{2-14}$$

$$FV = FV_1 + FV_2 + \cdots + FV_n = C(1+r)^{n-1} + C(1+r)^{n-2} + \cdots + C = FVIFA \times C$$

【例 2-8】

每年年末存款 2 万元,假设利率为 5%,20 年后的本利和是多少?

【解】根据式(2-14),得:

$$FV = C \times FVIFA = C \times \frac{(1+r)^n - 1}{r} = 2 \times \frac{(1+5\%)^{20} - 1}{5\%} = 2 \times \frac{2.40662 - 1}{0.05} = 56.26(万元)$$

(二)偿债基金系数

在债务管理领域,偿债准备金制度是保障信用安全的核心机制。该制度要求政府或企业法人设立专项偿债准备金,用以确保到期债务的清偿能力。国际经验表明,多数工业化国家已将其纳入法定财务管理制度,有效维护了债券市场的稳定运行。偿债基金系数(Sinking Fund Factor)是普通年金终值系数的倒数。

$$(A/F, i, n) = \frac{r}{(1+r)^n - 1} \tag{2-15}$$

【例2-9】

A公司发行了总额5000万元，12年期的债券，如果年利率为7%，那么每年积累多少资金才能保证在到期时偿还？

【解】利用偿债基金系数和A公司发行的债券总额代入公式进行计算：

$$C = PV \times (A/F, 7\%, 12) = 5000 \times \frac{7\%}{2.2522-1} = 279.51（万元）$$

五、先付年金的现值与终值

（一）先付年金的现值

先付年金是指在每期期初收付的年金，在计算现值时，先付年金的第一笔资金不需折现，最后一笔资金在现值折现时，期数就会比普通年金少1期。先付年金现值计算过程如图2-5所示。

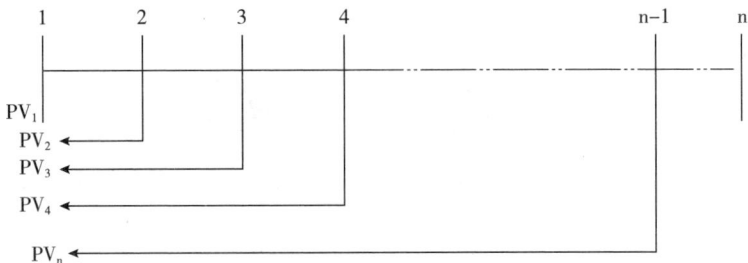

图2-5　先付年金现值的计算过程

$$PV = PV_1 + PV_2 + PV_3 + \cdots + PV_n = C + \frac{C}{(1+r)} + \frac{C}{(1+r)^2} + \cdots + \frac{C}{(1+r)^{n-1}} \qquad (2-16)$$

可将先付年金等同为普通年金，计算后相当于多折现了1期，再乘以系数(1+r)，所以先付年金的现值系数就是在PVIFA的基础上再乘以系数(1+r)。

$$先付年金的现值系数 = \frac{(1+r)^n-1}{r(1+r)^n}(1+r) = C \times PVIFA \times (1+r) \qquad (2-17)$$

（二）先付年金的终值

先付年金的终值与现值相似，可以转化成普通年金计算，由于多复利了1期，所以先付年金的终值系数就是在FVIFA的基础上再乘以系数(1+r)。先付年金终值的计算过程如图2-6所示。

$$FV = FV_1 + FV_2 + FV_3 + \cdots + FV_{n-1} = C(1+r)^{n-1} + C(1+r)^{n-2} + C(1+r)^{n-3} + \cdots + C(1+r)$$

$$(2-18)$$

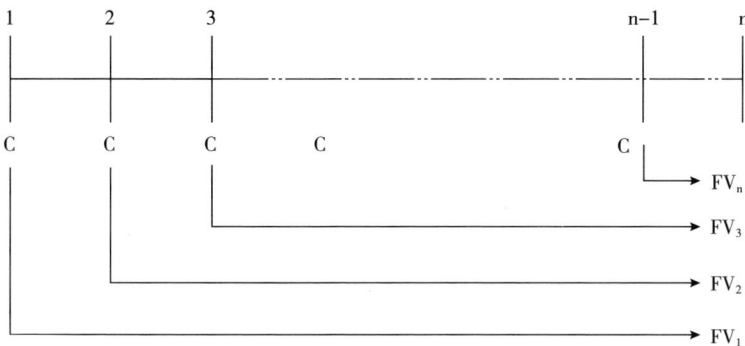

图 2-6　先付年金终值的计算过程

可以看出，先付年金通过转化为普通年金的形式。相同期数，折现率相同的先付年金和普通年金，不管是求现值或终值，都可以在普通年金现值或终值系数的基础上乘以系数(1+r)求得。

$$先付年金的终值系数 = FVIFA \times (1+r) = \frac{(1+r)^n - 1}{r}(1+r) \qquad (2-19)$$

六、永续年金

永续年金没有终值，只有现值。

$$PV = \frac{C}{(1+r)} + \frac{C}{(1+r)^2} + \frac{C}{(1+r)^3} + \cdots + \frac{C}{(1+r)^n} + \cdots$$

$$= C \sum_{i=1}^{\infty} \frac{1}{(1+r)^i} = C \frac{(1+r)^{\infty} - 1}{r(1+r)^{\infty}} = \frac{C}{r} - \frac{C}{r(1+r)^{\infty}} = \frac{C}{r} \qquad (2-20)$$

当期限趋于无穷时，公式右侧分式的分母趋于无穷大，分式的值趋于 0，所以永续年金的现值就等于 c/r。

【例 2-10】

假设你获得一笔奖金，领取的方式有两种：

(1) 立即领取现金 100000 元。

(2) 下一年度获得 13000 元，永远持续下去。

如果折现率为 12%，你会选择哪种方式领取？

【解】第一种方式领取的是现金，其现值就是 10 万元。

第二种方式是一个永续年金，所以根据永续年金现值公式[式(2-20)]计算即可。

$$PV = \frac{C}{r} = \frac{13000}{12\%} = 108333.33(元)$$

第二种领取方式的现值比第一种方式的现值大，所以选择第二种方式。

第四节 公司价值评价

一、公司价值的含义

公司价值是指公司本身的价值，是市场评价公司有形资产价值和无形资产价值的合计值。这里要注意"公司本身的价值"，而且是"市场评价"。通常基于预期自由现金流量的折现估值，其贴现率采用加权平均资本成本，通过未来收益资本化过程反映市场对企业整体价值的判断。

本节主要从股东立场来估算公司价值，因此需要对股东所持有某公司股票的主要收益进行分析，并将这些收益进行折现，所得到的现值就是股东立场的公司价值。股东持有某公司的股票的主要收益是由股票分红股利，也就是股利利得，或者卖出所持有的股票得到的资本利得两部分构成。

二、无风险条件下公司价值评价

从股东持续持有股票和中途卖出股票这两个方面来估算公司价值。以 K 公司为例，为了简便，这里假定 K 公司没有负债。

（一）股东永久持有股票

假设 K 公司的每期利润都全额用来发放股利，每股股利为 D 元，并且假定未来一直持续下去。当然第 1 期末、第 2 期末，一直到第 n 期末所得到的分红的现值是不相同的，假设每期股东都有利率为 r 的投资机会，将 r 作为贴现率，1 股股票的现值设为 P_0，利用现值公式，这就相当于一个每期现金流为 D 的永续年金，所以其现值等于 D/r。

$$P_0 = \frac{D}{(1+r)} + \frac{D}{(1+r)^2} + \frac{D}{(1+r)^3} + \cdots + \frac{D}{(1+r)^n} + \cdots = \frac{D}{r} \qquad (2-21)$$

因此，K 公司每股股票的现值也就是股价等于未来红利 D 的现值，那么将这个现值与股数相乘，得到的就是股东角度的公司价值。

P_0 也称股票内在价值。股票内在价值评估方面，股利贴现模型（Dividend Discount Model，DDM）是最基本的股票内在价值评价模型之一。该模型假设投资者无限期持有股权，通过将未来股利收益进行折现汇总来确定股权价值。其中，每股内在价值（P_0）的计算，本质是对公司未来各期股利分配现值的累积求和，这与证券市场价格形成机制存在本质区别。该估值方法的理论依据在于，理性投资者所持股权的经济价值等于其未来股利收益的现值总和。

(二) 股东未持续持有股票

股东未持续持有股票，而是持有一段时间就出售了股票，假设股东只持有了一期就卖出股票，设卖价为 P_1，那么股东所得到的收益就是一笔股利(D)和股票售价(P_1)，根据现值公式[式(2-21)]，可得：

$$P_0 = \frac{D}{(1+r)} + \frac{P_1}{(1+r)}$$

其中，P_1 是未知的，可以进行推算，如果股东第一期没有卖出，而是第二期卖出股票，则 $P_1 = \frac{D}{(1+r)} + \frac{P_2}{(1+r)^2}$。

其中 P_2 是未知的，仍旧采用推算，假定股东第二期没有卖出，而是第三期卖出股票，那么 $P_2 = \frac{D}{(1+r)} + \frac{P_3}{(1+r)^3}$，同理 P_3 是未知，可以继续假定股东持有到第四期末再卖出，并将对应的 P_1、P_2、P_3 等代入式(2-21)，可以得到：

$$P_0 = \frac{D}{(1+r)} + \frac{D}{(1+r)^2} + \frac{D}{(1+r)^3} + \cdots + \frac{P_n}{(1+r)^n}$$

$$= \sum_{i=1}^{n} \frac{D}{(1+r)^i} + \frac{P_n}{(1+r)^n} = \frac{D}{r} \qquad (2-22)$$

如果股东持有股票的期限足够长，n 趋于无穷大，那么式(2-22)等号右侧第一项相当于一个每期现金流量为 D 的永续年金，右侧第二项的现值趋近于 0，所以其现值仍然等于 D/r，与股东永久持有股票的情况相同。

(三) 固定股利增长率

通过前面的讲解已经知道，股东永久持有股票和股东未持续持有股票，而是持有一段时间后出售股票两种情况下，对于股东来说，公司价值全部是一样的，都等于未来红利(D)除以贴现率(r)。那么有读者可能会说，公司不可能将每期的全部利润都用来分红，也要用来进行新的投资。

DDM 模型没有对每股股息(DPS)的增长因素进行量化，20 世纪 50 年代后期美国学者麦伦·戈登(Myron Jules Gordon)在 DDM 模型的基础上引入了股利恒定增长率(g)，提出了股利不变增长模型(Gordon Growth Model，GGM)。该模型将公司一部分利润作为内部保留全部再投资，称为股息支付率(Dividend Payout Ratio)，并假定可以得到确定的收益率(r_e)，伴随投资额年年增加，股息支付率保持一定的前提下，红利的金额也逐年递增，将股利年增长率设为 g，并保持不变，每股股票的现值 P_0 就等于未来按 g 比率增长的公司股利的现值和。

$$P_0 = \frac{D_1}{(1+r)} + \frac{(1+g)D_1}{(1+r)^2} + \cdots + \frac{(1+g)^{n-1}D_1}{(1+r)^n}$$

$$= \frac{D_1}{(1+r)}\left[1 + \left(\frac{1+g}{1+r}\right) + \left(\frac{1+g}{1+r}\right)^2 + \cdots + \left(\frac{1+g}{1+r}\right)^{n-1}\right]$$

这是一个等比数列，可用等比数列的求和公式来简化。

$$P_0 = \frac{D_1}{(1+r)} \times \frac{\left(\frac{1+g}{1+r}\right)^n - 1}{\left(\frac{1+g}{1+r}\right) - 1} = \frac{D_1}{g-r} \times \left[\left(\frac{1+g}{1+r}\right)^n - 1\right] = \frac{D_1}{r-g} \qquad (2-23)$$

如果永久持有，n 趋于无穷大，当 g>r 时，中括号内的值趋于无穷大；当 g<r 时，中括号内的值趋于-1；当 g=r 时，中括号内的值等于 0。

这时就需要判断 g 与 r 的大小，g 是企业再投资比率（留存收益比率）×留存收益投资收益率（r_e），r 是对于公司来说适合的贴现率，是股东要求的投资回报率，是投资者投资时根据市场情况和自身需承担的风险而计算出来的期望收益率，是根据市场和公司情况变化的。长期来说，企业红利增长率 g 不会大于公司的期望收益率 r，即 r>g 是符合现实情况的。

虽然在 GGM 模型的假设中提出了"贴现率大于股利年增长率"，但 GGM 只是数学模型，它没有穷尽现实中的所有假设，并不满足股利增长模型之外真实经济背景下的其他必要条件。在真实的经济背景下，当 g 大于或等于 r 时，标的股利增速将不低于资本成本，这时投资人将无视标的估值的大小，无论估值多高，投资后未来股利收益均不低于机会成本。这样标的将无限制吸引社会资本前来投资。但企业股权融资规模是与企业资产运营能力相匹配的，因而资金需求是有限的，不可能无限吸纳投资人的资金并且还保证资产运营效率不降低。此时标的将产生大量的闲置资金，资产运营效率必然降低，盈利能力也随之降低，g 趋于减小，直到 g 小于 r，企业估值回落并达到均衡状态，此时才是稳定状态估值。

（四）股利贴现模型的优缺点

1. 优点

股利贴现模型从企业未来为股东创造现金流入价值的角度评估企业价值，充分体现了一项资产在存续期内创造价值与估值的关系，反映了价值投资的内涵。但是股利贴现模型的应用也存在较明显的局限。

2. 缺点

第一，股利贴现模型是基于一系列假设而建立的，有些假设很难与现实情况相一致。例如，对企业增长模式做了定型，但企业增长受多方面因素的影响，很难与模型刻画的模式一致，这必然导致股利贴现估值有误差。

第二，股利贴现模型中未来的股利分配额不可能被准确预测。股利分配与企业经营业绩及利润分配政策有关，毫无可预见性，有的企业甚至长期不分配股利。在这种情况下，股利贴现估值操作性很差。

第三，股利贴现模型中的贴现率很难准确估计。股利贴现模型中的贴现率是投资者的资本成本率，相当于机会成本率，各投资者的机会成本率各不相同，那么不同投资者以此模型估值结果理应不同。而且这个贴现率对股利贴现估值计算结果影响非常大，细微的变化都会造成估值结果前后大小差异极大，因此股利贴现模型的实操性很小。

第四，如果在实务中不假思索地按照理论模型应用 GGM 模型，所面临的问题是当股利增长率（g）大于或接近资本成本（r）时，以此得到的估值将为负或无限大，显然这是没有实际经济意义的。

三、风险的规避方法

前面使用资金时间价值的计算方法，在未考虑风险的条件下，站在股东立场对公司价值进行了评价，但现实中准确地预测将来要发生的事情是困难的。

在社会生活中，像地震、洪水、火山喷发等自然灾害，交通事故，汇率和商品价格的变动，或者交易客户的破产导致无法回收资金，企业生产的产品出现了质量问题导致大量产品回收，企业业绩恶化，企业股价大幅度下降，影响股东的收益等情况都可能会出现。

为了应付各种可能会发生的突发事件，对各种潜在的危险或不确定性采取预防措施，下面简单介绍几种常见的规避不确定性的方法。

（一）预测（Forecast）

如果能够对未来可能要发生的事件进行预测的话，就能减少损失。例如，在日常生活中，根据天气预报决定是否带雨伞、穿什么衣服出门；根据地震及火山预报采取防护措施，可以减少自然灾害造成的损失。

在金融领域，可以通过对历史交易数据进行调查分析预测未来变动，规避风险。例如，预测到交易合作伙伴会破产，那么就能够减少引起破产而对企业所造成的损失。

按照期限，可以将预测分为长期预测、中期预测和短期预测。长期预测通常指期限在十年或十年以上，中期预测通常指期限在五年左右，短期预测通常指期限为一年或短于一年。

按照方法，可以将预测分为定性预测和定量预测。定性预测通常是在数据不足、因素难以量化时，依赖专家经验、行业直觉或德尔菲法等进行的预测。定量预测是指通过对数据的分析而进行的预测。

按照范围，可以将预测分为宏观预测和微观预测，宏观预测是指涉及全局或整体，把整个行业发展的总体情况作为研究对象，研究企业生产经营过程中相关宏观环境因素。宏观市场预测同宏观经济预测，即对整个国民经济总量和整个社会经济活动发展前景与趋势的预测相联系。而微观预测通常从单个企业角度出发，研究预测市场各个要素的变化趋势，涵盖企业营销活动范围内的各种预测。例如，企业产品的市场需求量、销售量和市场占有率及价格变化趋势等，且与相关的其他经济指标的预测紧密相连。

（二）富余（Allowance）

在出席重大会议或者考试时，通常会提前到达现场，留出富余时间。工程师在设计生产机械时也会留出余地，以保障产品的安全性。人们在日常生活中习惯用富余来规避风险。但是在金融领域，这种方法并不是十分有效，因为资金的流动性高，将富余资金投资于能够带来回报的投资机会是更划算的。

（三）共有（共享）（Sharing）

由多数人或者主体共同来承担可能的风险，在金融领域是一种重要的风险规避方法。例如，火灾及交通伤害保险，由全体的被保险人分担遭受火灾及交通的风险，从而降低了对个体的损害程度。再如，股份有限责任公司由股东共同出资，共同承担经营风险。

（四）转移（Transfer）

进行经济活动的个人或公司，将经济活动中的风险转移。例如，外贸企业在输出商品时，如果采用月末结账方式，那么就要面对汇率风险，因此会采用汇率期货、互换、掉期交易等方式规避汇率风险。

（五）分散化（Diversification）

俗话说："不要将所有的鸡蛋放在一个篮子里。"分散化原则表明，通过分散带有风险资产，有时人们可以在不降低预期收益率的情况下，降低整体风险暴露程度，在金融领域是最重要的风险规避方法。

四、效用与效用无差异曲线

（一）效用

效用是度量人们在消费活动或投资活动等经济行为中所得到的满意度的一个尺度。效用函数的形状通常是上凸的曲线，1阶导数为正，2阶导数为负。

（二）效用无差异曲线

效用无差异曲线用来表示消费者偏好相同的几种商品的所有组合。或者说，效用无差异曲线表示能够给消费者带来相同的效用水平或者满意度的几种商品的所有组合，同一无差别曲线上的每个点的效用期望值是相同的。具体如图 2-7 所示。

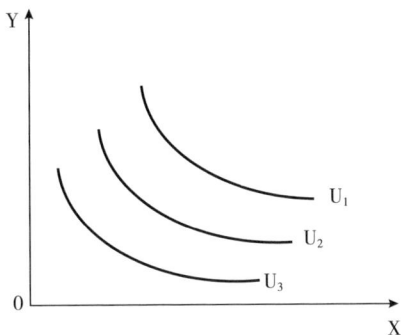

图 2-7 效用无差异曲线

投资应用：用于构建"风险—收益"无差异组合，匹配投资者风险偏好。

效用无差异曲线是具有以下三个特征一簇曲线：

第一，不可相交。避免效用评价矛盾，任意两条无差异曲线不会相交，若相交则违背传递性公理。第二，凸向原点。反映边际替代率递减规律，如消费者对商品多样性的偏好。第三，离原点越远效用越高。

【例 2-11】

投资者面对下面两个投资方案：

（1）投资国债：确定 1 年后得到本金 100 万元和利息 6 万元，合计 106 万元。

（2）投资 Kint 公司的股票，当前股价为 1000 元/股，可以购买 1000 股。预测 Kint 公司一年后的股价或上升为 1455 元/股或下降至 655 元/股，概率各为 50%，并且公司的每股分红为 5 元。那么，投资者应该选择哪个投资方案？

【解析】选项（2）中投资者预期 1 年后的收入为股价期望值与红利之和：

股价上涨：$1455 \times 1000 + 5000 = 146$（万元）

股价下跌：$655 \times 1000 + 5000 = 66$（万元）

对应的概率分别为 50%，则 1 年后的收入期望值为 $106（146 \times 0.5 + 66 \times 0.5)$ 万元。

这里就需要比较 1 年后的选项（1）确定的 106 万元与选项（2）期望值为 106 万元的投资，选择效用高选项。

【解】对于理性的投资者来说，获得确定收益的效用比等金额收益的期望值的效用高，这是因为理性投资者的效用函数曲线的 1 阶导数为正、2 阶导数为负。因此，如果要两者的效用相同，不确定情况下收益的期望值要比确定情况下的高，如图 2-8 所示。

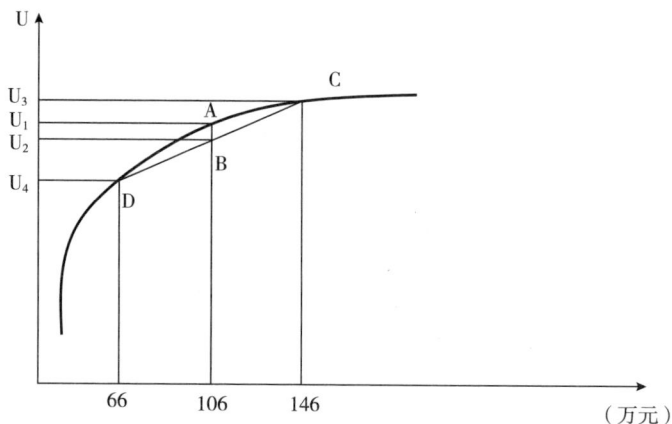

图 2-8 确定收益与不确定收益的效用比较

图 2-8 中，横轴代表收益，纵轴代表效用。选项(1)106 万元在效用曲线的 A 点，其对应的效用值为 U_1；选项(2)中股价上涨情况的 146 万元和股价下跌的 66 万元，在效用曲线分别在 C 点和 D 点，其对应的效用值分别为 U_3 和 U_4，对应的概率均为 50%，所以期望值的效用曲线是连接 C 点和 D 点的线段，效用曲线 CD 的中点即 B 点，其对应的效用值为 U_2，即确定 106 万元的效用比确定要得到的等金额收益的期望值为 106 万元的效用高。所以，选择选项(1)。

五、确定性等价

【例 2-11】中，如果要实现选项(1)与选项(2)的效用相同，则需要提高选项(2)的期望值。例如，概率均为 50%，当股价上升为 1455 元或下降至 855 元时，到期值分别为：

股价上涨：$1455 \times 1000 + 5000 = 146$（万元）

股价下跌：$855 \times 1000 + 5000 = 86$（万元）

则 1 年后的收入期望值为 116（$146 \times 0.5 + 86 \times 0.5$）万元，这时选项(1)与选项(2)的效用相同，如图 2-9 所示。

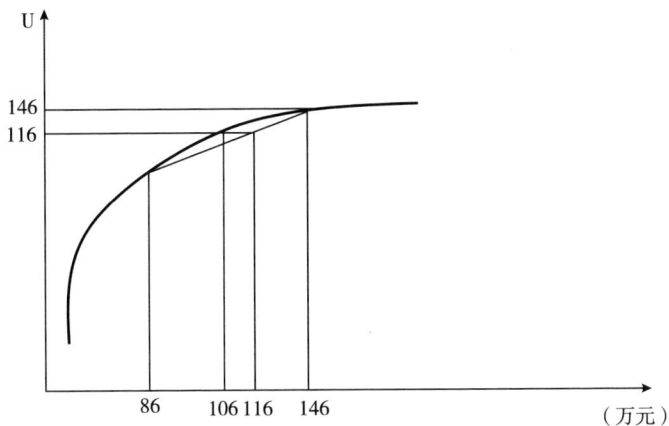

图 2-9　1 年后，选项(1)与选项(2)的效用相同

确定性等价(Certainty Equivalent)是一个投资者在一项有风险的投资项目和一项确定性投资项目之间进行抉择时，若认为两者没有差别，当效用相等时，则对该投资者来说，确定性投资项目的未来收益总额与风险投资项目未来收益总额的确定性等价值。这个概念可以使投资者根据自己对风险的态度和风险投资在未来收益的期望值，对投资项目进行评估。

六、均值方差方法

不确定情况下为实现效用最大化，设 μ 为财富的期望值，$u(w)$ 为效用函数。利用泰勒公式，将投资者的效用函数在财富的期望值 μ 的附近展开：

$$u(w)=u(\mu)+u'(\mu)(w-\mu)+\frac{1}{2}u''(\mu)(w-\mu)^2+\frac{1}{2}u'''(\mu)(w-\mu)^3+\cdots$$

两边取期望值：

$$E[u(w)]=E\left[u(\mu)+u'(\mu)(w-\mu)+\frac{1}{2}u''(\mu)(w-\mu)^2+\frac{1}{2}u'''(\mu)(w-\mu)^3+\cdots\right]$$

$$=u(\mu)+u'(\mu)E(w-\mu)+\frac{1}{2}u''(\mu)E(w-\mu)^2+\frac{1}{2}u'''(\mu)E(w-\mu)^3+\cdots$$

其中，$E(w-\mu)=0$，$E(w-\mu)^2$ 为方差，$E(w-\mu)^3$ 为偏度。在金融领域，通常认为第 3 项之后的部分忽略不计。因此：

$$E[u(w)]=u(\mu)+\frac{1}{2}u''(\mu)E(w-\mu)^2 \tag{2-24}$$

这里要注意效用函数的形状通常是上凸的曲线，1 阶导数为正、2 阶导数为负，所以效用是有负向的，即减小作用。

如式（2-24）所示，效用函数的期望值可以近似为期望值和方差之和。对于实现效用最大化的合理投资者来说，可用代表收益的期望值和代表风险的方差两部分来近似表达。并且式（2-24）中随着代表收益的期望值的增加，对效用有正向作用（理性的投资者偏好高收益），代表风险的方差的增加，对效用有负向作用（理性的投资者厌恶风险），像这样理性的投资者的行动，可用期望值和方差两个统计量来近似表达称为均值方差方法或者双参数方法，这是近代金融理论的基础。

七、风险条件下公司价值评价

在不确定情况下，评价公司价值常用的方法有资产基础法、市场法和收益法三种，三种方法的适用场景、优点及局限性如表2-3所示。

表2-3　风险条件下的公司估值方法对比

方法	适用场景	优点	局限性
资产基础法	初创企业、非持续经营企业、控股项目	数据客观，适合清算场景	忽略无形资产和协同效应
市场法	存在可比公司（如同行业上市公司）	反映市场实时价值	可比公司选择偏差，数据可得性差
收益法	成熟企业，未来现金流稳定可预测（如公用事业）	动态反映企业成长潜力	假设敏感度高，业绩波动大时误差显著

本章小结

（1）货币的时间价值是一个重要的概念，它影响着投资者的决策和金融市场的运作。掌握现值、终值、计息和贴现等货币的时间价值的评价方法，对合理评估资产的价值和进行投资决策非常重要。

（2）年金是指在未来的一段时期内每隔相同时间、发生相同金额的现金流入（出）或收（付）款项。针对不同现金流形态，可采用年金现值、复利现值以及连续复利现值计算方法。

（3）在确定条件下，企业价值评价会根据评价者所站角度的不同而不同，股利贴现模型的本质是将未来的收益贴现为现值；在风险条件下，需要在掌握规避风险的方法基础上，依托效用函数和均值方差方法，对风险资产进行评价。

重要术语

货币时间价值 现值 终值 单利 复利 连续复利 年金 先付年金 递延年金 永续年金 股利零增长模型 股利持续增长模型 效用 效用无差异曲线 确定性等价 均值方差

练习题

1. 为什么说现在的 100 元与 1 年后的 100 元是不相等的？

2. 什么是现值？什么是终值？它们之间有何联系？

3. 年金有哪几种？

4. 递延年金的概念是什么？其在计算过程中应该注意哪些问题？

5. 采用单利法与复利法计算终值和现值有何差别？哪种方法更为准确、合理？

6. 现有 100 元现金的投资者，该投资者考虑是否进行为期 1 年的股票投资，投资者的效用函数为：$U(x) = x - 0.001 \times 2 (0 \leqslant x \leqslant 500$，$x$ 的单位为元)。

现在每股股票的价格为 50 元，1 年后 50% 的概率上涨为 90 元，50% 的概率下跌为 30 元，为了简便，假设利率为 0，请计算以下问题：

(1) 投资者面临两种选择，第一，用所持有的资金购买 1 股股票并将剩余现金留存；第二，不考虑投资股票，一直留存现有现金。若以投资者 1 年后期望效用(效用的期望值)作为评判标准[要注意期望效用(效用的期望值)与期望值的效用的不同，还需要考虑确定性等价问题]，请问：投资者应该选择哪一种？并说明理由。

(2) 投资者买入 1 股股票，现在考虑与保险公司签约，合同内容：如果 1 年之后股票价格下跌，保险公司支付给投资者 60 元现金换取投资者手中股票；如果股票价格未下跌，则投资者可继续持有股票(放弃保险)；若基于投资者 1 年后期望效用作为评判标准，请问：投资者所能接受的该项保险的保险费上线为多少？请说明理由。

第三章　投资组合理论

📚 **学习要点**

1. 了解收益与风险的概念。
2. 理解投资组合的含义、目的与难点。
3. 掌握单个资产的收益与风险的计算方法。
4. 理解投资组合的有效边界、有效组合的确定方法。

投资组合理论研究的是如何控制风险和收益，是金融学中的核心问题，其中最典型的是证券投资，本章以证券投资为例，学习投资组合与分散投资。

第一节　收益与风险

投资者需要综合考虑企业和经济状况等因素，进而决定投资哪家公司的股票。因此，必须先学会如何度量收益与风险。本节介绍收益的各种不同表达形式和收益不确定性的各种度量指标。

一、收益与收益率

（一）收益与收益率的基本含义

投资收益（Return）是指企业或个人对外投资所得到收入的绝对额，假如某项投资的期初投资额为 CF_0，期末收回的投资额为 CF，投资年限为 N 年，在项目存续期内共获得 N 次投资收益，记为 $\sum_{i=1}^{N} C_i$。则项目在投资期间实现的投资收益 Return 为：

$$Return = CF + \sum_{i=1}^{N} C_i - CF_0 \tag{3-1}$$

收益率也称回报率(Rate of Return),是指投资收益相对于期初投资的百分比。收益率(r)的计算公式如下:

$$r = \frac{Return}{CF_0} = \frac{CF + \sum_{i=1}^{N} C_i - CF_0}{CF_0} \qquad (3-2)$$

(二)持有期收益率

式(3-2)所定义的投资收益率是指投资者在 N 年的投资期间获得的投资收益率,该收益率又称持有期收益率(Holding Period Return)。

【例 3-1】

小明在 2018 年 6 月花 1000 元购买了 5 年期储蓄式国债,票面利率为 3.07%,年付息一次。求 2023 年 6 月到期后国债的收益额和持有期收益率。

【解析】5 年间,小明共收到国债利息 5 笔[每笔利息为 30.7(1000×3.07%)元]和本金 1 笔(1000 元)。因此,可以根据公式来计算投资收益与持有期收益率。

【解】根据式(3-1)和式(3-2)可以得出:

到期后的投资收益为:

$$Return = CF + \sum_{i=1}^{N} C_i - CF_0 = 1000 + 3.07\% \times 1000 \times 5 - 1000 = 153.5(元)$$

持有期收益率为:

$$r = \frac{Return}{CF_0} = \frac{153.5}{1000} = 15.35\%$$

在金融资产配置分析中,由于各类投资标的具有显著期限结构差异(如国债存在 3 年、5 年及 10 年等不同期限),直接采用持有期收益率进行跨周期项目比较存在方法论缺陷。为使投资期间各不相同的投资收益率具有可比性,需要对投资收益率代表的投资期间规定一个统一的时间长度。在实际操作中,通常将 1 年作为一个标准的时间单位,计算相应的投资收益率。为此,可以将持有期收益率换算成年投资收益率。持有期收益率与各年投资收益率的关系为:

$$1 + r = (1 + r_1)(1 + r_2) \cdots (1 + r_N) \qquad (3-3)$$

其中,$r_i(i = 1, 2, \cdots, N)$分别代表期限为第 1 年至第 N 年的各年投资收益率。式(3-3)表明,在投资期间实现的持有期收益率,是投资期间内各期实现的收益率的乘积。式(3-2)中隐含着一个重要的假设,即对项目投资期内所获得的各期投资收益不再进行追加投资,所以可以简单地将各期投资收益加总。但是如果将投资期内所获得的现金流入进行再投资,那么持有期收益率应改为:

$$r = \frac{CF + \sum_{i=1}^{N} FV(C_i) - CF_0}{CF_0} \qquad (3-4)$$

其中，$FV(C_i)$ 为各期投资收益再投资的终值。

【例 3-2】

续【例 3-1】，假设国债可以追加本金，可以按任意金额购买，那么当小明把每年的收益再次投资国债时，收益率会发生什么变化？

【解】第一年本金为 1000 元，收益为 30.7 元。

将第一年收益再次投入国债，则第二年本金为 1030.7 元，收益为 31.64 元。

将第二年收益投入国债可得第三年本金为 1062.34 元，收益为 32.61 元。

同理可得第四年本金为 1094.95 元，收益为 33.61 元。

因此，第五年共收回本金 1128.56 元，同时获得利息收益为 34.64 元。

那么持有期收益率为：

$$r = \frac{1128.56 + 34.64 - 1000}{1000} = 16.32\%$$

第一年收益率为：$r_1 = \dfrac{1000 + 30.7 - 1000}{1000} = 3.07\%$

第二年收益率为：$r_2 = \dfrac{1030.7 + 31.64 - 1030.7}{1030.7} \approx 3.0698\%$

第三年收益率为：$r_3 = \dfrac{1062.34 + 32.61 - 1062.34}{1062.34} \approx 3.0696\%$

第四年收益率为：$r_4 = \dfrac{1094.95 + 33.61 - 1094.95}{1094.95} \approx 3.0695\%$

第五年收益率为：$r_5 = \dfrac{1128.56 + 34.64 - 1128.64}{1128.64} \approx 3.0692\%$

根据持有期收益率和各年投资收益率的关系可得：

$1 + r = (1 + r_1)(1 + r_2)(1 + r_3)(1 + r_4)(1 + r_5) = 1.1632$

$r = 16.32\%$

比较将收益再投资和不投资两种方式，发现收益再投资的方式，将持有期收益率从 15.35% 提高到了 16.32%。

(三) 年化收益率

还可以用年平均收益率(Average Rate of Return)表示投资收益率状况。平均收益率通常有算术平均法(Arithmetic Averaging)和几何平均法(Geometric Averaging)两种计算方法。

1. 算术平均法

如果投资期内所获得的现金流入不进行再投资，则年均收益率可以用算术平均法计算，即：

$$r_{AA} = \frac{\sum_{i=1}^{N} r_i}{N} \tag{3-5}$$

其中，r_{AA} 为按算术平均法计算出的年平均收益率，N 为投资的期限数，r_i 为第 i 期的收益率。

2. 几何平均法

如果将投资期内所获得的现金流量进行再投资，则年均收益率可以用几何平均法计算，即：

$$r_{GA} = \sqrt[N]{(1+r_1)(1+r_2)\cdots(1+r_N)} - 1 = \sqrt[N]{1+r} - 1 \tag{3-6}$$

其中，r_{GA} 为按几何平均法计算出的年平均收益率，r 为持有期收益率。

【例 3-3】

续【例 3-2】，小明不将投资期内收益再投资，则 5 年平均收益率需要采用算术平均收益率，即：

$$r_{AA} = \frac{r_1 + r_2 + \cdots + r_5}{5} = 3.0696\%$$

若小明将收益再投资，则平均收益率需要采用几何平均收益率，即：

$$r_{GA} = \sqrt[N]{1+r} - 1 = 3.0697\%$$

（四）期望收益率

除对于过去已发生投资收益情况的衡量，还有一种表示预期的收益率，即期望收益率（Expected Rate of Return），它是指人们对未来投资所产生的投资收益率的预期。

在证券市场中，存在诸多不确定性因素。因此，目标项目投资收益率并不是一个确定的值。站在当前时刻考察未来 t 时刻的投资收益率时，实际上观察的是一个随机变量，可能上涨、可能下降、可能保持不变。以某银行 2024 年 6 月 20 日的股票价格为例，股市 11：30 闭市，假设现在是 11：15，未来 15 分钟的收益率就是一个随机变量，投资者都会根据自己的判断，预测未来 15 分钟的股票走势，进而决定是否在上午进行股票交易。

因为未来投资收益率的不确定性，所以投资者通常利用"平均状态"下的收益率，即目标项目未来投资收益率的均值，作为该项目的期望收益率，具体公式如下：

$$E(\tilde{r}) = \sum_{i=1}^{N} P_{ti}r_{ti} \qquad\qquad (3-7)$$

其中，P_{ti} 为 t 时刻第 i 种经济状态的发生概率，r_{ti} 为 t 时刻第 i 种经济下的实现值。

【例 3-4】

假如分析师坚信宏观经济将出现三种情况，即繁荣、复苏、衰退，且每种情况出现的概率相同。现有 A 公司、B 公司的收益预测如表 3-1 所示。

表 3-1　A 公司、B 公司的收益率预测　　　　　　单位：%

宏观经济形势	A 公司收益率预测	B 公司收益率预测
繁荣	30	20
复苏	15	15
衰退	−10	5

【解析】A 公司的期望收益情形与宏观经济情况基本一致，在繁荣、复苏、衰退三种经济形势下的预期收益率分别为 30%、15% 和 −10%。而 B 公司期望收益情形则不太一样，在三种经济形势下的预期收益率分别为 20%、15% 和 5%。那么根据式 (3-7) 可以求出 A 公司、B 公司的期望收益率。

【解】A 公司的期望收益率 = (30%+15%−10%)÷3 = 11.67%

B 公司的期望收益率 = (20%+15%+5%)÷3 = 13.33%

二、风险

(一)风险

关于"风险"一词的由来，有多种说法。有一种观点认为，"风险"一词源自古代的沿海渔民，渔民靠出海打鱼为生，充分体会了海上风浪带来的无法预测的危险。因此，渔民认为出海打鱼时，危险往往伴随着风浪而来，"险"由"风"生，从而产生了"风险"一词。可见人们对"风险"的理解，在早期主要体现为客观的危险，如海上风暴、触礁和自然灾害等。后来，随着远洋贸易的发展，"风险"的内涵也得到不断丰富。

在金融领域，风险通常被定义为不确定性，可以理解为未来收益的不确定性或者损失的不确定性。

(二)风险的衡量方法

投资者需要衡量风险的大小，才能比较两个或多个项目的风险程度，进而作出恰当的选择。风险的度量一般有方差和标准差以及协方差和相关系数。

1. 方差和标准差

方差和标准差是最常见的风险度量方法，描述的是随机变量对于数学期望的偏离程度。假设未来的收益率为 $\tilde{r}$，其各种情况发生的概率为 P_i，$E(\tilde{r})$ 是未来的期望收益率，则其方差和标准差的计算公式如下：

$$\text{Var}(\tilde{r}) = \sigma^2(\tilde{r}) = E\{[\tilde{r}-E(\tilde{r})]^2\} = \sum_{i=1}^{N} P_i[r_i-E(\tilde{r})]^2 \tag{3-8}$$

$$\sigma(\tilde{r}) = \sqrt{\text{Var}(\tilde{r})} \tag{3-9}$$

【例 3-5】

续【例 3-4】，以表 3-1 的数据为例，计算 A 公司、B 公司的方差与标准差。

【解】已知 A 公司、B 公司获得三种收益率的概率相同，结合上一节计算出的期望收益率，代入式(3-8)和式(3-9)可以得到：

A 公司的方差和标准差：

$$\text{Var}(r_A) = \frac{(30\%-11.67\%)^2+(15\%-11.67\%)^2+(-10\%-11.67\%)^2}{3} = 0.0272$$

$$\sigma(r_A) = \sqrt{\text{Var}(r_A)} = 0.16499$$

同理，可以计算出 B 公司的方差和标准差：

$$\text{Var}(r_B) = \frac{(20\%-13.33\%)^2+(15\%-13.33\%)^2+(5\%-13.33\%)^2}{3} = 0.003889$$

$$\sigma(r_B) = \sqrt{\text{Var}(r_B)} = 0.06236$$

需要注意的是，任何项目的方差都只有两种可能，即方差等于 0 和方差大于 0。如果项目的方差等于 0，表示该项目未来实现的投资收益率与期望收益率一致，不存在不确定性。因此，可以认为该项目无风险。如果项目的方差大于 0，则表示该项目未来实现的投资收益率与期望收益率之间存在偏离，即存在不确定性，且方差越大，不确定性也越大，可以认为投资该项目的风险也就越大。

2. 协方差和相关系数

在金融领域，协方差(Covariance)是衡量一种证券收益和另一种证券收益一起变动程度的统计量，用公式可以表达为：

$$\text{Cov}_{ij} = \sum_{t=1}^{n} (\tilde{r}_i-\bar{r}_i)(\tilde{r}_j-\bar{r}_j)P_t \tag{3-10}$$

其中，$\tilde{r}_i$ 和 $\bar{r}_i$ 分别表示对应证券的未来收益率和期望收益率，P_t 表示各种状态的实现概率。协方差大于 0 表明，平均而言，两个变量朝同一方向变动，小于 0 则表明两个证券朝相反方向变动，协方等于 0 表明两个变量不一起变动。

【例 3-6】

续【例 3-5】，仍以表 3-1 数据为例，计算 A 公司、B 公司的协方差。

【解】将表 3-1 中不同状态下的未来收益率和期望收益率代入式(3-10)可得:

$Cov_{AB} = [(30\% - 11.67\%) \times (20\% - 13.33\%) + (15\% - 11.67\%) \times (15\% - 13.33\%) + (-10\% - 11.67\%) \times (5\% - 13.33\%)] \div 3 = 0.010278$

相关系数(Correlation Coefficient)表示两种证券收益率的相关性,用公式表示为:

$$\rho_{ij} = \frac{\sigma_{ij}}{\sigma_i \times \sigma_j} \tag{3-11}$$

第 i 种证券和第 j 种证券间的相关系数等于两者协方差除以各自标准差的乘积。若 i 和 j 的相关系数等于 1,表示两种证券收益率呈现完全正相关的变动关系;若相关系数等于 -1,表示两者间是完全负相关的变动关系;若等于 0,表示两种证券收益率不相关,即相互独立。

【例 3-7】

续【例 3-6】,仍以表 3-1 的数据为例,计算 A 公司、B 公司的相关系数。

【解】将已求得的协方差和标准差代入式(3-11),可得:

$$\rho_{ij} = \frac{0.010278}{0.16499 \times 0.06236} = 0.9990$$

第二节　投资组合理论

在现实投资决策中,投资者极少仅选择单一资产进行投资,而是普遍倾向于构建包含多种资产的投资组合。例如,部分投资者会同时配置债券、股票、基金等多种资产类别,而专注于股票投资的投资者也通常不会局限于单一股票的选择。这种现象引发了两个核心问题:第一,投资者为何偏好多资产投资而非单一资产投资?第二,如何确定最优资产组合以实现投资目标?本节将围绕投资组合的定义、目的、面临的挑战以及投资组合理论的前提假设展开系统性探讨。

一、投资组合的含义

在实际投资中应该如何降低风险?"不要将所有的鸡蛋放在一个篮子里",这句话蕴含的就是一个基本投资原理——分散投资。通常将由多种资产组合在一起的投资整体称为投资组合(Portfolio)。

哈里·马科维茨(Harry Markowitz,1952)提出了投资组合理论,并在 1990 年和夏普(William F. Sharpe)、默顿·米勒(Merton H. Miller)同时获得了诺贝尔经济学奖。这三位经济学家获得诺贝尔经济学奖是因为，他们回答了以下三个问题：第一，构建了资产组合风险收益的均衡配置模型；第二，建立了市场均衡条件下的证券定价理论框架；第三，揭示了制度性冲击（包括税收政策调整与企业财务危机）对证券价值的影响传导机制。这些成果奠定了现代金融经济学的理论基石。

二、投资组合的目的

投资的结果是在未来才可以确定，在投资时点是不确定的。在不确定情况下，必须同时考虑风险与收益。因此，投资组合的目的是找出最优的投资方法，同时追求高收益（期望收益率）和低风险（方差和标准差）。

在证券投资实践中，投资者通常采用分散化投资策略，通过对多只证券进行配置以构建投资组合。投资组合中各只证券的价值会随时间的推移而发生动态变化。由于不同证券的特性与市场表现存在差异，投资组合的价值变动幅度亦会因组合构成的不同而显著不同。在投资组合管理中，最关键的环节是在提升组合整体价值的同时，有效控制组合的风险暴露。具体而言，投资者对不同证券的选择以及相应的投资金额分配，将直接影响投资组合的价值表现。在多种市场环境与投资目标下，如何合理地选择证券并确定其在组合中的权重，以实现风险与收益的优化平衡，构成了投资组合选择的核心问题。

一般而言，将资金分散投资于多只证券相较于集中投资于单一证券具有更低的风险。其原因在于，若投资者仅持有单一证券，该证券价格的下跌将直接导致投资组合价值的等幅下降。然而，当投资组合包含两只证券时，即使其中一只证券的价格下跌，只要另一只证券价格保持稳定，组合整体价值的下降幅度将显著小于单一证券投资。进一步地，若投资组合包含三只或更多只证券，单只证券价格的波动对组合整体价值的影响将进一步被稀释。

三、投资组合的难点

在投资组合理论中，投资组合的构成由所包含的资产种类及其对应的权重所决定。其中，各资产在投资组合总资产中所占的比例通常被称为投资比率。当投资组合中所有资产的投资比率得以明确时，该投资组合即被确定。因此，从本质上讲，投资组合的选择过程可以被视为确定各资产投资比率的过程。

然而，在实际构建投资组合时，可供选择的资产（或证券）种类通常数量庞大，少则数十种，多则数百种甚至上千种。这意味着，确定一个投资组合往往需要明确数百种至上千种资产（或证券）的投资比率。尽管如此，若试图从所有可能的资产组合方式中筛选出最优的投资组合，其计算复杂度和实际操作难度在现实中几乎是不可逾越的。因此，如何在有限的资源和时间内，高效地确定一个相对最优的投资组合，成为投资组合理论与实践中的核心挑战之一。

【思考题 3-1】

如果有一个包含 30 种资产(证券)的投资组合，为了简单起见，假定投资比率均为 10% 的倍数，即都按照 10% 的比率递增或递减。请计算可构建多少种投资组合。

【解析】第一，考虑一下由两种资产(证券)构成的投资组合：一种资产(证券)的投资比率如果为 0，另一种资产(证券)的投资比率就为 100%，其他的还有 10% 和 90%，以此类推，那么就可以构建 11 种投资组合。

第二，由三种资产(证券)构成的投资组合，由两种资产(证券)构成的投资组合，共构建了 11 个投资组合，加入第三种资产(证券)后，如果也按照投资比率 10% 递增，会有 11×11＝121 种投资组合。

第三，有四种资产(证券)，又会增加 11 种，也就是 $121×11＝11^3$，如果有 5 种资产(证券)，又会增加 11 种，也就是 11^4，以此类推，如果有 30 种资产(证券)，一共会有 11^{29} 个投资组合。

广州超级计算机中心发布了最新的超级计算机——天河星逸，其峰值性能达到了每秒 620PFLOPS，即每秒 $6.2×10^{17}$ 次，即使是最新的超级计算机仍需要 $2.56×10^{12}$ 秒，1 小时有 3600 秒，1 天有 24 小时，共 86400 秒，一年 365 天，共 31536000 秒，用 $2.56×10^{12}$ 秒除以 31536000 秒，为 81131.06 年。

由此可见，如果要考虑全部组合方法，计算量太大。即使用超级计算机，也不可能全部计算出来，确定投资组合因为需要庞大的计算，克服计算量是投资组合选择的最大难点。

四、投资组合理论的假设前提

与其他模型一样，投资组合理论建立在完美市场假说(Perfect Market Assumptions)的基础上，因此有其适用的假设前提。

(一)单期间的投资

假设投资期间为 1 期，在期初买入投资组合，在期末卖出。在投资期间不对投资组合进行调整，并且也不考虑之前或者之后的投资问题，期间可以为 1 年、1 个月或者 1 周，任意选择。

(二)期望效用最大化

假设投资者是风险回避的，为实现期末的效用期望值最大化而进行投资组合选择。通过这一假设，就可以确定投资者对风险与收益的喜好。即投资者喜好低风险和高收益，低风险用投资期望收益率的方差或标准偏差来衡量，收益用投资期望收益率衡量。

（三）证券可无限细分

通常资产或证券的交易单位是 1 股，但是这里假设可以进行细分，即可以购买 1.1 或 1.01 等任意比率的资产。

（四）禁止卖空

卖空（Short Sale）是股票、期货等金融市场的常见操作模式，与"买空"（Long Sale）相对。其核心逻辑在于投资者预期未来市场价格将下跌，因而通过借入标的资产并以当前价格卖出，待价格下跌后再以较低价格买回并归还，从而获取差价利润。从交易行为特征来看，卖空的操作顺序为"先卖后买"，本质上类似于商业领域的赊销模式。在价格下跌的市场行情中，卖空策略能够实现盈利：投资者在高位借入资产并卖出，待价格下跌后以较低价格买回并归还，差价即为利润。例如，当投资者预期某只股票未来价格将下跌时，可通过借入该股票并以当前较高价格卖出，待股价下跌至一定程度时再以较低价格买回并归还，差价即为卖空收益。

买空亦称"多头交易"，是卖空的对称概念。当投资者预判证券价格将呈上升趋势但受自有资本约束时，可通过信用交易机制融入资金购入标的证券，待市场价格达到预期阈值后平仓获利。这种杠杆操作模式在放大收益潜力的同时也扩展了风险敞口。

从投资组合的角度来看，允许卖空操作意味着投资者对资产或证券的投资比率可以为负值。这一假设突破了传统投资组合中资产或证券投资比率仅处于 0~1 的限制，从而扩展了投资组合的构建空间，为投资者提供了更为灵活的策略选择。

（五）忽略交易手续费和税等费用

现实中买卖资产或证券都要支付交易手续费和税等费用，但是如果支付这些费用，就会影响预期投资组合收益率，此假设的目的是使投资者能够获得与预期一致的投资组合收益率而设定的。

第三节　投资组合的收益率与方差

一、两种资产构成的投资组合

先考虑一下最简单的情况，由两种资产构成投资组合的情况。存在 A 公司和 B 公司两家公司，各自的未来发展状况的预测和对应的预测投资收益率如表 3-2 所示。

表 3-2 A 公司、B 公司的预测投资收益率

状况	概率(P)	A 公司	B 公司
非常差	0.1	−3	15
差	0.2	1	1
一般	0.4	3	5
好	0.2	5	9
非常好	0.1	9	−5
期望收益	—	3	5
方差(标准差)	—	8.8(2.97)	26.4(5.14)
相关系数	—	−0.58	

（一）投资组合的期望收益率

投资组合最终要确定 A 公司和 B 公司各自的投资比率，两者投资比率的合计一定是 100%，即如果投资 A 公司的投资比率是 75%，那么剩余的 25% 则投资于 B 公司。只要确定其中某一家公司的投资比率，另一家公司的投资比率也就确定下来了。

用 A 公司和 B 公司各自的投资收益率来计算所构成的投资组合的投资收益率。对 A 公司和 B 公司的投资比率分别设为 w_A 和 w_B，两者所满足的条件为 $w_A + w_B = 1$；那么投资组合的收益率如式(3-12)所示。

$$\widetilde{R_p} = w_A \widetilde{R_A} + w_B \widetilde{R_B} \tag{3-12}$$

以 A 公司和 B 公司各自的投资比率分别为 75% 和 25% 的情况为例，可以得到：

非常差：0.75×(−3)+0.25×15=1.5

差：0.75×1.0+0.25×1.0=1.0

一般：0.75×3.0+0.25×5.0=3.5

好：0.75×5.0+0.25×9.0=6.0

非常好：0.75×9.0+0.25×(−5.0)=5.5

可以计算出投资组合的投资收益率，再计算投资组合的期望收益率，只需要乘以各种情况下发生的概率即可。

$$E(\widetilde{R_p}) = \sum_{i=1}^{n} p_i \widetilde{R_A} = 0.1×1.5+0.2×1.0+0.4×3.5+0.2×6.0+0.1×5.1 \approx 3.5\%$$

因为投资组合的收益率是投资组合投资收益率的期望值，所以只需要在式(3-12)两端取期望值，即可求得投资组合的期望收益率。即：

$$E(\widetilde{R}_p) = E[w_A \widetilde{R}_A + w_B \widetilde{R}_B] = \sum_i (w_A \widetilde{R}_{A,i} + w_B \widetilde{R}_{B,i}) p_i$$

$$= \sum_i w_A \widetilde{R}_{A,i} P_i + \sum_i w_B \widetilde{R}_{B,i} P_i$$

$$= w_A \sum_i \widetilde{R}_{A,i} P_i + w_B \sum_i \widetilde{R}_{B,i} P_i = w_A E[\widetilde{R}_A] + w_B E[\widetilde{R}_B] \qquad (3-13)$$

将期望投资收益率换算为 μ，则：

$$\mu_P = w_A \mu_A + w_B \mu_B \qquad (3-14)$$

式(3-14)表明，由两种资产构成投资组合时，投资组合的期望收益率为两种资产各自的期望收益率与投资比率的加权平均。

(二) 投资组合的方差

接下来，看看投资组合的方差如何计算。根据方差的定义，A 公司和 B 公司各自的投资比率分别为 75% 和 25% 时，方差为：

$$\sigma_{p,i}^2 = Var(R_{p,i}) = \sum_i [R_{p,i} - E[\widetilde{R}_p]]^2 \times P_i$$

$$= (1.5-3.5)^2 \times 0.1 + (1.0-3.5)^2 \times 0.2 + (3.5-3.5)^2 \times 0.4 +$$

$$(6-3.5)^2 \times 0.2 + (5.5-3.5)^2 \times 0.1 = 3.3\%^2$$

投资组合的方差就是投资组合期望收益率的方差，因此：

$$\sigma_p^2 = Var(\widetilde{R}_p) = \sum_i [\widetilde{R}_{p,i} - E[\widetilde{R}_p]]^2 P_i$$

$$= \sum_i (w_A R_{A,i} + w_B R_{B,i} - w_A E[\widetilde{R}_A] - w_B E[\widetilde{R}_B])^2 P_i$$

$$= \sum_i \{(w_A^2(R_{A,i} - E[\widetilde{R}_A])^2) P_i + (w_B^2(R_{B,i} - E[\widetilde{R}_B])^2) P_i +$$

$$2 w_A w_B (R_{A,i} - E[\widetilde{R}_A])(R_{B,i} - E[\widetilde{R}_B]) P_i\}$$

$$= w_A^2 Var(\widetilde{R}_A) + w_B^2 Var(\widetilde{R}_B) + 2 w_A w_B (R_{A,i} - E[\widetilde{R}_A])(R_{B,i} - E[\widetilde{R}_B]) P_i \qquad (3-15)$$

式(3-15)中，最右侧的表达式是协方差，通常用 Cov_{AB} 来表示，$Cov_{A,B} = \rho_{AB} \sigma_A \times \sigma_B$，因此，式(3-15)可表达为：

$$\sigma_p^2 = Var(\widetilde{R}_p) = w_A^2 Var(\widetilde{R}_A) + w_B^2 Var(\widetilde{R}_B) + 2 w_A w_B Cov_{AB}$$

$$\sigma_p^2 = Var(\widetilde{R}_p) = w_A^2 Var(\widetilde{R}_A) + w_B^2 Var(\widetilde{R}_B) + 2 w_A w_B \rho_{AB} \sigma_A \times \sigma_B \qquad (3-16)$$

投资组合的标准差即为方差的平方根。

【例3-8】

根据表 3-2 的 A 公司、B 公司收益率的预测数据，对假定 A 公司股票的投资比率设定为按照 25% 的比率递减，计算不同投资比率情况下，投资组合的期望收益率与方差。

【解】根据式(3-14)和式(3-16)，可以得到各种情况下投资组合的期望收益率与方差，结果如表 3-3 所示。

表 3-3　投资组合收益率的预测表

状况	投资比率				
	100%：0%	75%：25%	50%：50%	25%：75%	0%：100%
非常差	-3	1.5	6	10.5	15
差	1	1	1	1	1
一般	3	3.5	4	4.5	5
好	5	6	7	8	9
非常好	9	5.5	2	-1.5	-5
期望值	3	3.5	4	4.5	5
方差	8.8	3.3	4.4	12.1	26.4
标准差	2.97	1.82	2.1	3.48	5.14

可以看到，在投资比率为(75%：25%)和(50%：50%)的投资组合，比单独投资 A 公司或 B 公司股票的风险要低。这意味着通过构建投资组合减小了风险，也就是分散投资减小了风险的效果。

（三）投资组合的风险与收益的关系

首先，如果用公式来表示，对 A 公司和 B 公司股票的投资比率分别设为 w_A 和 w_B，两者所满足的条件为 $w_A + w_B = 1$；两者的关系如果用坐标轴表示，横轴表示对 A 公司股票的投资比率，纵轴表示对 B 公司股票的投资比率。与横轴、纵轴相交时，则意味着将所有资金投资于资产 A 或者资产 B，按照投资组合的前提假设条件，则如图 3-1(a)"投资比率"所示。

其次，考虑投资组合收益率与投资比率之间的关系。如图 3-1(b)"投资比率与收益"所示，横轴表示对 A 公司股票的投资比率，纵轴表示投资比率与组合期望收益率之间的关系。根据对 A 公司、B 公司的投资比率，可以得到投资组合的期望收益率为 $\mu_P = w_A \mu_A + w_B \mu_B$，根据式(3-14)可得组合的期望收益率在坐标轴中也表示为一条线段。与横纵轴相交时，则意味着将所有资金投资于资产 A，即 A 公司的投资比率为100%，与其对应纵轴表示投资组合的收益率，即 A 公司的期望收益率为3%。在纵轴上则意味着所有资金投资于资产 B，即 B 公司的投资比率为100%，与其对应纵轴表示投资组合的收益率，即 B 公司的期望收益率为5%。

再次，比较投资比率与风险之间的关系。对投资组合的风险进行分析，将 A 公司和 B 公司投资收益率的标准差分别设为 σ_A 和 σ_B，两者之间的协方差设为 Cov_{AB}，则可以用公式表示投资组合的风险，可以将 w_A 用 $(1-w_B)$ 进行代入，就可以将式(3-16)转换为 $Var(P)$ 与 w_B 的二次等式。并且，式子两边取平方根，就可以计算得出标准差，标准差 σ_P 与投资比率 w_B 是双曲线关系，如图3-1(c)"风险与投资比率"所示。

最后，比较两个资产构成投资组合的期望收益率与风险之间的关系。将图(a)、图(b)和图(c)进行合成，用投资组合的风险与收益表示，就如图3-1(d)"投资组合风险与收益"所示，图中黑色曲线加粗部分就是有效边界。

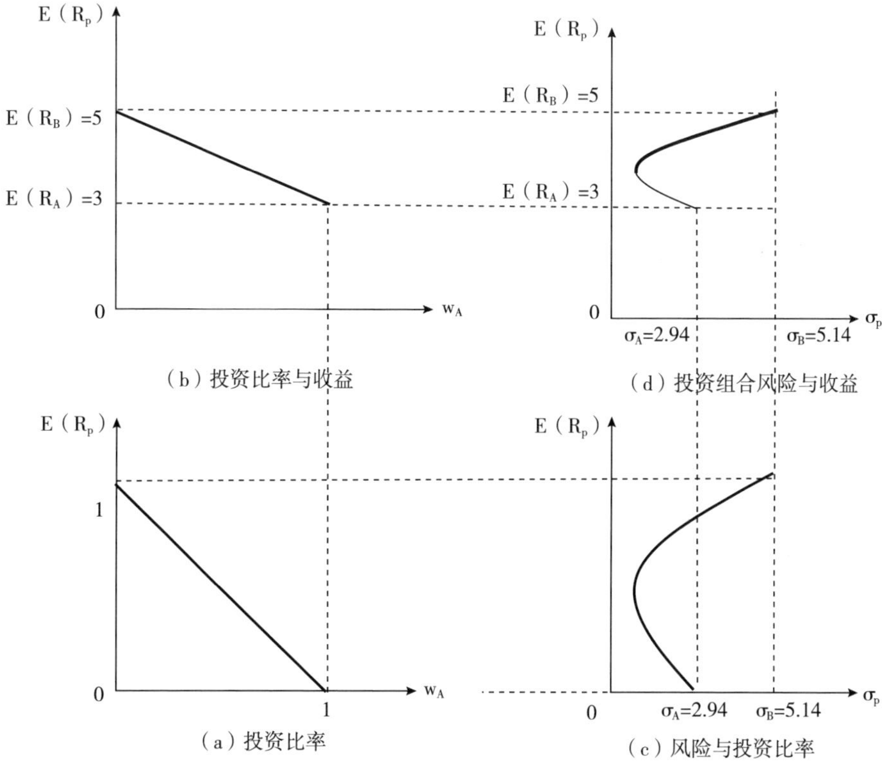

图3-1　两个资产构成投资组合

二、多种资产构成投资组合

现实中，充分分散风险的投资组合通常包含上百种甚至更多的资产，那么对 n 种资产构成投资组合时，对各资产投资比率的约束条件为 $\sum_{i=1}^{n} w_i = 1$，并且 $w_i \geq 0$。

这时投资组合的投资收益率可表示为：

$$\widetilde{R}_p = w_1\widetilde{R}_1 + w_2\widetilde{R}_2 + w_3\widetilde{R}_3 + \cdots + w_n\widetilde{R}_n = \sum_{i=1}^{n} w_i\widetilde{R}_i \qquad (3\text{-}17)$$

投资组合的期望收益率和方差如下:

$$\mu_p = \sum_{i=1}^{n} w_i\mu_i \qquad (3\text{-}18)$$

$$\sigma_p^2 = Var(R_p) = Var\left(\sum_{i=1}^{n} w_iR_i\right) \sum_{i, j=1, i\neq j}^{n} w_iw_jCov_{ij}$$

$$= \sum_{i=1}^{n} w_i^2\sigma_i^2 + \sum_{i, j=1, i\neq j}^{n} w_iw_jCov_{ij} = \sum_{i=1}^{n} w_i^2\sigma_i^2 + \sum_{i, j=1, i\neq j}^{n} w_iw_j\rho_{ij}\sigma_i\sigma_j \qquad (3\text{-}19)$$

三、有效边界与有效组合

(一) 两种资产构成投资组合的有效集

考虑一下两种资产构成的所有投资组合的可行集,即 A 公司和 B 公司所构成的所有可能的组合。假设可供选择的所有投资组合的风险与收益都已经计算出来,以横轴表示风险,以纵轴表示收益,两种资产构成的投资组合如图 3-2 所示。

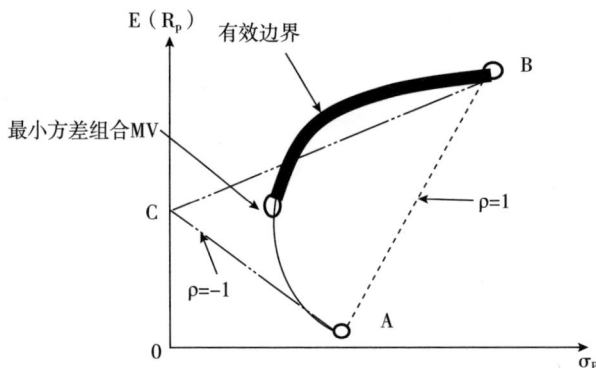

图 3-2 两种资产构成的投资组合

根据图 3-2 和表 3-2 可以得出以下结论:

1. 投资组合的构成与特征

图 3-2 中的弧线表示由 A 公司和 B 公司构成的投资组合的可行集。A 点和 B 点分别代表将资金全部投资于 A 公司和 B 公司的情况,即投资比率分别为 100% 和 0。根据表 3-2,B 公司的期望收益率和方差均高于 A 公司。随着投资者对 B 公司的投资比率增加,投资组合在可行集上的位置逐渐上升,直至 B 点,此时 B

公司的投资比率达到 100%。MV 点位于弧线上且最接近原点，表明其标准差最小，代表了可行集中方差最小的投资组合，通常称为最小方差组合(Minimum Variance Portfolio)。

2. 有效边界与次优区域的划分

MV 点将弧线划分为两部分：

有效边界(Efficient Frontier)：从 MV 点至 B 点之间的加粗弧线部分称为有效边界。有效边界上的投资组合具有以下特征：在既定风险水平下，能够实现期望收益率的最大化；在既定期望收益率水平下，能够实现风险的最小化。因此，位于有效边界上方的投资组合均为有效投资组合(Efficient Portfolio)。

次优区域(Inefficient Region)：A 点至 MV 点之间的弧线部分(不包括 MV 点)形成一段"弓形曲线"。与有效边界上的投资组合相比，该区域内的组合在同等风险水平下期望收益率较低，或在相同期望收益率水平下风险较高。因此，对于理性投资者而言，有效边界之外的组合并非最优选择。投资者应仅在有效边界上选择投资组合，以实现风险与收益的最佳权衡。

3. 相关系数对有效集的影响

有效集曲线的形状随 A 公司和 B 公司之间的相关系数(ρ)变化而变化：

当 A 公司和 B 公司的相关系数介于 +1～-1 时，可行集为一条位于 A、B、C 三点构成的三角形区域内的弧线，即 A—MV—B。此时，投资组合的分散化效应显著，组合标准差小于各资产标准差的加权平均数。

当 A 公司和 B 公司完全正相关($\rho=1$)时，有效集退化为一条经过 A 点和 B 点的线段。此时，组合标准差等于各资产标准差的加权平均数，分散化效应消失。

当 A 公司和 B 公司完全负相关($\rho=-1$)时，特定的投资比例下，有效集曲线与纵轴相交于 C 点，此时可构造出一个无风险投资组合。此时，组合标准差为 0，表明完全负相关时，投资组合的风险可通过分散化完全抵消。

综上所述，只要两种资产的相关系数小于 1，投资组合的分散化效应即可降低组合风险，这是投资组合管理的核心目标之一。

(二)多种资产构成投资组合的有效集

假设所有可供选择的投资组合的风险与收益均已计算完毕，若以横轴表示风险(通常以标准差衡量)、纵轴表示收益(通常以期望收益率衡量)，则多种资产组合的可行集构成一个区域。该区域为投资者在 n 种资产中进行投资时所形成的全部可能投资组合的集合。区域内的每个点均对应投资者按照特定比率投资于 n 种资产所形成的特定组合，具体如图 3-3 所示。

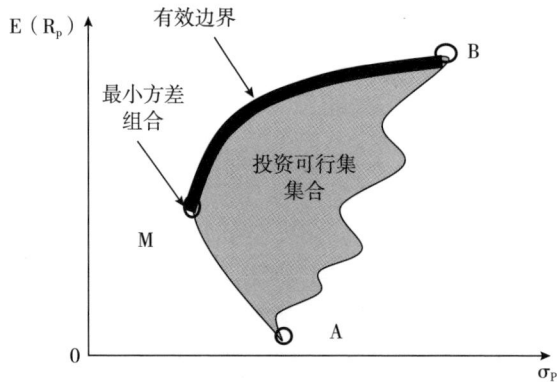

图 3-3　多个资产构成投资组合的有效集

与两种资产构成的投资组合有效集一致，多种资产组合的有效集位于该区域上方，从 M 点至 B 点的边缘或边界（图 3-3 中以黑色实线弧形表示）。有效边界上方的任意组合均能够在既定风险水平下实现期望收益率的最大化，同时在既定期望收益率水平下实现风险的最小化。因此，位于有效边界上方的投资组合均为有效投资组合。相比之下，任何位于 M 点至 A 点的边缘或边界下方的点，其期望收益率均低于有效边界上的点，而标准差却相等。图中 M 点是最小方差组合。

四、最优投资组合的选择

有效边界位于所有投资机会集合的左上方，相较于整个投资机会集合，其范围相对有限，可视为对投资对象进行了一次筛选。对于理性投资者而言，确定有效边界具有重要意义，因为它能够显著减少在庞大投资机会集合中进行优化计算的工作量。投资者仅需将自身的效用无差异曲线与有效边界进行拟合，两者的切点即为该投资者的最优投资组合，具体如图 3-4 所示。

在图 3-4 中，投资者 A、B 和 C 根据各自的风险偏好和投资目标，在给定的投资机会集合中选择能够最大化期望收益的同时最小化风险的资产组合。最优资产组合（Optimal Portfolio）是指在有效边界上与投资者最大效用曲线的切点所对应的投资组合，即在特定投资者的效用函数下实现最大化的投资组合。

投资组合理论通过将多种资产进行组合，实现分散投资，从而降低投资组合的整体风险。这一分散投资的原理不仅适用于股票投资，还在其他领域具有广泛的应用。例如，在采购原材料时，企业可以通过从多个供应商分散进货，避免因单一供应商断货而导致的风险；企业通过多元化经营，涉足多种业务领域，以分散单一业务的风险。这种分散化策略不仅适用于企业经营，在日常生活中也普遍存在。

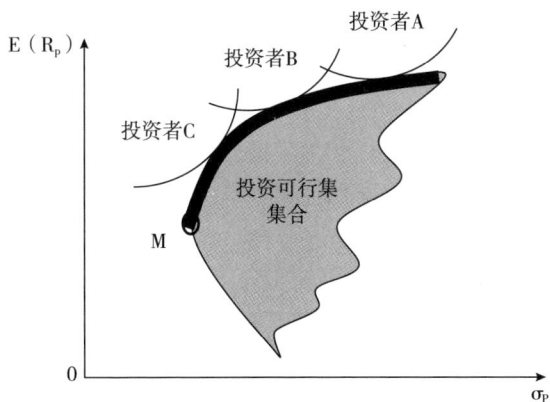

图 3-4　最优投资组合的选择

　　尽管在投资组合理论出现之前，分散化以规避风险的行为在现实生活中已较为自然，但投资组合理论的贡献在于通过理论化的方式对这一行为进行表达，并通过严谨的数学推导，提出了衡量期望收益率、标准差、相关系数等关键指标的基本方法。此外，投资组合理论还引入了"有效集"的概念，进一步深化了对分散化原理的理解，简化了投资者选择最优投资组合程序，提高了决策效率。

本章小结

　　（1）在金融市场上，收益与风险是一对必须在任何投资决策中权衡的基本矛盾。由于风险与收益具有对称性，通常表现为高风险对应高收益，低风险对应低收益。收益通常以期望收益率衡量，风险的度量则包括方差、标准差、协方差和相关系数等。

　　（2）通过分散化来规避风险，在投资组合理论之前，现实生活中是非常自然的行为，马科维茨的贡献在于，将这一行为进行了理论上的表达，通过严谨的数学推导，提出了选择投资组合时衡量期望收益、标准差、相关系数等的基本方法。并提出了投资有效集，使更深一步理解其原理，简化了投资者对最优投资组合的选择程序，提高了决策效率。

✐ 重要术语

　　收益　收益率　持有期收益率　年化收益率　算术平均法　几何平均法　期

望收益率风险 方差 标准差 协方差 相关系数 投资组合 有效边界 有效组合 最小方差组合

练习题

1. 简述期望收益率和要求收益率的概念，并说明它们在何种情况下是相同的。

2. 简述风险的概念，并说明如何度量与估计风险。

3. 什么是投资组合？该如何衡量投资组合的收益率与风险？

4. 现有一组由金融资产 A 与 B 构成的投资组合，其风险收益特征如下：证券 A 的预期收益率为 10%，收益波动率为 6%；证券 B 的预期收益率为 7%，风险水平(以标准差衡量)为 4%。两资产收益序列的相关系数经测算为 0.1。在此市场条件下，某投资者拟构建一个由 20% 权重配置于 A、80% 权重配置于 B 的证券组合。针对该投资情境，需解决以下两个问题：

(1) 在二维风险—收益坐标系中精确标定该投资组合的定位坐标。

(2) 通过系统性调整资产配置比例，推导并绘制投资组合的有效前沿边界曲线。

5. 股票 X 和股票 Y，未来 1 年内的收益率和发生概率分布如图 3-5 所示，请回答并计算以下问题。

		R_Y 的收益率			
		80%	10%	-60%	R_X 的发生概率
R_X 的收益率	55%	0.2	0.1	0	0.3
	5%	0.1	0.2	0.1	0.4
	-45%	0	0.1	0.2	0.3
	R_Y 的发生概率	0.3	0.4	0.3	

图 3-5 股票 X 和 Y 收益率和发生概率分布

(1) 计算股票 X 的期望收益率和方差。

(2) 计算股票 Y 的期望收益率和方差。

(3) 计算股票 X 和股票 Y 收益率的协方差。

(4) 计算股票 X 和股票 Y 收益率的相关系数。

(5) 计算由股票 X 和股票 Y 所构成的投资组合中，收益率的方差最小的组合(最小方差组合)。

第四章　资本资产定价模型

▊▊ 学习要点

1. 理解有效市场假说。
2. 掌握资本资产定价模型及运用。
3. 理解资本市场线与证券市场线的区别。

第一节　有效资本市场

一、有效市场假说

（一）资本市场

作为现代金融体系的核心构成，资本市场是从事中长期资本融通的金融市场，其涵盖权益类证券交易市场、固定收益证券市场和中长期信贷市场等多元化子系统。该市场通过股权融资和债权融资机制，为经济实体提供扩大再生产所需的资本要素。其中，证券市场的核心功能体现在通过发行股票与公司债券实现社会资本的跨期配置，其显著特征在于标准化金融工具的高流动性——公开发行的证券可在二级市场实现高效流转，形成持续的市场定价机制。

与之形成功能互补的货币市场，主要服务于期限在一年以内的短期资金流转需求，其运作体系包含金融机构同业拆借、商业票据贴现、回购协议交易及短期信贷等子市场。从金融视角分析，两类市场共同构成经济系统的流动性调节中枢。前者侧重生产要素的长期资本化配置，后者着重营运资金的短期融通。政府监管部门通过这两个市场实施金融与经济活动调控。从历史演化角度来看，货币市场作为基础性金融设施率先形成，为资本市场的发育提供了制度和技术基础。值得注意的是，资本市场的系统性风险显著高于货币市场，这源于长期投资决策面临的多重不确定性，以及资产定价过程中复杂因素的交互作用。

资本市场和货币市场统称金融市场，是我国社会主义市场经济的重要组成部分，受到政府的高度关注与重视。自改革开放以来，我国金融市场发展迅速，目前已初步形成了一定的规模与体系。

（二）有效市场假说的理论基础

美国学者安德鲁·施莱弗（Andrei Shleifer）认为，理性、独立的理性偏差和套利是有效市场假说的三个理论基础。

第一，理性假设要求市场参与者能够对新信息进行无偏估计。例如，某公司股价为58元/股。如果该公司向社会披露一项投资项目，那么根据理性假说，投资者会及时调整对该项目净现值的预测。如果投资者预期项目净现值约为2元/股，就会倾向以不低于60元/股出售其持有的股票。但行为金融学者反对理性假说，他们认为不是所有投资者都是理性的，至少相当多的投资者是非理性的。投资者会过分重视小样本的结果，形成一种过度反应，当投资者意识到这种增长难以为继时，股价就会暴跌。

第二，独立的理性偏差。假设非理性乐观的人和非理性悲观的人在数量上大体相当，理性偏差可能在整个投资者群体中相互抵消。在信息不对称时，投资者的估值会产生偏差。以投资者对某项目净现值的估计为例，投资者有可能乐观地对待这个新信息，也可能悲观地对待这个新信息。如果投资者预计该项目的净现值大大好于理性水平，那么，他们能够在高于60元/股出售或购买该股票。如果市场被这些投资者占据，那么，股价上涨很可能超过市场有效性所预计的水平。投资者也很容易悲观地对待这个新项目，如果市场被这类投资者控制，那么，股价很可能低于60元/股。假如非理性的乐观投资者和非理性的悲观投资者旗鼓相当，那么即便大多数投资者是非理性的，股价上涨大概率会与市场有效性预期项一致。

第三，专业套利者的市场操作能够修正非理性定价偏差。行为金融研究则指出，投资者受限于认知惯性，对市场信息的反应存在时滞效应，导致价格调整呈现渐进性特征，股票价格将缓慢地调整，而非根据公告立刻做出调整。非专业投资者的非理性或投机性可能致使股价被推高或打压，大大偏离有效价格。假如专业投资者客观地评估投资对象，清晰地估计股票价格，并按低买高卖行事或套利，则市场将被理性的专业投资者所控制，市场仍将保持有效性。

套利假说认为专业投资者的理性可以抵消非专业投资者的非理性，即专业投资者的套利能够控制业余投资者的投机。行为金融学认为，出于保守，在新信息出现后，投资者会缓慢地根据包含在公告里的信息做出相应的调整。

（三）有效市场的含义与三种形式

1. 有效市场的含义

有效市场（Efficient Capital Market）是指现时市场价格已反映所有已知信息的资本市场。在这个市场中，不存在利用可预测的信息获得超额利润的机会。

已知信息可分为历史交易价格的信息集、可获得的公开信息集和所有可获得的信息集三种不同的理解。历史交易数据构成公开信息集的子集，而公开信息又是全域信息集的子集，三者之间的关系如图4-1所示。

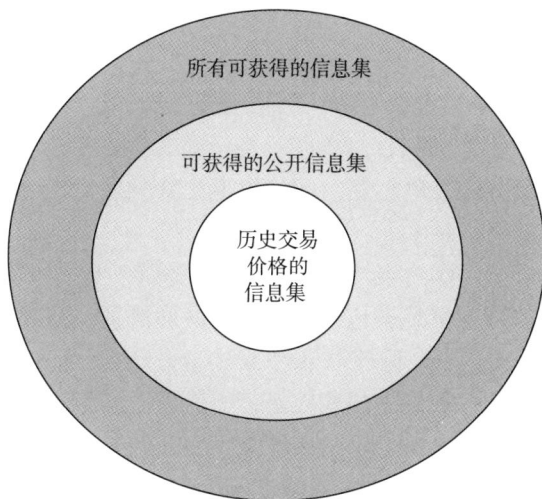

图4-1 三类信息之间的相互关系

有效资本市场可定义为证券价格即时充分反映所有可得信息的市场形态。在这种理想状态下，任何基于公开信息的交易策略均无法持续获取超额收益。市场有效性的本质在于价格对信息的响应效率：在强式有效市场，新信息被瞬时吸收；而在弱式有效市场，价格调整呈现时间序列依赖性，这为主动投资策略提供了理论可能性。

需要强调的是，市场有效性并不否定交易成本的存在，亦不要求市场参与者具有同质化认知。其核心要义在于市场机制的竞争充分性——通过价格发现功能实现资本要素的优化配置。实证研究表明，金融市场的演进对提升资源配置效率、完善公司治理结构、促进技术创新具有显著的制度激励作用。

2. 有效市场的三种形式

著名经济学家尤金·法玛针对这三种信息集，构建了资本市场效率的三维分类框架，将市场有效性划分为弱式效率（Weak - form Efficiency）、半强式效率（Semi-strong form Efficiency）与强式效率（Strong-form Efficiency）三种层级。

（1）弱式效率市场。当资产定价完全吸收历史交易数据所蕴含的信息时，该市场即达到弱式效率标准。在此类市场中，证券现价已整合所有过往价格轨迹、成交量变化等时序信息，导致价格序列呈现随机游走特征，其自相关系数趋近于0。这意味着基于技术分析的时间序列预测方法丧失有效性，任何依赖历史价格形态的交易策略均无法获取统计显著的超额收益。由于市场参与者会即时利用潜在可获利信息进行套利操作，最终导致该信息被完全定价而失去预测效力。

（2）半强式效率市场。此类市场要求证券价格即时反映所有公开可得信息，包括但不限于公司财务报告、监管披露文件及行业分析数据。在半强式效率框架下，基本面分析工具（如财务报表分析、估值模型构建）失去超额收益获取能力。市场通过高效的信息传导机制，使任何新公开资讯都能在极短时间内完成价格调整，从而消除基于公开信息的套利空间。值得注意的是，该效率形态并不排除利用非公开信息获利的可能性。

（3）强式效率市场。作为市场有效性的终极形态，强式效率要求证券价格完全整合所有公开与非公开信息，包括未披露的内幕消息。在此理论状态下，任何信息优势（无论是通过合法渠道获取还是非法途径获得）都无法持续产生异常报酬。尽管现实市场中不存在绝对强式效率，但该理论模型为监管体系建设提供了重要参照系，揭示了内幕交易监管的必要性。实证研究表明，成熟资本市场往往表现出接近半强式效率的特征。

二、有效市场假说对公司金融的启示

（一）时序无关性原理

尽管资本市场非常复杂，但有效市场理论至少给了许多启示。弱式效率市场的重要推论在于证券价格变动的马尔可夫属性，即当前价格已充分反映历史信息，时间序列数据不包含预测未来价格变动的有效信号。这种"市场失忆"特征导致技术分析策略的失效，投资者无法通过历史价格模式获得统计显著的正向收益，股票价格的变动并没有规律可循。今天股票价格被低估，明天股票价格不一定就会提高，可能跟原来一样。因此，在有效市场上，期待股价上升的融资者可能等来的是股价的持续走低或持平。

（二）资产定价的公平性特征

在有效市场环境下，证券价格形成机制具有信息完备性，资产估值反映市场参与者对"风险—收益"权衡的集体判断。这种定价有效性为资源配置提供了准确信号，确保投资者仅能获取与其承担风险相匹配的正常收益率。在竞争性的资本市场上，证券价格确实能够反映所有相关的信息，因此，除非投资者独享某些信息，或比其他投资者知道得更多，否则他无法持续获得超额利润。例如，小李擅长预测利率进行债券投资，但他获得长期超额收益的可能性几乎为零。因为他不可能比其他人了解更多的信息，有效的资本市场几乎消除了所有的获利机会，形成了一个公平合理的市场价格。因此，投资者无须担心他人因掌握更多信息而获得超额收益，也无须担心自己因掌握的信息不足而收益低。

（三）会计信息的中性化效应

有效市场假说推演出财务报告数据的无偏解析特性：市场参与者能够穿透会计处理方法的表象，准确识别企业真实现金流量状况。例如，租赁资本化处理或养老金负债披露位置的调整不会实质影响证券估值，因为分析师会通过跨期调整还原经济实质。

（四）投资决策的自选择机制

有效市场环境下，证券间的替代弹性显著增强，任何偏离合理估值的资产都将引发套利行为。理论上，所有证券投资的净现值趋近于0，超额收益仅可能来源于非对称信息优势。这解释了内部人交易监管的必要性，也为公司高管持股激励机制提供了理论依据。由于市场无法预测，任何人、任何投资机构都无法跑赢大盘，投资者获取高收益的唯一方法就是承担高风险。

三、完全资本市场假说

完全资本市场亦称"无摩擦资本市场"，是金融经济学家所假想出来的一种资本市场环境。

（一）完全资本市场的含义

概括而言，具备如下特征的资本市场可被视为完全资本市场：

（1）零交易摩擦（无佣金、税费等显性成本）。

（2）资产无限可分且具备完全流动性。

（3）市场参与主体呈原子化特征（单一交易不影响价格）。

（4）信息对称分布且获取零成本。

（5）决策主体同质化（共享预期且追求效用最大化）。

（6）无财务困境成本。

（7）资本要素自由流动。

（8）税制中性假设。

（二）完全资本市场的意义

尽管与现实市场存在显著偏离，完全资本市场假设为现代金融理论提供了关键建模基础。资本结构无关论（MM定理）、资产定价模型（CAPM）等经典理论的推导均建立在此假设体系之上。这种抽象化处理剥离了现实市场中的噪声，使研究者能够聚焦核心经济变量的互动关系，为理解真实市场运行规律提供了基准参照系。

该理想模型与市场有效性理论存在本质区别。前者强调市场结构的完美性，后者关注信息处理效率。两者的共同作用构成了现代金融学的分析框架，为实证研究和政策制定提供了理论基础。

第二节　资本市场线

一、系统风险与非系统风险

（一）系统风险（Systematic Risk）

分散后的股价波动性显著降低，但是随着组合证券数量的增加，股价波动性的降幅趋缓，变得不明显。如图 4-2 所示，以纵轴表示投资组合的标准偏差，代表分散后的股价波动性，横轴表示组合中的资产数量，随着组合中的资产数量的增加，组合的标准偏差逐渐减少，但是并不能彻底地将组合的风险减少至 0。最分散的投资组合就是投资于市场中所有证券的组合，如果将整体市场的波动设为基准来考虑风险，系统风险是指由于整个市场中全局性的共同因素引起的投资收益的可能变动。随市场一起变动的风险因素，是不可回避、不可分散的风险，通过分散化不能消除的风险，它会影响整个市场和经济。

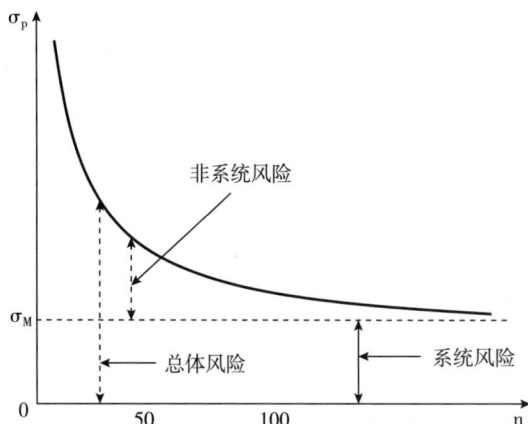

图 4-2　系统风险与非系统风险

系统风险的因素包括利率、通货膨胀率、经济周期、普遍的自然灾害等。虽然系统性风险无法分散，但是可以通过选择低相关的证券来减小。

（二）非系统风险（Nonsystematic Risk）

非系统风险是指公司或者行业特有的，与整个市场波动相独立的，可通过分散化消除的风险。非系统风险是局部的、某个资产或行业专有的，它不一定会影响其他资产。例如，非系统性风险可能包括药品研发失败或空难。这些事件将会直接影响相应的公司和行业，但是不会影响与这些行业关联小的行业。投资者可以通过多样化、分散化的方法，把关联性不高的资产进行组合从而规避非系统性风险。

（三）风险溢价（Risk Premium）

理性投资者是规避风险的，如果理性投资者承担风险，他就会要求相对应的收益回报，即风险溢价，如果得不到相对应的回报，则投资者会放弃投资。因此，在市场机能正常运转的资本市场中，对理性投资者所面临的、要承担的风险，都会提供与其相对应的收益回报，这就是市场所决定的风险溢价。

市场只会对承担系统风险的投资者提供相对应的风险溢价，而对承担非系统风险的投资者不提供风险溢价，这是因为非系统风险是投资者通过分散投资可以消除的风险，对于能够消除的风险，市场不会提供风险溢价。

在均衡的资本市场中，风险溢价对于投资者来说就是期望收益，承担较大的系统风险的投资者就会获得较多的风险溢价，承担较小的系统风险的投资者就会获得较少的风险溢价，这就是通常所说的"高风险与高收益，低风险与低收益"原则。市场就是通过调整资产价格来保持风险与收益的平衡，即风险收益权衡（Risk Return Tradeoff）。

二、资本市场线

（一）资本配置线

目前为止，只考虑了收益率是有风险或不确定的风险资产。然而，大多数投资者可以获得无风险资产（Risk Free Assets，R_f）。无风险资产是指没有任何风险或者风险非常小的资产，具有一定的保障而不承担任何冒险性的固有资产，它的标准差为 0，实际收益率将永远等于期望收益率。因为无风险资产的风险为零，因此无风险资产的收益率 R_f 在均值—方差图中一定位于 Y 轴上。

根据定义，当无风险资产纳入投资组合时，无风险资产与风险资产的相关系数为 0，这意味着无风险资产的加入可以改善投资组合的风险状况。具体而言，投资者可以通过将一定量的资本在某一特定的风险资产组合与无风险资产之间分配，即无风险资产与风险资产按照不同的投资比率进行投资，构建投资组合。这时所有可能的新组合的预期收益与风险之间会形成一条线，这条线被称为资本配置线（Capital Allocation Line，CAL）。

资本配置线的形成基于无风险资产与风险资产的组合，反映了投资者在不同风险偏好下的预期收益与风险的权衡。根据定义，资本配置线是引入无风险资产后，基于不同投资者的市场预期所形成的。在实际应用中，由于存在多个可供选择的风险资产组合，因此图中会出现多条资本配置线，如图4-3所示。

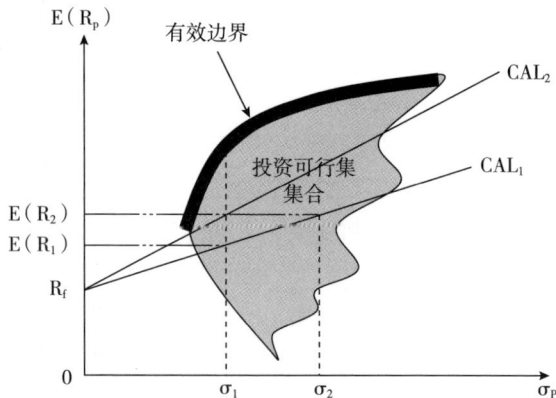

图4-3　资本配置线

比较 CAL_1 和 CAL_2 可以看到，在风险均为 σ_1 时，CAL_2 上所对应的收益率 $E(R_2)$ 比 CAL_1 上所对应的收益率 $E(R_1)$ 更高。因此，理性投资者会选择 CAL_2 而不是 CAL_1 上的资产组合进行投资。同样地，在收益率均为 $E(R_2)$ 时，CAL_2 上所对应的风险（标准差）σ_1 比 CAL_1 上所对应的风险（标准差）σ_2 更低。因此，理性投资者仍然会选择 CAL_2 而不是 CAL_1 上的资产组合进行投资。

资本配置线上的点表示无风险资产与风险资产的线性组合。例如，对于资产 x 来说，在均值—方差图中，其截距是无风险收益率，斜率是 $(E(R_x)-R_f)/\sigma_x$。不同的投资者对收益和风险的预期和偏好各不相同，每位投资者都有不同的最优投资组合及资本配置线。

（二）均衡市场

市场是各种各样的投资者所发出的各种不同的买卖订单的集合，这些订单构成了对各种资产的需求，当市场中所有资产的需要和供给达到完全均衡的状态时，就称为市场均衡。在这种均衡状态下是不存在超额需要的，所有的投资者都能够持有自己想持有的投资组合。

根据分离定理，投资者在选择风险资产时，是与投资者自身对风险的喜好，持有的资金多少相独立，只会选择投资组合 S，因此，在均衡状态下，投资者所持有的都是投资组合 S，称为市场组合（Market Portfolio）。

市场组合是指由市场中所有的资产构成的组合。在这个组合中，每一种资产都有一定的投资比率，为了确定各资产的投资比率，可以通过确认其市值的方法来实现。市值是市场中所有的资产数量乘以其市场价格来计算的。假设资产 i 的数量为 m_i，市场价格为 S_i，那么其市值 V_i 就等于 $m_i S_i$，资产 i 的市值与市场组合市值的比率就是该资产投资比率。如果市场中存在 N 种资产，那么资产 i 的投资比率 X_i 就可表示为：

$$X_i = V_i / (V_1 + V_2 + \cdots + V_N) = V_i / \sum_{i=1}^{N} V_i \tag{4-1}$$

资产的市值一定是正值。因此，资产在市场组合中的投资比率也一定是正值，所以市场组合包含了市场中所有的资产。在均衡市场中，投资组合 S 与市场组合一致，也就是说，对于投资者来说最优的投资组合为 S，其中，组成资产的投资比率就是各资产市值占组合 S 市值的比率。这时候，投资组合 S 中包含了市场中的所有资产，没有对任何资产进行卖空。通常来说，将投资组合 S 称为市场组合，并用市场的开头字母 M 代替 S 来表示。

从另一个视角来看市场均衡。如果现在市场处于非均衡状态，会发生什么事情呢？假设存在资产 X，并未包含在投资组合 S 中，当然资产 X 的市值不是 0，那么它是包含在市场组合中，这时市场组合 M 与投资组合 S 不一致，处于非均衡状态。

可以分两种情况进行分析：

第一种情况，对于投资者来说，资产 X 对于最优投资组合来说是无用的，是没有吸引力的资产，这样一来，没有人愿意购买，那么现在持有资产 X 的投资者也想将它卖掉，使自己所持有的组合能够实现最优化，但因为没有人愿意购买，在市场中就会出现资产 X 的供给过剩的情况，导致其市场价格下跌，市场价格下跌就相当于对获得该资产的初期费用下跌，投资收益率反而会上升，当价格下跌至一定水平时，资产 X 则会变为一个有投资价值的对象，最终使资产 X 被收拢在投资组合 S 中。

第二种情况，对于投资者来说，资产 X 是非常有吸引力的投资对象，其投资比率高于其正常投资比率，这样一来，市场中就会出现资产 X 供不应求的现象，导致其市场价格上涨。市场价格上涨就相当于对获得该资产的初期费用上涨，投资收益率反而会减少，当价格上涨至一定水平时，资产 X 则会变为一个没有投资价值的对象，最终使资产 X 的投资比率恢复至正常水平。

由于供需关系所导致的资产价格变化是一直存在的，最终市场中所有资产都按照正确的投资比率包含在投资组合 S 中，市场处于均衡状态。在均衡市场中，投资组合 S 和市场组合 M 是一致的，所有投资者都可以获得自己想得到的最优投资组合，即市场组合 M。

（三）资本市场线

合理的投资者都喜好收益，厌恶风险。这就决定了在风险相同情况下，合理的投资者选择资本配置线的斜率大，也就是期望收益率更大的资本配置线上的资产进行投资，在这无数条斜率逐渐增大的资本配置线中，最优的资本配置线是与有效边界相切的那条线。

在只有风险资产的情况下，对于合理的投资者来说，最优的资产组合就是位于有效边界上方的资产组合，当引入无风险资产时，有效边界将发生变化，无风险资产与由风险资产构成的有效边界进行新的组合，合理的投资者喜好高收益低风险，这一喜好使在引入无风险资产后，新的有效边界变化成为由无风险资产引出的由原风险资产构成的有效边界的切线，切点为 M，这条线称为资本市场线（Capital Market Line，CML）。具体见图 4-4，表达式为：

$$\mu_p = r_f + [(\mu_M - r_f)/\sigma_M]\sigma_p \tag{4-2}$$

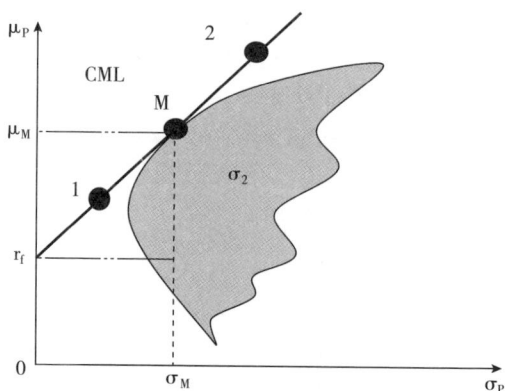

图 4-4　资本市场线

资本市场线的斜率等于市场组合 M 的期望收益率与无风险资产收益率之差除以市场组合的标准差，由于资本市场线与纵轴的截距为 r_f。可以看到资本市场线是条直线，所以在 CML 上的所有投资组合都可以用市场组合 M 和无风险资产 r_f 来构建。例如，正好处于市场组合 M 和无风险资产 r_f 中间的组合 1，对市场组合 M 和无风险资产 r_f 的投资比率分别为 50%；处于市场组合 M 右上方的组合 2，就是投资者借入无风险资产 r_f 并将其投入资金市场组合 M，这时市场组合 M 的投资比率大于 1,而无风险资产 r_f 的投资比率为负数。

当存在无风险利率时,对于所有的投资者来说,M 组合是由风险资产构成的最优资产组合,投资者持有的风险资产最优组合与投资者对风险和收益的喜好无关,这一现象被称为分离定理(Separation Theorem),唯一的区别在于由风险态度决定风险资产的比重。

分离定理认为,所有合理的投资者,不论其喜好、风险偏好与财富多少,均会持有由无风险资产和最优风险投资构成的组合。

分离定理允许将投资者的投资问题分为两个重要步骤,即投资决策和融资决策。在第一步,如前面的分析一样,投资者确定最优风险投资组合。最优风险投资组合是从许多风险组合中选择出来的,没有考虑投资者的偏好。这一步的投资决策以最优风险投资组合的收益率、风险和相关系数为基础。资本市场线连接了最优风险投资组合和无风险资产。所有的最优投资者组合必须在这条线上。每个投资者在 CML 上的最优投资组合都在第二步决定,这就简化了分析步骤。

在引入无风险资产的市场均衡框架下,资本市场线(CML)刻画了有效前沿上的最优资产配置轨迹。该曲线揭示出风险资产与无风险资产的最优组合比例,以及市场组合在风险—收益空间中的基准地位。根据该模型的核心结论,理性投资者的最优配置必然位于这条线性有效边界之上,其数学表达式表征着风险溢价与系统性风险之间的线性对应关系。

当资产配置偏离 CML 时,将引发两种非均衡状态:其一,若投资组合收益率突破 CML 上边界,则意味着市场存在非均衡套利空间,价格体系尚未完成出清过程,此时资产定价将经历动态调整直至恢复均衡;其二,若组合收益率位于 CML 下侧,则显示当前配置未达帕累托最优,投资者可通过资产重组实现效率提升。唯有严格沿 CML 分布的资产配置,才能同时满足个体效用最大化与市场整体出清的双重条件,此时市场进入夏普意义上的均衡状态。

第三节 资本资产定价模型

基于马科维茨投资组合理论,威廉·夏普(William Sharpe,1964)、约翰·林特纳(John Lintner,1965)、杰克·特雷诺(Jack Treynor,1961)与简·莫辛(Jan Mossin,1966)四位学者分别独立推导出资本资产定价模型(Capital Asset Pricing Model,CAPM)。资本资产定价模型阐述了在均衡市场中,最优投资组合中单个风险性金融资产与市场组合的均衡关系。

一、CAPM 的假设前提

同其他理论模型一样，资本资产定价模型也通过简单假设忽略金融市场的许多复杂性。有了这些假定，无须复杂的分析就可以洞悉资产定价的原理。一旦这个基础的关系建立，就可以放松假定条件然后检验认识并予以修正。这些假定中有的约束力较强，有的比较宽松。

（1）单期的投资。

（2）期望效用最大化。

（3）证券可无限细分。

（4）允许卖空(Short Sale)。

（5）忽略交易手续费和税等费用。

CAPM 理论除第(4)条之外，均与投资组合理论的假设前提相一致。与第三章投资组合理论中说明的一样，如果允许卖空的话，资产或证券的投资比率就会成负值，CAPM 理论虽然允许投资者持有资产或证券的投资比率为负。但是，如上所述，在均衡市场中不存在投资比率为负的投资者。此外，CAPM 理论又增加了以下两条假设前提。

（6）可按无风险利率无限制地借贷资金。

（7）投资者是价格接受者，并拥有共同期望。

无风险资产是指完全没有风险的资产，因此，如果投资于无风险资产，单期后会获得确定的投资收益。假设前提(6)，用 r_f 表示无风险利率，如果期初贷出 1 元，那么期末会获得确定的收入 $(1+r_f)$。反过来，如果期初借入 1 元，那么期末就要支付确定的支出 $(1+r_f)$。

假设前提(7)中，一方面，投资者是价格接受者则意味着市场中有许多投资者，没有哪一个投资者能够影响价格。因此投资者是价格接受者，假定证券价格不会受到投资者交易的影响。这个假定一般是正确的，即便投资者可能影响小股票的价格，那些股票也不足以影响资本资产定价模型的基本结果。另一方面，投资者同质预期这一假定意味着所有投资者在分析时运用了相同的方法、相同的概率分布和相同的未来现金流输入值。另外假定这些投资者都是理性的，那么会持有相同的风险组合也就是市场组合。只要预期不同就不会产生显著不同的最优风险组合，同质预期的假定就可以放开。

以上这些假定的主要目的是创造出与可预测方式理性选择风险收益有效组合的边际投资者。在操作和信息方面去除了市场的非有效性。即使一些假定看起来不太合理，然而放宽它们中的大部分只会对模型和结果产生微弱的影响。此外，即使模型存在局限和缺陷，CAPM 还是提供了一个进行比较的基准和最初收益率的估计。

二、单个风险资产与市场组合的关系

市场处于均衡状态时，市场组合对所有的投资者来说都是最优的投资组合。假设由任意风险资产 i 与市场组合 M 构建新的投资组合 P，风险资产 i 的投资比率的变化可以导出新投资组合 P 的轨迹，因为新投资组合 P 是由风险资产 i 与市场组合 M 构建，所以其轨迹一定是在投资可行集合内。具体如图4-5所示。

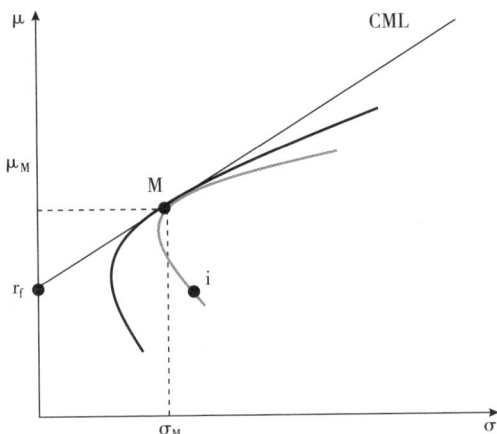

图4-5　单个金融资产与市场组合的关系

因为假设前提（4）允许卖空，所以图4-5中新投资组合 P 的轨迹有超过风险资产 i 与市场组合 M 的部分。图中最重要的假设前提是新构建的投资组合 P 的轨迹与 CML 在 M 点相切，即在 M 点两者具有相同的斜率。

如果风险资产 i 的投资比率为 α，期望收益率为 μ_i，标准差为 σ_i，市场组合 M 的投资比率则为 $1-\alpha$，期望收益率为 μ_M，标准差为 σ_M，此时新投资组合的期望收益率 μ_P 如下：

$$\mu_P = \alpha\mu_i + (1-\alpha)\mu_M \tag{4-3}$$

投资组合的方差 σ_P^2 如下：

$$\sigma_P^2 = \alpha^2\sigma_i^2 + (1-\alpha)^2\sigma_M^2 + 2\alpha(1-\alpha)\text{Cov}_{i,m}$$

$$\sigma_P = \left[\alpha^2\sigma_i^2 + (1-\alpha)^2\sigma_M^2 + 2\alpha(1-\alpha)\text{Cov}_{i,m}\right]^{1/2} \tag{4-4}$$

分别对式（4-3）和式（4-4）求 α 导数，并整理可得：

$$\frac{\mathrm{d}\mu_P}{\mathrm{d}\alpha} = \mu_i - \mu_M \tag{4-5}$$

$$\frac{\mathrm{d}\sigma_P}{\mathrm{d}\alpha}=\frac{1}{2}\left[\alpha^2\sigma_i^2+(1-\alpha)^2\sigma_M^2+2\alpha(1-\alpha)\mathrm{Cov}_{i,m}\right]^{-1/2}\times$$
$$2\left[\alpha\sigma_i^2-(1-\alpha)\sigma_M^2+(1-2\alpha)\mathrm{Cov}_{i,m}\right] \qquad (4-6)$$

这时，新投资组合 P 的轨迹的斜率为：

$$\frac{\mathrm{d}\mu_P}{\mathrm{d}\sigma_P}=\frac{\dfrac{\mathrm{d}\mu_P}{\mathrm{d}\alpha}}{\dfrac{\mathrm{d}\sigma_P}{\mathrm{d}\alpha}} \qquad (4-7)$$

在 M 点的斜率，将式(4-5)和式(4-7)，即在新投资组合 P 中市场组合 M 的投资比率(1-α)为100%，风险资产 i 的投资比率 α 则为 0，代入：

$$\frac{\mathrm{d}\mu_P}{\mathrm{d}\sigma_P}\bigg|_{\alpha=0}=\frac{\dfrac{\mathrm{d}\mu_P}{\mathrm{d}\alpha}\bigg|_{\alpha=0}}{\dfrac{\mathrm{d}\sigma_P}{\mathrm{d}\alpha}\bigg|_{\alpha=0}}=\frac{\mu_i-\mu_M}{\dfrac{-\sigma_M^2+\mathrm{Cov}_{i,m}}{\sigma_M}} \qquad (4-8)$$

因为在 M 点新投资组合的斜率与 CML 相同，可导出：

$$\frac{\mathrm{d}\mu_P}{\mathrm{d}\sigma_P}\bigg|_{\alpha=0}=\frac{\dfrac{\mathrm{d}\mu_P}{\mathrm{d}\alpha}\bigg|_{\alpha=0}}{\dfrac{\mathrm{d}\sigma_P}{\mathrm{d}\alpha}\bigg|_{\alpha=0}}=\frac{\mu_i-\mu_M}{\dfrac{-\sigma_M^2+\mathrm{Cov}_{i,m}}{\sigma_M}}=\frac{\mu_M-r_f}{\sigma_M} \qquad (4-9)$$

整理可得：

$$\mu_i=r_f+\frac{\mathrm{Cov}_{i,m}}{\sigma_M^2}(\mu_M-r_f) \qquad (4-10)$$

令 $\beta_i=\dfrac{\mathrm{Cov}(R_i,\ R_M)}{\sigma_M^2}=\rho_{i,M}\times\dfrac{\sigma_i}{\sigma_M} \qquad (4-11)$

则式(4-10)可表示为：

$$\mu_i=r_f+\beta_i(\mu_M-r_f) \qquad (4-12)$$

式(4-12)被称为资本资产定价模型(Capital Asset Pricing Model，CAPM)。其中，β_i 表示风险资产(证券)i 的 β 系数，代表投资组合对系统风险的敏感度。

三、证券市场线

从式(4-12)资本资产定价模型可以看出，对任意的风险资产 i 的收益是由两部分构成的，第一部分是无风险资产的收益 r_f，第二部分是风险溢价，风险溢价是市场组合的风险溢价与 β_i 的乘积。可以看出，除了 β_i，其他部分对任意的风险资产都是相同的，所以资产 i 的特征都集中在 β_i 上，β_i 越大对应的风险溢价越大，资产 i 的期望收益率也就越大。相反，β_i 越小对应的风险溢价越小，资产 i 的期望收益率也就越小。当 $\beta_i = 1$ 时，资产 i 的期望收益率与市场组合相一致。

β 值与期望收益率的关系如图 4-6 所示，横轴表示对资产 i 的 β，纵轴表示资产 i 的期望收益率，可以通过无风险资产 $(0, r_f)$ 和市场组合 $(1, \mu_M)$ 确定一条直线。

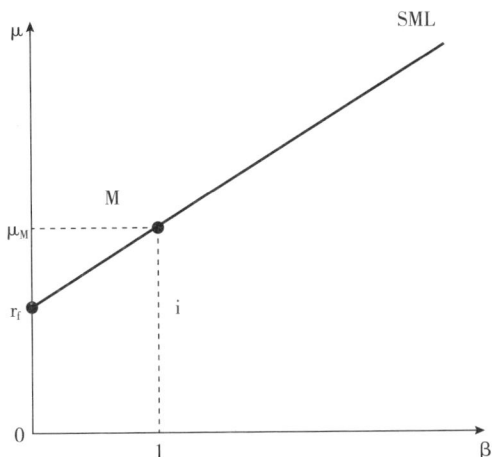

图 4-6 证券市场线

这条连接纵轴上的无风险资产的收益 r_f，与由市场组合的期望收益 μ_M 及 β 确定的 M 点的直线称为证券市场线（Security Market Line，SML）。SML 由资本资产定价模型的图形表示，证券市场线纵轴的截距为无风险收益率，斜率为市场风险溢价 $(\mu_M - r_f)$。

基于 CAPM 的诸多假定，在均衡市场中，所有"公平定价"的资产一定在 SML 上，即它们的期望收益同风险相匹配。证券市场线可以用来判断一项资产的定价是否合理。

第一，若资产的定价合理，则其期望收益率应恰好位于 SML 线上。

第二，若资产被高估，其期望收益率低于 SML 所对应的收益率，位于 SML 的下方。

第三，若资产被低估，其期望收益率高于 SML 所对应的收益率，位于 SML 的上方。

因此，价格被高估的资产应该卖出，价格被低估的资产应该买入。

对于与市场组合的相关系数为负的资产 i，其贝塔系数(β)为负值。根据 CAPM 可知，这类资产的风险溢价$[\beta_i(\mu_M-r_f)]$亦为负值。导致其期望收益率低于无风险资产(r_f)。尽管这类资产的期望收益率低于无风险资产，但从投资组合理论的角度来看，其与市场组合的负相关性可以显著降低投资组合的整体风险。因此，即使其期望收益率低于无风险资产，在组合风险水平的考量下，这类资产仍具有投资价值。

四、CML 与 SML

（一）CML 与 SML 的区别

资本市场线（CML）与证券市场线（SML）是现代投资组合理论中的两个核心概念，二者在风险衡量、风险与收益的关系以及应用场景上存在显著差异。CML 适用于描述投资组合的风险与收益关系，SML 则适用于评估单个资产的定价合理性。在实际投资决策中，投资者可以根据 CML 优化投资组合的配置比例，同时利用 SML 评估资产的市场定价是否合理，从而实现投资组合的优化与风险管理。二者在理论基础和应用范围上存在显著差异。

1. 横轴的含义

在资本市场线的坐标系中，横坐标采用标准差度量(σ)，表征投资组合的整体波动性，其包含不可分散的协方差风险与可消除的特质性风险。相较而言，证券市场线的横轴设定为贝塔系数(β)，该指标通过资产收益与市场组合的协方差计算得出，专门测度资产对系统性风险的敏感程度。

2. 风险与收益的关系

资本市场线本质上是无风险资产与市场组合构成的线性有效边界，其函数关系阐释了风险溢价与组合波动性之间的严格比例关系。此曲线仅适用于前沿有效组合，揭示通过最优配比实现风险分散极限。证券市场线（SML）则揭示了单个资产的系统性风险与其期望收益率之间的对应关系。SML 适用于所有资产，无论其是否被纳入投资组合。

3. 收益率的含义

资本市场线上的收益率具有双重属性，既是市场平衡状态下的均衡收益，也是投资者通过前沿组合配置可实现的最高预期回报率。其数值由市场组合的夏普比率决定，反映风险承担的市场整体补偿水平。

SML 中的收益率则代表资产的必要收益率门槛，由资本资产定价模型（CAPM）推导得出。当资产实际收益率高于 SML 时产生超额收益(α)，表明存在错误定价机会；反之，则显示风险补偿不足，触发套利行为直至回归均衡。

4. 应用场景

（1）资本市场线。资本市场线主要用于确定投资组合中无风险资产与市场组合的配置比例，以实现风险与收益的优化。

（2）证券市场线。证券市场线主要用于根据必要报酬率（Required Rate of Return）评估资产的定价合理性，并利用股票估价模型计算股票的内在价值。

（二）CAPM 的验证方法

对标准 CAPM 的检验，通常可分为两个步骤：

（1）使用实际的股票市场数据推算各股票的贝塔值。

（2）检验它的贝塔值与期望收益率之间的证券市场线是否成立（证券的期望收益率与该证券关于市场组合的贝塔系数之间的关系是线性的）。

第一步，时间序列回归，通过下面的公式：

$r_i^t - r_f^t = \alpha_i + \beta_i(r_m^t - r_f^t) + \varepsilon_i^t$

在不同的时点将各股票的超额收益率与市场组合的超额收益率进行观测，可以求得各股票 i 的贝塔，被解释变量为（$r_i^t - r_f^t$），解释变量为（$r_m^t - r_f^t$），截距为 α_i，斜率为 β_i，ε_i^t 为残差，目标是残差 ε_i^t 的平均值为 0，残差 ε_i^t 的平方和最小条件下，通过这种方法可以求解各股的截距（α_i）和贝塔值（β_i）。并通过观测截距（α_i）是否为 0 来佐证 CAPM 理论。

第二步（横断面回归），将第一步得到的各股票的贝塔与期望收益率做散点图，如果 CAPM 理论是正确的，那么 SML 这一线性关系会被确认，SML 的截距一定为 r_f，并且都过市场组合这一 M 点（$\beta = 1$，$\mu = \mu_m$），为了确认这一点还需要进行再次回归分析，这些散点图上所能导出的直线如下：

$\mu_i = \alpha + b\beta_i + c_i$

如果 CAPM 理论是正确的，那么 $\alpha = r_f$，$b = \mu_m$，从回归拟合程度来决定系数 R^2，当 R^2 越接近 1 时，表示相关的方程式参考价值越高；相反，当 R^2 越接近 0 时，表示参考价值越低。再验证回归方程式的截距是否为 r_f，是否通过市场组合 M，就可以确认 SML 在市场中是否成立。

本章小结

（1）威廉·夏普等金融经济学家在投资组合理论基础上创建了资本资产定价模型。该理论模型具有革命性意义，使描述和量化资本市场的风险程度对之进行定价成为可能。该理论认为，在市场均衡条件下，每项资产所能提供的收益率应该和其与市场组合的期望收益率的协方差呈线性关系。因此，资本资产定价模型是贴现率的理论基础。

（2）资本资产定价模型提供了两个很少有争议的共识：第一，投资者对其所承担的风险总要求有额外的补偿。因此，投资者对风险较高的项目要求有较高的收益率。第二，投资者主要关心其无法通过分散化投资消除的风险。因此，在公司金融实践中，资本资产定价理论得到了广泛的运用，很多公司就是利用资本资产定价理论来估计投资项目的期望收益率。

重要术语

有效市场假说 弱式有效市场 半强式有效市场 强式有效市场 完全资本市场 系统风险 非系统风险 风险溢价 资本配置线 资本市场线 分离定理 均衡市场 资本资产定价模型 证券市场线

练习题

1. 简述期望收益率和要求收益率的含义，并说明两者在何种情况下是相同的。

2. 在单一风险性金融资产的风险—收益分析中，为什么用贝塔值取代方差？

3. 资本市场线和证券市场线的区别是什么？

4. A 股票的期望收益率为 12%，其贝塔值为 1；B 股票的期望收益率为 13%，贝塔值为 1.5。市场组合的期望收益率为 11%，无风险资产率为 5%。根据资本资产定价模型，购买哪一种股票更好？请说明理由。

5. 假定市场上资本资产定价模型成立，判断下列四种情况哪种是有可能的，哪种是不可能的，请说明理由。

第一种情况：

资产组合	期望收益	贝塔值
A	20	1.4
B	25	1.2

第二种情况：

资产组合	期望收益	标准差
A	30	35
B	40	25

第三种情况：

资产组合	期望收益	标准差
A	16	24
市场	17	28
无风险资产	10	0

第四种情况：

资产组合	期望收益	标准差
A	20	12
市场	16	24
无风险资产	10	0

第五章　债券估值

📖 学习要点

1. 了解债券的概念、种类与发行方式。
2. 理解债券价值的影响因素。
3. 掌握债券价值的估计模型及运用。
4. 理解债券价值的利率敏感性。

第一节　债券的相关概念与分类

一、债券的概念

债券作为标准化债务工具，其本质是债权债务关系的法定凭证，由具备资质的发行主体（包括主权政府、金融机构及企业法人）面向公众投资者发行，承诺在特定期限内履行本息偿付义务。这种金融契约具有明确的收益确定性特征，属于预定利率型金融工具。在成熟金融市场中，债券凭证可通过二级市场实现流动性转换，形成完整的价值发现机制。在我国，比较典型的政府债券是国库券。

债券的定义包含以下四个方面的内容：

第一，债券发行人作为债务人。债券的发行主体是借入资金的经济实体，承担偿还本金和支付利息的义务。

第二，债券投资者作为债权人。投资者通过购买债券向发行人提供资金，享有获取利息和到期收回本金的权利。

第三，还本付息的承诺。债券发行人承诺在约定的期限内按照既定利率支付利息，并在到期时偿还本金，这是债券发行的基本条件。

第四，法律凭证的属性。债券是发行人与投资者之间债权债务关系的法律证明，具有法律效力，可作为解决纠纷的依据。

二、债券的基本要素

债券的基本要素是其法律契约属性的具体体现，这些要素明确了债券发行与交易过程中的关键条款，为投资者和发行人提供了明确的权利与义务框架。债券有以下六个核心要素：

1. 票面价值

票面价值（Face Value or Par Value）是指债券票面上标明的价值，不仅构成利息计算基准，更确立了发行主体的到期偿付义务。需特别指出的是，面值与实际发行价格存在市场性偏离，这种价格弹性反映了利率环境与信用风险的市场定价机制。若发行价格高于票面价值，为溢价发行（Premium Issue）；若发行价格低于票面价值，则为折价发行（Discount Issue）。

2. 债券价格

债券价格（Price）包括发行价格和买卖价格（又称转让价格）。债券的发行价格是指债券首次公开发售时的价格，而交易价格则是指债券在二级市场上买卖的价格。债券价格与票面价值之间并无必然联系，其价格波动主要受市场利率、债券信用评级、供求关系等因素的影响。

3. 到期期限

到期期限又称偿还期（Maturity），是指债券从发行日至到期日之间的时间间隔，是债券发行人承诺偿还本金的时间，在债券上会明确载明偿还债券本金的期限。到期期限的设定通常取决于发行人的资金周转计划、预期投资者的风险偏好以及外部资本市场的各种影响因素。到期期限的长短直接影响债券的风险特征和收益水平，通常期限越长，债券的利率风险越高。

4. 息票率

息票率又称票面利率（Coupon Rate），是指债券发行人承诺定期向债券投资者支付的债券利息与债券票面价值的比率。债券息票率的确定主要受到基准利率水平、信用评级状况、久期风险补偿以及市场供求关系等因素的影响。值得注意的是，该利率设置具有法律强制效力，区别于市场实际收益率。

5. 付息期

付息期（N）是指债券利息支付的时间间隔。常见的付息方式包括到期一次性支付、每年支付一次、每半年支付一次或每季度支付一次。付息期的长短对投资者的实际收益有显著的影响，付息周期安排直接影响债券的久期与估值模型。单利计息型债券通常采用到期本息兑付模式，而分期付息债券涉及复利计算体系。

6. 发行人名称

发行主体全称的法律明示，不仅确立债务关系的权责边界，更为债权人行使追索权提供司法保障，是债券法律效力的重要体现。

需特别说明，现代债券发行普遍采用电子化信息披露制度，部分契约条款可能通过补充协议或募集说明书进行法律确认，突破传统票面记载的物理限制。

三、债券的种类

（一）按发行主体划分

1. 政府债券

政府债券是政府为筹集资金而发行的债券。因其主权信用背书，具有最优风险评级，在国际金融市场享有"金边证券"美誉。除直接政府债务外，部分国家将政府担保债券纳入主权债务框架，形成或有负债工具。

2. 金融债券

金融债券是由持牌金融机构发行的债券，依托机构信用与监管资本约束机制，形成风险溢价低于普通企业债的信用特征，我国政策性银行债券即属于此类。

3. 公司(企业)债券

上市公司发行的市场化融资工具，其信用风险完全取决于企业微观经营质量。相较于政府债券存在显著信用利差，需通过信用评级体系进行风险分层。

（二）按财产担保划分

1. 抵押债券

抵押债券是以企业财产作为担保的债券，通过特定资产池创设的结构化产品，根据抵押品类别可分为不动产抵押债券(MBS)、动产质押债券及证券化担保债券(ABS)。此类债券具有破产隔离特性，通过特殊目的载体(SPV)实现风险重组。

2. 信用债券

完全依赖主体信用的无担保债券，其发行需满足严格监管标准。投资者通过限制性条款(如资产处置限制、杠杆率约束等)构建风险缓释机制，此类工具往往要求显著高于有担保债券的风险溢价。高等级信用债往往成为机构投资者资产负债匹配的核心工具。

（三）按债券形态分类

1. 实物债券(无记名债券)

实物债券是一种具有标准格式实物券面的债券。它与无实物票券相对应，简单地说，就是发给你的债券是纸质的票券而非电脑里的数字。

在其券面上，一般印制了债券面额、债券利率、债券期限、债券发行人全称、还本付息方式等各种债券票面要素。其不记名，不挂失，可上市流通。实物债券是一般意义上的债券，很多国家通过法律或者法规对实物债券的格式予以明确规定。实物债券由于其发行成本较高，将会被逐步取消。

2. 电子登记债券

依托中央证券存管系统(CSD)的现代债券形态，通过账户划转实现确权与流通。我国记账式国债采用"一级托管、二级交易"模式，兼具高流动性与操作便利性特征。

（四）按是否可转换划分

1. 可转换债券

可转换债券是指在特定时期内可以按某一固定的比例转换成普通股的债券，兼具债权与股权属性的混合资本工具，其内嵌期权价值显著影响定价模型。发行企业通过设置转股价格、回售条款等实现资本结构动态优化，投资者则获得风险对冲的弹性选择权。《中华人民共和国公司法》规定，发行可转换债券应由国务院证券管理部门批准，发行公司应同时具备发行公司债券和发行股票的条件。

2. 不可转换债券

不可转换债券是指不能转换为普通股的债券，是传统债务工具的典型代表，其收益结构缺乏衍生属性，定价机制相对简明。

（五）按付息的方式划分

1. 零息债券

运用货币时间价值原理设计的折价发行工具，其隐含收益率通过价格波动实现。短期国库券多采用此模式，成为货币市场基准利率的重要观测指标。与付息债券不同，零息债券并不定期支付利息，既可以贴现发行，也可以按照面值平价发行。贴现发行的零息债券也称贴现债券。零息债券作为特殊品种，通过价格波动实现收益累积，在税收筹划领域具有独特应用价值。

2. 定息债券

固定利率债券是将利率印在票面上并按期向债券持有人支付利息的债券。固定利率债券是收益确定性最强的传统品种，其久期风险与利率环境呈负相关关系。在通缩周期中具有显著配置价值，但面临利率上行时的市值波动风险。

3. 浮息债券

采用基准利率(如SHIBOR、LIBOR)加点的动态定价机制，有效对冲利率周期风险。中长期浮息债的利差设置往往包含通胀预期补偿因子。

（六）按能否提前偿还划分

1. 可赎(卖)回债券

内嵌美式或欧式期权的创新工具，赋予发行人在特定时点按约定价格提前清偿的选择权。其定价需运用二叉树模型或蒙特卡洛模型进行期权调整利差

（OAS）测算。

2. 不可赎回债券

不可赎回债券只能按债券期限到期还本，不能提前偿还本金予以收回，是传统的到期偿付型债券，其现金流结构具有完全确定性。

四、债券的发行方式

债券发行主体依据监管框架与融资需求，可采取差异化的投资者定位策略。我国现行制度框架下，主要存在以下三种基础性发行方式。

（一）非公开定向发行（私募融资）

非公开定向发行模式限定特定合格投资者群体，通过协议定价方式完成资金募集，具有信息披露简化、发行周期短的特征，常见于机构投资者间的定制化融资安排。

（二）场外分销渠道（OTC发行）

场外分销渠道主要适用于主权债券及政策性金融工具的销售网络构建，其定价机制与银行间债券市场招标结果形成价格联动。商业银行作为核心承销商，依托分支机构网络实现债券的层级分销，形成"一级市场招标—二级市场分销"的价值传导链条。

（三）公开市场发行（公募融资）

公开市场发行是指通过注册制或核准制程序，向不特定社会投资者进行标准化证券发售。此模式要求完整履行信息披露义务，采用簿记建档等市场化定价机制，确保发行过程公开、公平、公正。

五、债券的流通市场和价格形成方式

（一）流通市场

从市场结构层面考察，流通市场作为已发行债券的交易场所，其资金流转方向与一级市场存在本质区别。买方资金直接对接卖方头寸调整需求，不再形成发行主体的新增融资，这种交易特性使二级市场价格波动成为市场预期的重要风向标。

（二）价格形成方式

按照形成价格的直接主导力量，债券市场可分为委托驱动型市场和报价驱动型市场。委托驱动型市场采用订单匹配模式的价格形成机制，买卖双方通过电子交易平台直接达成交易，做市机构仅承担经纪中介职能。委托驱动型市场的价格弹性反映即时供求关系，但可能面临流动性不足时的价格跳跃风险。

报价驱动型市场则基于做市商制度的市场微观结构，特许交易商持续提供双向报价并维持头寸平衡。这种机制具有三大核心功能：第一，流动性供给功能。

通过持续双边报价吸收市场冲击。第二，价格稳定功能。运用存货模型平滑异常波动。第三，信息整合功能。

从市场微观结构理论视角分析，做市商制度通过买卖价差补偿其存货风险与信息不对称风险，构成现代债券市场重要的制度基础设施。该制度框架的演进深刻反映了金融深化进程：私募发行培育机构投资者群体，公募发行促进市场广度拓展，做市商制度则通过流动性创造机制提升市场深度，三者共同构成现代债券市场的立体化发展格局。

（三）债券交易过程

债券市场主要存在现货交易、质押式回购融资、衍生品合约交易及证券借贷业务四种基础交易形态。其中，现货交易系指交易双方依据协议价格实现债券所有权转移的即时交割行为，属于一次性资产让渡。质押式回购交易则属于以债券为担保品的短期资金融通方式，其核心机制在于交易双方在初始交易时即签订反向回购协议，约定在特定时点以预定价格完成资产回购。衍生品合约交易涵盖期货与远期两种形式，其本质特征在于合约签订时确定标的资产交割价格，但实际清算与交割程序延后至约定未来日期执行。证券借贷业务则表现为融券方以提供足额质押券为条件，向出借方借入标的债券，并承诺在约定期限返还标的债券的同时收回质押物的信用交易行为。

（四）信用评级

信用评级是对经济主体或债务工具的信用风险要素进行系统性评估的过程，由专业评级机构通过分析偿债能力与履约意愿等核心要素，运用标准化信用等级符号进行风险表征。需特别指出的是，债券信用评级的评估对象严格限定于违约风险范畴，不涉及利率波动、市场流动性等其他风险维度。评级结果仅作为风险提示工具，不构成具体投资建议。

在利率形成机制方面，除风险溢价、流动性补偿及税收效应外，期限结构是决定债券收益率的重要参数。对于具有相同信用等级、流动性和税负特征的国债而言，其到期收益率随剩余期限变动呈现系统性差异。这种收益率与期限之间的函数关系通过收益率曲线(亦称利率期限结构)得以直观呈现。在理论层面上，收益率曲线的形态由市场参与者预期收益与风险偏好动态决定，故在连续时间序列中呈现时变特性。

六、债券融资的优缺点

（一）优点

1. 资本成本低

债券融资的资本成本相对较低，主要源于两个方面：第一，企业支付的债券利息在税前扣除，具有抵税效应，从而降低了实际融资成本；第二，债券投资者较股票投资者承担的风险低，所对应的报酬率也相对较低。因此，相较于普通股融资，公司债券的资本成本较低。

2. 财务杠杆效应

债券利息为固定费用，债券持有者除了获得既定的利息，无权参与公司的净利润分配。这种特性赋予了债券融资财务杠杆效应，即在息税前利润（EBIT）增加的情况下，能够以更快的速度提升股东收益。通过合理利用财务杠杆，企业可以在经营状况良好时放大股东回报。

3. 资金期限较长

债券融资所筹集的资金通常为长期资金，期限一般在一年以上，甚至可达数十年。这种长期资金结构为企业提供了稳定的资金支持，便于企业安排长期投资项目，降低因资金短缺而导致的经营风险。

4. 筹资范围广、金额大

债券融资的对象广泛，涵盖各类银行、非银行金融机构、法人单位及个人投资者。这种广泛的筹资对象使企业能够较容易地筹集到较大规模的资金，满足其资金需求。

（二）缺点

1. 财务风险较高

固定收益证券的契约特性要求发行主体严格履行本息偿付义务。在宏观经济波动或企业经营困境时期，固定的利息支付义务在企业面临资金周转压力时，可能引发流动性危机，严重时甚至触发破产清算程序。因此，发行主体需审慎评估投资项目的收益稳定性与现金流创造能力，确保债务偿付链条的可持续性。

2. 限制性条款较多，资金使用受限

鉴于债权人不具备公司治理参与权，债券契约通常设置多重保护性条款以保障债权人权益。这些约束性条款主要涉及募集资金用途管制、资产负债比例限制、利润分配约束等维度，实质上形成对企业财务决策权的制度性约束，可能影响资金配置效率与战略调整灵活性。

第二节 债券定价

一、债券定价

任何一种金融工具的价格都等于该金融工具预期现金流的现值，因此确定债券价格需要在估算预期现金流的基础上，估算适当的贴现率，计算债券预期现金流的现值。

适当的贴现率可以通过调查市场上可比债券提供的预期收益率确定。可比债券是指相同信用质量、相同期限的未附期权债券。贴现率通常用年利率表示。当每半年产生一次现金流时，市场惯例是用年利率的一半作为期间利率，并用其贴现现金流。

（一）有息债券

由于债券价格等于未来现金流的现值，因此债券价格等于息票利息的现值加上到期日面值或到期价值的现值。通常可以用式(5-1)表示。

$$P = \frac{C}{1+r} + \frac{C}{(1+r)^2} + \frac{C}{(1+r)^3} + \cdots + \frac{C}{(1+r)^n} + \frac{M}{(1+r)^n}$$

$$= \sum_{t=1}^{n} \frac{C}{(1+r)^t} + \frac{M}{(1+r)^n} \qquad (5-1)$$

其中，P 为债券价格，n 为期数，C 为每期支付的现金流，r 为期间利率，M 为票面价值，t 为收取利息的时期（t=1, 2, …, n）。

按期支付的息票利息等同于普通年金，可用普通年金的现值计算公式求出息票支付的现值。

$$P = \sum_{t=1}^{n} \frac{C}{(1+r)^t} = C \left[\frac{1 - \frac{1}{(1+r)^n}}{r} \right] \qquad (5-2)$$

【例5-1】

一只息票率为10%、面值为1000元的10年期债券，每半年支付一次利息。假设该债券适当的贴现率为8%。求该债券的价格。

【解】该只债券未来的现金流为息票收入和到期票面价值。其中，息票收入每半年支付一笔（50元），合计20笔。到期票面价值1笔，在10年后，根据式(5-2)，债券的价格为：

$$P = \sum_{t=1}^{n} \frac{C}{(1+r)^t} + \frac{M}{(1+r)^n} = \sum_{t=1}^{20} \frac{50}{(1+8\%/2)^t} + \frac{1000}{(1+8\%/2)^{20}}$$

$$= 679.5163 + 456.3869 = 1135.903（元）$$

（二）零息债券

零息债券(Zero-Coupon Bonds)并不定期支付利息，既可以贴现发行，也可以按照面值平价发行。因此，投资者的收益是通过债券到期价值和购买价格之差实现的。这种债券称为零息债券。设 C=0，代入式(5-1)，则零息债券的价格公式如式(5-3)所示。

$$P = \frac{M}{(1+r)^n} \tag{5-3}$$

【例 5-2】

一只 15 年后到期的零息债券，如果到期价值为 10000 元，贴现率为 9%。那么，该零息债券的价格是多少？

【解】$P = \dfrac{10000}{(1+0.09)^{15}} = 2745.38(元)$

零息债券的价格为 2745.39 元。

二、债券收益率

债券市场有各种各样的债券，根据其息票率、到期期限和违约风险等进行价值评价，通过在市场中交易的现实债券价格来逆推其市场公认的贴现率，这一贴现率也是购买债券所能得到的平均收益率，称为债券收益率(Yield)。

市场中公开的债券收益率都是近似算法，因为是购买债券所能得到的平均收益率，对于投资者来说债券收益率虽然是越高越好，但是也必须考虑其违约风险，因为均衡市场中都是高收益对应着高风险。除了考虑违约风险，对债券收益率的影响因素还有到期期限和市场利率等因素。例如，一家公司发行了两种债券，如果两种债券的到期期限不同，那么两种债券的收益率也是不同的。这与在银行进行定期存款，根据存款时间的长短，存款利率不同是一个道理。如果将到期期限与债券收益率的关系作图表示，则称为债券收益率曲线(Yield Curve)。在债券收益率曲线中也反映着未来预期利率的变化，如果未来预期利率上涨(下跌)，那么长期的债券收益率就会上升(下降)，债券收益率曲线就是一条由左(右)向右(左)上升(下降)的曲线。接下来，介绍几种常用的债券收益率的算法。

（一）到期收益率

到期收益率(Yield to Maturity，YTM)是指持券主体在证券存续期间获取的全部本息收益经折现处理后的综合回报水平，其本质是使债券投资行为产生的预期现金流折现值与现时交易价格相等的内含报酬率。该指标作为债券定价的核心参数，反映投资者按市价购入并持有至到期所能实现的年化复合收益率，常被视为固定收益证券的终极收益基准。具体见式(5-4)。

$$P = \sum_{t=1}^{n} \frac{C}{(1+YTM)^t} + \frac{PV}{(1+YTM)^n} \tag{5-4}$$

其中，P 为债券价格，n 为期数，C 为每期支付的现金流，YTM 为到期收益率，PV 为票面价值，t 为收取利息的时期(t=1，2，…，n)。

（二）当期收益率

作为票面收益率的市场化表征，当期收益率（Current Yield，CY）主要反映债券年度票息收入与现时交易价格的比值关系。该指标聚焦于定期付息产生的现金流回报，在付息频率通常为半年的公司债领域构成主要收益来源。需特别指出的是，即期收益率测算模型仅纳入票面利息因素，未考虑持有期间资本损益的抵补效应，本质上是静态的现金流价格比测算工具。具体见式（5-5）。

$$Current\ Yield = \frac{Annual\ Coupon\ Payment}{Current\ Bond\ Price} \tag{5-5}$$

其中，Current Yield 为当期收益率，Annual Coupon Payment 为当期支付的现金流，Current Bond Price 为当前债券价格。

（三）赎回期收益率

赎回期收益率（Yield to Call，YTC）是指债券发行人在债券规定到期日之前赎回债券时投资人所取得的收益率。具体见式（5-6）。

$$P = \sum_{t=1}^{n} \frac{C}{(1+YTC)^t} + \frac{PV}{(1+YTC)^n} \tag{5-6}$$

其中，P 为债券价格，n 为期数，C 为每期支付的现金流，YTC 为赎回期收益率，PV 为票面价值，t 为收取利息的时期（t=1，2，…，n）。

（四）已实现复利收益率

已实现复利收益率（Realized Compound Yield，RCY）不仅考虑将债券持有到偿还期所获得的固定收益，还考虑将所有获得的利息以一定的市场利率（r_e）进行再投资后所得的全部利息收益（在满期时点）。具体见式（5-7）。

$$C(1+r_e)^{n-1} + C(1+r_e)^{n-2} + \cdots + C(1+r_e) + (C+PV) = (1+RCY)^n P$$
$$RCY = \{PV + C[(1+r_e)^n - 1]/r_e/P\}^{\frac{1}{n}} - 1 \tag{5-7}$$

其中，P 为债券价格，RCY 为已实现复利收益率，r_e 为再投资收益率，n 为期数，C 为每期支付的现金流，PV 为票面价值。

（五）持有期收益率

持有期收益率（Holding Period Yield，HPY）是反映投资者在一定的持有期内全部的票息收入和资本利得占投资本金的比率。具体见式（5-8）。

$$HPY = \frac{Coupon\ Payment + P - P_0}{P_0} \tag{5-8}$$

其中，P_0 为债券买入价格，P 为债券卖出价格。式（5-8）未考虑货币的时间价值，也可以用复利方式来计算债券年均持有期收益率。具体见式（5-9）。

$$HPY_{年化} = (1+HYP)^{\frac{1}{n}} - 1 \tag{5-9}$$

【例 5-3】

假设某投资者于 2020 年 5 月 1 日以 98 元的价格购买了一只面值为 100 元的债券,该债券的到期日为 2025 年 5 月 1 日,息票利率为 5%。求解以下问题:

(1)该债券的到期收益率。

(2)假定投资者所收到的息票可以按照年利率 6% 进行再投资,求持有债券到期后的已实现复利收益率。

(3)如果持有者在 3 年以 96 元价格卖出了该债券,求年化持有期收益率。

【解】(1)根据式(5-4)可以求解到期收益率(YTM)。

$$P = \sum_{t=1}^{n} \frac{C}{(1+YTM)^t} + \frac{PV}{(1+YTM)^n}$$

$$98 = \sum_{t=1}^{5} \frac{100 \times 5\%}{(1+YTM)^t} + \frac{100}{(1+YTM)^5}$$

求解可得 YTM = 5.47%。

(2)根据式(5-7)可以求解已实现复利收益率(RCY),可得:

$$RCY = \{100 + 100 \times 5\% [(1+6\%)^5 - 1]/6\%/P98\}^{\frac{1}{5}} - 1 = 5.52\%$$

(3)根据式(5-9)可以求解年化持有期收益率:

$$HPY_{年化} = (1+HYP)^{\frac{1}{n}} - 1 = \left(1 + \frac{100 \times 5\% \times 3 + 96 - 98}{98}\right)^{\frac{1}{3}} - 1$$
$$= 4.24\%$$

第三节　债券价格的利率敏感性

一、债券价格与市场利率的关系

(一)息票率、市场利率与债券价格

债券价格与市场利率(贴现率)之间的关系是债券定价理论的核心内容。当债券的息票率恰好等于市场利率时,债券未来现金流的现值等于其票面价值,即债券价格等于票面价值。从金融学的角度来看,这可以类比为在当前时点存入一笔金额等于债券票面价值的存款,该存款在未来每期产生等于息票率的利息收入,并在到期时返还本金。通过将这些未来现金流进行贴现,其现值即为当前存入的金额,即债券的票面价值。

通常情况下，如果息票率高于市场利率，债券价格将高于票面价值（溢价发行）；反之，如果息票率低于市场利率，债券价格将低于票面价值（折价发行）。这一现象的根本原因在于债券价格是未来现金流的现值，而现值的计算依赖于市场利率。当市场利率上升时，未来现金流的现值会减少，从而导致债券价格下降；与之相反，当市场利率下降时，未来现金流的现值会增加，债券价格随之上升。因此，债券价格与市场利率成反向变化关系。

（二）公司债的违约风险与定价

企业在发行公司债券筹集资金时，需承担未来支付债券利息和本金的义务。然而，与政府债券相比，公司债券存在显著的营业风险。当公司资金周转困难或陷入财务困境时，可能无法按约定支付利息或偿还本金，发生这种情况时称为违约（Default）。这些风险被称为违约风险（Default Risk）或信用风险（Credit Risk）。与国债这种安全资产不同，公司债券的投资者需要承担企业违约的风险。

根据风险与收益的对称性原则，合理的投资者会对高风险资产要求更高的期望收益率。公司债券的风险高于国债，但低于公司股票。公司债券投资者承担了企业的营业风险，但通常不参与公司的经营决策，因此其期望收益率低于股票投资者。然而，不同公司的经营状况和财务状况存在差异，其违约风险也各不相同。根据风险收益权衡理论，违约风险较高的公司需要向债券投资者提供更高的期望收益率，即更高的息票率。从定价角度来看，如果息票率保持不变，使用高于无风险利率的贴现率来计算公司债券的现值，则债券价格会相应降低。

（三）违约风险的测度与信用评级

为了确定合理的贴现率，必须对债券的违约风险进行精确测度。这需要对债券发行主体——企业的财务状况、经营状况及宏观经济环境进行深入分析，以评估企业未来的盈利能力和偿债能力。这种分析过程需要高度的专业知识和分析能力，对于普通投资者来说难度较大。

在现实市场中，专业的信用评级机构会通过对企业违约风险的分析和评估，向市场提供信用评级数据。这些评级数据为投资者提供了重要的参考依据，使普通投资者能够在一定程度上规避风险，作出更为合理的投资决策。

二、久期

债券价格受到利率变动风险的影响，债券价格与利率会产生反向变动，因此债券持有者就要承受因为利率的变动可能导致债券价值变化的风险，这种风险通常称为利率风险（Interest Rate Risk）。用来衡量债券价格变动对利率变化敏感度的指标称为久期（Duration）。久期最早由麦考利提出，所以叫麦考利久期，记为 D。

债券价格公式如下：

$$P = \frac{C}{1+r} + \frac{C}{(1+r)^2} + \frac{C}{(1+r)^3} + \cdots + \frac{C}{(1+r)^n} + \frac{M}{(1+r)^n}$$

为分析利率与债券价格的关系，可以通过求微分（导数）的方法，近似求解当利率发生变化时，债券价格的变化幅度，如式(5-10)、式(5-11)所示。

$$\frac{dP}{dr} = \frac{\Delta P}{\Delta r} = -\left[\frac{C}{(1+r)^2} + \frac{C}{(1+r)^3} + \cdots + \frac{C}{(1+r)^{n+1}} + \frac{M}{(1+r)^{n+1}} \right] \qquad (5-10)$$

$$\Delta P = -\left[\frac{C}{(1+r)^2} + \frac{2C}{(1+r)^3} + \cdots + \frac{nC}{(1+r)^{n+1}} + \frac{nM}{(1+r)^{n+1}} \right] \Delta r \qquad (5-11)$$

如果将久期 D 定义如式(5-12)所示：

$$D = \left[\frac{C}{1+r} + \frac{2C}{(1+r)^2} + \frac{3C}{(1+r)^3} + \cdots + \frac{nC}{(1+r)^{n+1}} + \frac{nM}{(1+r)^{n+1}} \right] / P \qquad (5-12)$$

则式(5-11)可以简化为：

$$\Delta P = -\frac{DP}{(1+r)} \Delta r \qquad (5-13)$$

由式(5-13)可以看出，当利率发生变化时，久期越大，则债券价格变化幅度越大，即债券价格对于利率变化的敏感性越高。

如果将 W_i (i=1, 2, …, n-1) 和 W_n 分别定义如下：

$$W_i = \frac{C}{(1+r)^i} / P, \quad i=1, 2, \cdots, n-1 \qquad (5-14)$$

$$W_n = \frac{C+M}{(1+r)^n} / P \qquad (5-15)$$

可以看出，$\sum_{i=1}^{n} W_i = 1$，因此，可以将久期的定义公式[式(5-11)]进行变形如下：

$$D = (1 \times W_1 + 2 \times W_2 + 2 \times W_3 + \cdots + n \times W_n) \qquad (5-16)$$

其中，W_i 是债券获得未来各期现金流（息票和面值）占债券价格（各期现金流现值之和）的权重，而1，2，3，…，n，是获得各期现金流所花费的期数。因此，久期是用于衡量债券的平均到期时间或平均回收时间，通过加权平均的方法计算债券的加权平均到期时间，权重是每期现金流的现值与债券价格（各期现金流现值之和）的比值。

由久期的计算方法可知，在图形上，久期是与债券价格曲线相切的一条直线，当市场利率发生变化时，近似模拟债券价格对应变动的价格，当市场利率变化幅度较小时，久期可以较好地反映债券价格的变动，但是，当市场利率变化幅度较大时，久期反映债券价格的变动的偏差就会比较大。具体如图 5-1 所示。

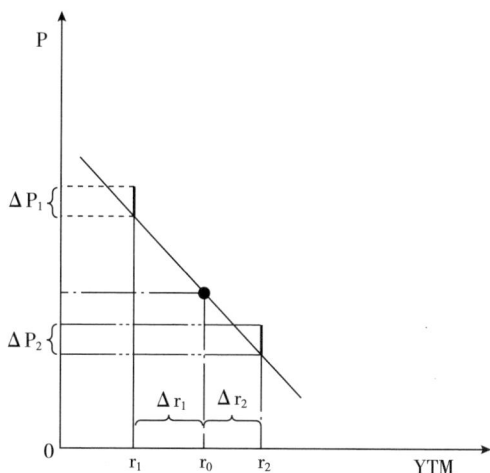

图 5-1　久期

如图 5-1 所示，当市场利率从 r_0 分别增加 Δr_2 或减小 Δr_1 至 r_2 和 r_1 时，对应的债券价格的变动的幅度分别为 ΔP_2 和 ΔP_1，久期反映债券价格的变动的偏差比较大。

【例 5-4】

使用【例 5-3】的数据，求解该债券的久期，并计算当市场利率上升 1%时，债券价格的近似变化。

【解】已知 5 年期债券的面值为 100 元，息票利率为 5%，到期收益率为 5.47%，根据式(5-16)可计算各期现金流现值权重和久期，如表 5-1 所示。

表 5-1　久期计算过程

期数 n(年)	到期收益率(%)	现金流(元)	现金流现值(元)	权重	久期(年)
1	5.47	5	4.7408	0.0484	0.0484
2	5.47	5	4.4950	0.0459	0.0917
3	5.47	5	4.2620	0.0435	0.1305
4	5.47	5	4.0410	0.0412	0.1649
5	5.47	105	80.4613	0.8210	4.1052
合计	—	—	98.0000	1.0000	**4.5407**

根据式(5-13)，可以计算市场利率上升1%时，债券价格的近似变化如下：

$$\Delta P = -\frac{DP}{(1+r)}\Delta r = -\frac{4.507 \times 98}{(1+5.47\%)} \times 1\% = -4.2192(\text{元})$$

三、凸性

久期是在考虑利率变化幅度小时，近似的度量债券价格与利率之间的关系。但是当利率变动幅度较大时，其度量精度会下降。为了更加准确地度量债券价格对利率的敏感性，斯坦利·迪勒(Stanley Diller，1984)在久期模型的基础上构建了凸度(Convexity)测度模型。该指标从二阶导数维度刻画债券价格对到期收益率波动的非线性响应特征，其数学本质是单位收益率变动引发的债券价格变动速率的边际变化量。凸度值的计算有效弥补了久期模型在利率大幅波动情境下的估值偏差，为利率风险对冲提供高阶导数层面的计量支持。

根据泰勒公式，债券价格 P(r) 的近似计算公式为：

$$P(r) \approx P(r_0) - \frac{1}{1+r}\sum_{t=1}^{T}\frac{t \times C}{(1+r)^t} \times (r-r_0) + \frac{1}{2(1+r)^2} \times$$

$$\left[\sum_{t=1}^{T-1}\frac{t(t+1) \times C}{(1+r)^t} + \frac{t(t+1) \times (C+M)}{(1+r)^T}\right](r-r_0)^2 \tag{5-17}$$

或者

$$\frac{P(r)-P(r_0)}{P(r)} \approx -\frac{r-r_0}{P(r)(1+r)^2}\sum_{t=1}^{T}\frac{tC}{(1+r)^t} + \frac{(r-r_0)^2}{2P(r)(1+r)^2} \times$$

$$\left[\sum_{t=1}^{T-1}\frac{t(t+1) \times C}{(1+r)^t} + \frac{t(t+1) \times (C+M)}{(1+r)^T}\right] \tag{5-18}$$

令

$$\Delta P = P(r) - P(r_0), \quad \Delta r = r - r_0 \tag{5-19}$$

令

$$\text{凸性 } C = \frac{1}{P}\frac{d^2P}{dr^2} = \frac{1}{P(1+r)^2} \times \left[\sum_{t=1}^{T-1}\frac{t(t+1) \times C}{(1+r)^t} + \frac{t(t+1) \times (C+M)}{(1+r)^T}\right] \tag{5-20}$$

债券凸性是时间乘积 t×(t+1) 的加权修正值，权数是各期现金流的现值占整个现金流 P 的百分比，不同于久期的是，其修正值为 $(1+r)^{-2}$。

因此，债券价格的近似公式简化为：

$$\Delta P = -D\Delta r + \frac{C}{2}P(\Delta r)^2 \tag{5-21}$$

【例5-5】

使用【例5-3】的数据，求解该债券的凸性，并计算当市场利率上升1%时，债券价格的近似变化。

【解】已知 5 年期债券的面值为 100 元，息票利率为 5%，到期时间为 5 年，到期收益率为 5.47%，根据式(5-20)可计算债券的凸性如下：

$$C = \frac{1}{P}\frac{d^2P}{dr^2} = \frac{1}{P(1+r)^2} \times \left[\sum_{t=1}^{T-1} \frac{t(t+1) \times C}{(1+r)^t} + \frac{t(t+1) \times (C+M)}{(1+r)^T} \right]$$

$$= \frac{1}{98(1+5.47\%)^2} \times \left[\sum_{t=1}^{5} \frac{5t(t+1)}{(1+5.47\%)^t} + \frac{t(t+1) \times (5+100)}{(1+5.47\%)^5} \right]$$

$$= 23.689\%$$

根据式(5-21)计算市场利率上升 1% 时，债券价格的近似变化如下：

$$\Delta P = -D\Delta y + \frac{C}{2}P(\Delta r)^2 = -4.2192 + 23.689/2 \times 98 \times 1\%^2 = -4.1031(元)$$

本章小结

（1）债券作为标准化债务工具，其本质是债权债务关系的法定凭证，由具备资质的发行主体(包括主权政府、金融机构及企业法人)面向公众投资者发行，承诺在特定期限内履行本息偿付义务。

（2）债券的一个基本特征就是其价格与必要收益率呈反向变化。其原因在于债券价格是现金流的现值。当市场利率上升时，现金流的现值减少，债券价格也随之下降。当市场利率下降时，现金流的现值增加，债券价格也随之上升。衡量债券价格变动对利率变化的敏感度的指标是久期。凸性是指在某一到期收益率下，到期收益率发生变动而引起的债券价格变动幅度。

✈ 重要术语

债券　公司债券　有息债券　零息债券　债券评级　债券定价　债券价格波动性　到期收益率　当前(本期)收益率　赎回期收益率　已实现复利收益率　持有期收益率　久期　凸性

📚 练习题

1. 债券按照发行主体、财产担保、是否可转换、付息方式、能否提前偿还等可划分成哪些种类的债券？

2. 债券融资的优缺点分别是什么？

3. 已知某债券的票面价值为 1000 元，息票率为 8%，2021 年 7 月 1 日发行，2026 年 7 月 1 日到期，半年支付一次利息(6 月末和 12 月末支付)，假设投资的必要报酬率为 10%。请计算以下问题：

(1) 债券发行时的价值。

(2) 债券在 2024 年 12 月末，支付利息之前的价值。

(3) 债券在 2024 年 1 月初的价值。

(4) 债券在 2023 年 9 月 1 日的价值。

(5) 若 2023 年 1 月初债券价格为 980 元，请计算到期名义与实际收益率。

第六章　财务报表分析

1. 了解财务报表的定义、构成与列报的基本要求。
2. 理解财务报表的内容与编制方法。
3. 掌握财务比率的分析方法。

第一节　财务报表概述

一、财务报表的定义和构成

（一）财务报表的定义

财务报表作为企业信息披露的核心载体，是指企业对外提供的反映企业某一特定日期的财务状况和某一会计期间的经营成果、现金流量等会计信息的文件。需要强调的是，财务报表包含静态的时点财务数据与动态的周期经营成果两个维度信息，前者是时点概念，后者是区间概念。

财务报表分析是公司金融的重要工具与手段之一。财务报表分析可为公司进行投资决策、融资决策以及资产管理提供决策依据。从分析框架来看，财务报表分析通常可分为操作层面和理论层面两种理解。在操作层面，财务报表分析由财务资料的阅读与理解、财务分析方法和会计报表分析在决策中的运用三部分组成；在理论层面，则由行业分析、会计分析、财务分析和前景分析四部分构成。本章主要基于操作层面展开讨论。

（二）财务报表的构成与分类

完整的财务报表体系包含四大核心报表及附注说明，具体由财务状况表（资产负债表）、损益计算表（利润表）、资金流量表（现金流量表）、权益变动表及注释说明共同构成。依据不同分类标准可作如下划分：

1. 周期维度划分

根据报告涵盖期间可分为年度报告与中期报告两类，其中中期报告涵盖月度、季度及半年度等短于完整会计年度的信息周期。

2. 主体范畴划分

按编制主体可分为单体报告与合并报告。前者基于独立会计主体核算资料编制，后者则通过会计技术方法整合企业集团内各成员单位财务数据形成综合报告。

（三）编制财务报表的目的

编制财务报表的目的在于向信息使用者提供与企业资金状况、经营效益及现金流量密切相关的决策支持信息，以帮助使用者作出经济决策。这些信息不仅帮助企业内部管理人员了解并评价其经营业绩，调整经营方向和改善管理，还向外部的利益相关者（投资者、债权人和政府等）提供企业财务和经营绩效的信息。此外，财务报表也满足了国家经济管理部门对国民经济运行的监督需求，以及财政、税务、审计等部门对企业经营管理的监督需求。通过这些信息，外部使用者可以分析企业的盈利能力、偿债能力、投资收益和发展前景，从而作出更合理的投资、贷款和贸易决策。

（四）财务报表的服务对象

财务报表的服务对象可以分为外部报表和内部报表。财务报表是财务管理中非常重要的环节，能够使各方了解企业的经济运营状况，是衡量企业价值的重要指标。财务报告的服务对象涵盖内外部使用者双重维度。外部信息需求方主要包括权益投资者、金融机构、债权人群体、监管机构及社会公众等，其信息需求通过法定披露途径获得满足。这些不同的使用者关注的焦点有所不同，但一个共同点是对财务报表的真实性和准确性有较高的要求。

外部报表主要是为财务报表使用者提供的，这些使用者通过外部报表了解企业的财务状况、经营成果和现金流量，以便作出决策。而内部报表是为企业管理层提供的，用于内部管理和控制，帮助管理者了解企业的运营情况，发现问题并采取相应的措施。

1. 投资者

企业的股东或想成为企业股东的投资者是企业财务报表的重要使用者之一，即使投资者成为股东后不一定都参与企业经营，但是不能对企业不闻不问，最有效的渠道就是通过分析企业财务报表，了解企业具体的经营状况和财务状况，以便做出投资决策，判断标的企业是否值得投资或继续投资。

2. 债权人

债权人通常是银行、金融机构或其他信贷方，也是企业财务报表的使用者之一。与投资者不同，债权人更关心债权的安全程度，即能否顺利收回欠债。债权人希望通过财务报表了解企业的资本结构、现金流转情况、资产的质量等，以判断企业的短期和长期偿债能力。

3. 企业内部经营决策者

企业内部经营管理者，即企业管理人员也是财务报表的使用者之一，管理人员受雇于企业，负责企业的管理和决策。管理人员需要通过财务报表了解企业的财务状况，通过财务指标评估投资者回报率、资产周转速度、变现能力等，从而反映企业的盈利能力、偿债能力、营运能力和成长能力，并据此作出关于产品和服务、销售和营销及财务运营方面的决策。

4. 供应商和政府部门有关部门

供应商也是企业财务报表的重要使用者之一。供应商以企业为客户，通过企业的财务报表了解企业的支付能力、信誉和稳健性，从而确定企业偿还债务的能力和信誉的程度。政府是企业财务报表的长期使用者之一，政府及相关部门通过审查企业的财务报表来确保企业遵守税收、法律和财务准则，分析了解企业的经营行为是否规范、合法，了解社会资源的配置状况与效益，预测财政收入的增长情况，审查企业有没有按时足额缴税，评估企业的财务状况与经营成果对所在行业的影响等，以便据此加强宏观经济的调控及有关政策的制定，履行自己的监督管理职责。

二、财务报表列报的基本要求

（一）会计准则的规范遵循

信息披露主体应当严格遵循《企业会计准则》体系要求，以实际经济业务为基准进行会计确认与计量，确保财务报告编制的规范性与合规性。

（二）持续经营前提保障

编制基础以持续经营假设为根本前提。管理层需运用专业判断，结合宏观经济环境、市场风险因素、盈利能力指标及偿债能力分析等要素，对报告期后至少12个月的持续经营能力进行审慎评估。

（三）会计确认基础应用

除现金流量信息采用现金收付制外，其他会计要素确认均按权责发生制原则进行核算与披露。

（四）信息可比性保障

信息披露应当保持纵向可比性与横向可比性双重标准，确保不同会计期间及不同主体间的财务信息具有可比分析价值。

（五）重要性判断标准

对于具有显著影响的重要项目应当单独列示，次要项目可进行合理汇总反映。重要性判断需结合项目性质及金额规模综合考量。

（六）完整列报原则

除特殊会计准则允许情况外，所有会计要素均应以总额形式列示，严格禁止资产与负债、收益与费用等项目的相互抵销处理。

（七）比较数据披露

当期信息披露应当包含可比较历史数据及必要说明性注释，通过趋势分析提升信息使用者的决策支持效能。

（八）信息披露形式规范

法定财务报告应当与年度报告中的其他信息进行明确区分，确保会计信息的独立性和专业性。

（九）定期披露要求

信息披露周期应当遵循年度报告制度，特殊监管要求下的中期报告作为补充披露形式存在。

第二节　资产负债表

一、资产负债表的内容及结构

资产负债表作为企业财务信息披露的核心文件，系统记录特定会计截止日期内经济主体的财务资源配置状态。该报表通过三要素勾稽关系（资产＝负债＋所有者权益）完整呈现企业资产持有状况、债务承担情况及所有者权益构成。

（一）资产负债表的内容

资产负债表主要反映资产、负债和所有者权益三方面的内容，并满足"资产＝负债＋所有者权益"平衡式，这是会计第一恒等式。

1. 资产

涵盖企业控制的可量化经济资源，严格区分流动性与非流动性资产；流动性资产包含现金及等价物、短期金融资产、应收票据及账款、预付项目、存货、合同权益资产、持有待售资产、年内到期非流动资产等。非流动性资产包含长期债务工具投资、股权投资组合、固定资产体系、在建工程项目、无形资产组合、研发资本化支出和长期待摊费用等。

2. 负债

负债列示企业现时法定义务，按偿付期限进行流动性与非流动性划分；流动负债包括短期融资项目、应付票据及账款、预收款项、职工薪酬负债、合同义务负债和年内到期非流动负债。非流动性负债包括长期借款项目、应付债券工具、递延收益项目、预计负债准备、递延所得税负债等。

3. 所有者权益

所有者权益反映企业在某一特定日期股东(或投资者)拥有的净资产的总额，一般按照实收资本(或股本)、资本公积、盈余公积和未分配利润分项列示。

(二)资产负债表的结构

根据我国《企业会计准则》要求，资产负债表采用账户式架构，通过双向平衡关系反映会计主体特定时点的财务状况。报表左侧集中披露各项资产配置形态，右侧系统列示负债及所有者权益构成要素。两方金额保持恒等关系，严格遵循"资产＝负债＋所有者权益"的会计恒等式原则。为强化财务信息的纵向可比性，准则要求采用比较式列报方式，各项目均需设置"期末余额"和"期初余额"双栏对照披露。

二、资产负债表列报要求

(一)资产负债表列报的总体要求

1. 分类别列报

基于会计要素划分规则，报表项目应严格区分为资产、负债及所有者权益三大会计要素类别，确保财务结构清晰可辨。

2. 按流动性列报

资产与负债项目均需按流动性特征进行二级分类：资产类分为流动资产与非流动资产，负债类分为流动负债与非流动负债。这种分类方式有助于信息使用者有效评估企业的短期偿债能力与长期财务稳定性。

3. 列报的汇总金额

报表须设置多级汇总项目，包括但不限于流动资产总额、非流动资产总额、资产总额、流动负债总额、非流动负债总额、负债总额、所有者权益总额等关键汇总数据，并通过勾稽关系验证确保报表编制的准确性。

通过遵循这些原则，资产负债表能够提供全面而准确的财务状况快照，帮助利益相关者评估企业的资产状况和未来的财务表现资产负债表水平分析表的编制。

(二)资产的列报

资产项目应按照流动性特征进行系统划分。流动资产指预计在正常经营周期内(通常为12个月)实现变现或耗用的经济资源，涵盖货币资金、交易性金融资产、应收款项及存货等典型项目。非流动资产则包括存续周期超过12个月的长期资产，具体涉及长期股权投资、固定资产、无形资产等类别。准则特别要求单独列示货币资金、应收票据、持有待售资产、投资性房地产等 21 类重要资产项目。

（三）负债的列报

负债项目需严格区分偿付期限。流动负债是指需在正常经营周期内清偿的债务义务，包含短期借款、应付票据等典型项目。非流动负债则涉及偿还期超过12 个月的长期债务，如长期借款、应付债券等。准则明确要求单独披露短期借款、应交税费、递延收益等 17 项重点负债科目。

此外，对于某些特殊的资产或负债项目，如预付款项、长期借款保证金、交易性金融资产、理财产品及结构性存款等，它们的列报应根据其具体的流动性和预期的清偿期限进行分类。例如，预付款项如果与长期资产相关，应作为非流动资产列报；交易性金融资产，如果预计持有期限在 1 年内，则作为流动资产列报，超过 1 年的则作为非流动资产列报。

（四）所有者权益的列报

所有者权益部分应完整反映权益构成及其变动情况，重点披露实收资本、资本公积、盈余公积、未分配利润等核心权益项目。同时要求区分综合收益变动与所有者资本交易引起的权益变动，确保权益变动的溯源清晰。

三、资产负债表编制示例

资产负债表反映的是企业家底是否雄厚的问题，是底子问题。那么，该怎么摸清公司"家底"？

作为反映企业特定时点财务状况的核心报表，资产负债表系统披露会计主体控制的资源分布、承担的债务结构及所有者权益构成。它的内容主要包括企业所拥有的资产情况、企业所承担的债务情况及企业所有者享有的权益的情况。资产负债表从总体上反映了企业的财务状况，可以从资产负债表中看出企业现阶段的经济实力。

资产负债表是通过负债加所有者权益来反映的，其编制依据是"资产＝负债＋所有者权益"。也就是说，资金运用＝资金来源；资产负债表左边＝资产负债表右边。如何理解这个等式的经济意义？会计恒等式源自"复式记账法"，其基本原则是"一项交易，双重记录"。

从"资产＝负债＋所有者权益"这个恒等式可知，资产来源有两个，分别是债权人和股东。在负债不变时，资产与所有者权益同方向变化；所有者权益不变时，资产就与负债同方向变化；当所有者权益和负债都发生变化时，资产的变化等于两者变化之和。下面举例说明如何编制资产负债表。

【例 6-1】

2023 年，甲、乙、丙三人共同成立了一家企业，每人投资 100 万元，实收资本（股本）为 300 万元，货币资金为 300 万元，接下来，企业进行了如下资产运作：

（1）企业投资 200 万元购买固定资产。

（2）用 50 万元购买商品存货，其中 40 万元的商品以 60 万元的价格卖出。

（3）向银行贷款 250 万元，其中短期借款为 150 万元，长期借款为 100 万元。

（4）将 250 万元银行贷款中的 100 万元用于购买土地使用权，另外用 50 万元购买存货并以 70 万元的价格转卖，但款项还没收到。

（5）自然人丁向企业投资 200 万元，并收购一个供应商。

期末，企业提取法定盈余公积和任意盈余公积共计 6 万元。

请按照复式记账法，编制该企业的 2023 年年末的资产负债表。

【解】 三位投资者每人分别投资 100 万元，实收资本（股本）为 300 万元，货币资金为 300 万元，资产负债表如表 6-1 所示。

表 6-1　2023 年企业资产负债表

单位：万元

资产	期末数	负债及所有者权益	期末数
流动资产		流动负债	
货币资金	300	短期借款	
应收票据		应付票据	
应收账款		应付账款	
预付账款		应付职工薪酬	
应收利息		应交税费	
其他应收款		流动负债合计	0
存货		非流动负债	
流动资产合计	**300**	长期借款	
		其他非流动负债	
		非流动负债合计	0
		负债合计	0
非流动资产			
固定资产		所有者权益	
长期股权投资		实收资本	300
无形资产		资本公积	
其他非流动资产		盈余公积	
非流动资产合计		未分配利润	
		所有者权益合计	**300**
资产总计	**300**	负债及所有者权益总计	**300**

（1）资产负债表左侧的货币资金项目从 300 万元减少为 100 万元，而固定资产项目从 0 万元增加为 200 万元，其他项目不变。此时，资产负债表左侧的资产项目为 300 万元，而右侧的负债和所有者权益各项目总额为 300 万元，资产负债表是平衡的，见表 6-2。

表 6-2　2023 年企业资产负债表　　　　单位：万元

资产	期末数	负债及所有者权益	期末数
流动资产		流动负债	
货币资金	100	短期借款	
应收票据		应付票据	
应收账款		应付账款	
预付账款		应付职工薪酬	
应收利息		应交税费	
其他应收款		流动负债合计	**0**
存货		非流动负债	
流动资产合计	**100**	长期借款	
		其他非流动负债	
		非流动负债合计	0
		负债合计	**0**
非流动资产			
固定资产	200	所有者权益	
长期股权投资		实收资本	300
无形资产		资本公积	
其他非流动资产		盈余公积	
非流动资产合计	**200**	未分配利润	
		所有者权益合计	**300**
资产总计	**300**	负债及所有者权益总计	**300**

（2）①用 50 万元购买商品存货：左侧货币资金减少至 50 万元，存货增加至 50 万元，其他项目不变，这时候资产负债表还是平衡的，见表 6-3。

表 6-3　2023 年企业资产负债表　　　　　　　　单位：万元

资产	期末数	负债及所有者权益	期末数
流动资产		流动负债	
货币资金	50	短期借款	
应收票据		应付票据	
应收账款		应付账款	
预付账款		应付职工薪酬	
应收利息		应交税费	
其他应收款		流动负债合计	**0**
存货	50	非流动负债	
流动资产合计	**100**	长期借款	
		其他非流动负债	
		非流动负债合计	0
		负债合计	0
非流动资产			
固定资产	200	所有者权益	
长期股权投资		实收资本	300
无形资产		资本公积	
其他非流动资产		盈余公积	
非流动资产合计	**200**	未分配利润	
		所有者权益合计	**300**
资产总计	**300**	负债及所有者权益总计	**300**

②40 万元的商品存货以 60 万元的价格卖出：资产负债表左侧存货减少至 10 万元，货币资金增加 60 万元，而右侧所有者权益项目增加 20 万元未分配利润（暂不考虑税等其他因素）。此时，资产负债表左侧的资产项目增至 320 万元，右侧的负债及所有者权益总计增至 320 万元，资产负债表还是平衡的，见表 6-4。

表 6-4 　2023 年企业资产负债表　　　　　单位：万元

资产	期末数	负债及所有者权益	期末数
流动资产		流动负债	
货币资金	110	短期借款	
应收票据		应付票据	
应收账款		应付账款	
预付账款		应付职工薪酬	
应收利息		应交税费	
其他应收款		流动负债合计	0
存货	10	非流动负债	
流动资产合计	120	长期借款	
		其他非流动负债	
		非流动负债合计	0
		负债合计	0
非流动资产		所有者权益	
固定资产	200	实收资本	300
长期股权投资		资本公积	
无形资产		盈余公积	
其他非流动资产		未分配利润	20
非流动资产合计	200	所有者权益合计	320
资产总计	320	负债及所有者权益总计	320

（3）资产负债表左侧货币资金增加了 250 万元，达到右侧负债项目中短期借款增加 150 万元，长期借款增加 100 万元，负债合计增加了 250 万元。此时，资产负债表左侧资产项目增至 570 万元，右侧的负债和所有者权益总计增至 570 万元，资产负债表仍然是平衡的，见表 6-5。

表6-5　2023年企业资产负债表　　　　　　　单位：万元

资产	期末数	负债及所有者权益	期末数
流动资产		流动负债	
货币资金	360	短期借款	150
应收票据		应付票据	
应收账款		应付账款	
预付账款		应付职工薪酬	
应收利息		应交税费	
其他应收款		流动负债合计	**150**
存货	10	非流动负债	
流动资产合计	**370**	长期借款	100
		其他非流动负债	
		非流动负债合计	**100**
		负债合计	**250**
非流动资产			
固定资产	200	所有者权益	
长期股权投资		实收资本	300
无形资产		资本公积	
其他非流动资产		盈余公积	
非流动资产合计	**200**	未分配利润	20
		所有者权益合计	**320**
资产总计	**570**	负债及所有者权益总计	**570**

（4）①250万元银行贷款中100万元用于购买土地使用权：左侧货币资金减少为260万元，固定资产增加为300万元，其他项目不变。

②用50万元购买存货并以70万元的价格转卖，但款项还没收到：左侧货币资金减少50万元，存货先增加50万元，后减少50万元，应收账款增加70万元；右侧所有者权益中未分配利润增至40万元。此时，资产负债表左侧的资产项目增至590万元，右侧的负债及所有者权益总计增至590万元，资产负债表仍然是平衡的，见表6-6。

表 6-6　2023 年企业资产负债表　　　　　单位：万元

资产	期末数	负债及所有者权益	期末数
流动资产		流动负债	
货币资金	210	短期借款	150
应收票据		应付票据	
应收账款	70	应付账款	
预付账款		应付职工薪酬	
应收利息		应交税费	
其他应收款		流动负债合计	**150**
存货	10	非流动负债	
流动资产合计	**290**	长期借款	100
		其他非流动负债	
		非流动负债合计	**100**
		负债合计	**250**
非流动资产			
固定资产	300	所有者权益	
长期股权投资		实收资本	300
无形资产		资本公积	
其他非流动资产		盈余公积	
非流动资产合计	**300**	未分配利润	40
		所有者权益合计	**340**
资产总计	**590**	负债及所有者权益总计	**590**

　　(5) 自然人丁向企业投资 200 万元，并收购一个供应商：左侧的长期股权投资增至 200 万元；右侧的实收资本不变，资本公积增加 200 万元。期末，企业从未分配利润项目提取法定盈余公积和任意盈余公积共计 6 万元。此时，资产负债表左侧资产项目增至 790 万元，右侧的负债及所有者权益总计也增至 790 万元，资产负债表仍然是平衡的，见表 6-7。

· 108 ·

表6-7　2023年企业资产负债表　　　　　　单位：万元

资产	期末数	负债及所有者权益	期末数
流动资产		流动负债	
货币资金	210	短期借款	150
应收票据		应付票据	
应收账款	70	应付账款	
预付账款		应付职工薪酬	
应收利息		应交税费	
其他应收款		流动负债合计	**150**
存货	10	非流动负债	
流动资产合计	**290**	长期借款	100
		其他非流动负债	
		非流动负债合计	**100**
		负债合计	**250**
非流动资产			
固定资产	500	所有者权益	
长期股权投资		实收资本	300
无形资产		资本公积	200
其他非流动资产		盈余公积	6
非流动资产合计	**500**	未分配利润	34
		所有者权益合计	**540**
资产总计	**790**	负债及所有者权益总计	**790**

第三节　利润表

一、利润表的内容及结构

（一）利润表的内容

作为反映会计主体特定期间经营绩效的核心财务工具，利润表系统披露企业经营成果的形成路径与质量特征。该报表通过分层列示收益构成要素，为信息使用者评估盈利质量、预测持续经营能力及制定经济决策提供关键依据。报表数据需与资产负债表建立勾稽关系，共同构建财务分析基础框架，例如，通过营业成本与存货周转率的关联分析评估资产运营效率。利润表主要包含以下七方面的内容：

（1）营业收入：核算主营业务与其他经营性活动产生的经济资源流入，涵盖商品销售、劳务提供及资产使用权让渡等常规业务。

（2）营业利润：通过营业收入扣除直接经营成本后的差额反映核心业务盈利能力。

（3）利润总额：综合营业利润与非经常性损益(营业外收支净额)形成的税前总收益。

（4）净利润：扣除企业所得税费用后的最终经营成果。

（5）其他综合收益：反映未实现权益变动的特殊收益项目。

（6）综合收益总额：整合净利润与其他综合收益的全面收益指标。

（7）单位收益指标：包含基本每股收益与稀释后每股收益两个维度。

为强化经营成果的趋势分析，准则要求采用比较式列报模式，设置"本期金额"和"上期金额"双栏对照分别填列。

（二）利润表的结构

现行利润表主要存在两种架构范式：

（1）单步式架构：采取收支总额直接抵减模式，通过总收益减总费用直接得出净损益。

（2）多步式架构：建立分阶计算模型，通过中间收益指标(如毛利、经营利润等)逐步呈现收益形成过程。

我国会计准则强制要求采用多步式架构，重点在于：

（1）按经济实质对收支项目进行归类处理。

（2）设置关键中间收益指标增强信息可解释性。

（3）按职能属性划分费用类别(经营成本、管理支出、市场费用、研发投入及财务成本)。

二、利润表列报要求

报表编制严格遵循"收入-费用=利润"的会计平衡原理，通过收益与费用的合理配比反映经营成果。对于金融类特殊行业(银行业、保险机构、证券机构等)，允许基于业务特性调整项目列示方式，但需保持核心指标的横向可比性。

（一）利润表"本期金额"栏和"上期金额"栏的列报方法

利润表中的栏目分为"本期金额"栏和"上期金额"栏。"本期金额"栏，依据损益类科目实际发生额填列，包括但不限于营业收入、资产减值损失等核心项目，其中营业利润等关键指标通过表内勾稽计算生成。利润表中的"上期金额"栏采用追溯调整法处理，当比较期间项目口径存在差异时，需按现行标准进行同口径调整后列示。

（二）利润表可以生成的经济指标

收益报表数据可构建多维分析体系：

（1）成长性指标：通过期间净利润增长率反映盈利能力的演进趋势。

（2）效益性指标：运用销售利润率评估单位收入的获利效率。

（3）投入产出指标：采用成本费用利润率分析资源配置效能。

（4）投资回报指标：结合资产负债表数据构建净资产收益率等综合评估指标。

（5）市场估值指标：通过市盈率等参数反映资本市场评价。

（三）信息披露质量要求

（1）完整性原则：确保收益形成链条各环节信息的完整披露。

（2）可分解性原则：要求中间收益指标具有明确的经济含义与计算路径。

（3）可比性原则：保持会计政策的一致性与数据口径的连续性。

（4）重要性原则：对重大异常收支项目进行单独披露与注释说明。

该规范体系通过建立标准化的收益披露框架，有效提升财务信息的决策有用性，为利益相关方评估企业经营质量、预测发展前景提供系统的分析基础。

三、编制利润表

利润表的编制原理是"收入－费用＝利润"，这是会计第二恒等式，和第一恒等式一样，其也包含三个会计要素：收入、费用、利润。

（一）收入

通常利润报表里有营业收入、公允价值变动收益、投资收益和营业外收入四项收入来源。其他收入的金额相对较小，因此重点关注的是营业收入。收入包括销售商品收入、劳务收入、让渡资产使用权收入、利息收入、租金收入、股利收入等，但不包括为第三方或客户代收的款项。

通常利润表中的收入与营业活动中收到的现金之间是有差别的，并不是说企业收到多少现金就有多少收入，这里涉及权责发生制和配比原则的相关知识。

权责发生制是指企业根据会计准则的规定来确认收入和费用，当期的收入满足确认条件的，即使没收到钱也要确认收入；当期的费用满足确认条件的，即使没有支付完成也要确认为费用。配比原则说的是收入和费用要配比，包含两层含义：第一，因果配比，即将收入与其相对应的成本相配比，如主营业务收入与主营业务成本相配比；第二，期间配比，即将一定时期的收入与同时期的费用相配比，如将当期的收入与管理费用、财务费用等期间费用相互配比。

（二）费用

费用是与收入相对应的一个概念，是指企业在日常活动中发生的会导致所有者权益减少和向所有者分配利润无关的经济利益的总流出费用作为收益的配比要素，特指会计主体在日常经营活动中产生的经济利益净流出，其具有导致所有者权益的实质减少和与权益分配行为无直接关联这两个特征。

利润表中的费用主要包括营业成本、销售费用、管理费用、研发费用和财务费用。营业成本主要包括企业在生产过程中发生的直接材料、直接人工和制造费用，具体到生产企业，包括原材料、人工、水电等成本。销售费用涵盖商品流通环节产生的系列支出，具体包括产品保障性支出（保险费用）、商品流通服务支出（包装及运输费用）、市场推广支出（广告及展览费用）、售后维护支出（质量保证计提）及销售机构运营支出（人员薪酬、固定资产折旧等）等。管理费用涉及企业治理架构运作产生的常规支出，如开办费用摊销、行政人员薪酬、办公费、工会经费、聘请中介机构费、咨询费、诉讼费、业务招待费等。研发费用包括研发人员的工资、直接投入费用、折旧费用、设计费用、装备调试费、无形资产摊销费用、委托外部研究开发费用等。财务费用反映企业资金筹措活动产生的财务性支出，具体包括利息净支出（扣除存款利息收入）、汇兑损益及金融交易手续费等。

（三）利润

利润可以分为几个层次进行计算：主营业务利润指企业售出货物或提供服务的收入减去销售成本，代表企业主营业务的盈利水平。营业利润是指通过营业收入扣除营业成本、税金附加、期间费用（含市场/行政/财务成本）及资产价值调整（减值损失与公允价值变动）后的经营净收益。利润总额是指营业收益加计非经营性收益（营业外收支净额）形成的综合收益。净利润是指利润总额扣除所得税费用后的最终经营成果净额，即企业的最终盈利水平。

此外，利润表的编制还取消了对主营业务与其他业务的划分，将这些业务产生的收入和发生的成本统一在"营业收入与营业成本"中列示，以适应市场经济中企业经营的多元化趋势，同时也与国际会计准则趋同。下面举例说明如何编制利润表。

【例 6-2】

表 6-8 为某企业 2023 年利润表，具体有关资料如下：

（1）销售一批产品，售价为 800 万元，成本为 500 万元，税金为 1.2 万元。

（2）销售一批多余材料，售价为 10 万元，成本为 8 万元。

（3）发生广告展览费等 2 万元、办公差旅费等 3 万元、借款利息等 0.8 万元。

（4）对外投资发生亏损 1.8 万元。

（5）固定资产发生盘亏净损失 1 万元，经批准同意转销。

（6）企业所得税税率为 33%。

【解】(1)营业收入计入 800 万元，营业成本计入 500 万元，营业税金及附加计入 1.2 万元。

（2）营业收入计入 10 万元，营业成本计入 8 万元。

（3）销售费用计入 2 万元、管理费用计入 3 万元、财务费用计入 0.8 万元。

（4）投资收益计入-1.8 万元。

（5）营业外支出计入 1 万元。

（6）计入企业所得税。

表 6-8　2023 年企业利润表　　　　　　　　　　　　单位：万元

项　　目	本年金额	上年金额	说明
一、营业收入	810		(1)+(2)
减：营业成本	508		(1)+(2)
营业税金及附加	1.2		(1)
销售费用	2		(3)
管理费用	3		(3)
财务费用(收益以"-"号填列)	0.8		(3)
资产减值损失			
加：公允价值变动收益(损失以"-"号填列)			
投资收益(损失以"-"号填列)	-1.8		(4)
二、营业利润(亏损以"-"号填列)	293.2		
加：营业外收入			
减：营业外支出	1		(5)
其中：非流动资产处置损失			
三、利润总额(亏损总额以"-"号填列)	292.2		
减：所得税费用(净亏损以"-"号填列)	96.426		(5)
四、净利润	195.774		

第四节　现金流量表

一、现金流量表的定义与结构

（一）现金流量表的定义

现金流动报表采用现金收付实现制编制原则，系统反映会计主体特定期间广义现金（含现金等价物）的流转动态。其中，现金涵盖库存现金、即期可用银行存款，现金等价物特指持有期限不超过 3 个月、具备高流动性的短期投资工具。

（二）现金流量表的结构

现金流量表通常包括经营活动产生的现金流量、投资活动产生的现金流量和筹资活动产生的现金流量三个主要部分。分别详细列出了企业日常运营活动中产生的现金流入和流出情况、企业投资活动中产生的现金流入和流出情况以及企业筹资活动中产生的现金流入和流出情况。

二、现金流量表活动分类与主要项目

现金流量表根据资金的用途，主要分为以下三个活动分类：

（一）经营活动现金流量

主要包括销售商品、提供劳务收到的现金，购买商品、接受劳务付出的现金等，反映了企业日常运营活动的现金流入和流出情况。

（二）投资活动现金流量

主要涉及购入或建造固定资产、投资于其他企业或购买其他金融资产等，反映了企业为扩大规模或获取收益而进行的投资活动的现金流量情况。

（三）筹资活动现金流量

主要包括借款收到的现金、发行股票等筹集资金的现金流量，反映了企业通过借贷或发行证券等方式筹集资金的现金流量情况。

具体现金流量表主要活动分类及科目如表6-9所示。

表 6-9　现金流量表主要活动分类及科目

活动类别	现金流量方向	主要科目
经营活动 现金流量	现金流入	1. 销售商品、提供劳务收到的现金(含增值税) 2. 收到的税费返还(增值税退税、出口退税等) 3. 其他与经营活动有关的现金(如经营租赁租金、违约金收入)
	现金流出	1. 购买商品、接受劳务支付的现金(含进项税额) 2. 支付给职工及为职工支付的现金(工资、社保等) 3. 支付的各项税费(所得税、消费税等) 4. 其他经营相关支出(广告费、差旅费等)
投资活动 现金流量	现金流入	1. 收回投资收到的现金(如金融资产变现) 2. 取得投资收益收到的现金(股利、利息) 3. 处置固定资产/无形资产收回的现金净额 4. 处置子公司收到的现金净额
	现金流出	1. 购置固定资产、无形资产支付的现金 2. 投资支付的现金(股权投资、债权投资) 3. 取得子公司支付的现金净额 4. 其他投资相关支付(如已宣告未领取的股利)
筹资活动 现金流量	现金流入	1. 吸收投资收到的现金(发行股票/债券净额) 2. 取得借款收到的现金(银行借款、债券发行) 3. 其他筹资相关现金(接受捐赠等)
	现金流出	1. 偿还债务支付的现金(本金部分) 2. 分配股利、利润或偿付利息支付的现金 3. 支付其他筹资费用(发行费用、融资租赁款等)

三、自由现金流量的计算

自由现金流量作为企业价值评估的核心参数，特指会计主体在满足必要资本性支出与营运资本需求后，可供权益及债务资本提供方自由支配的剩余现金储备。其计算遵循"经营性现金净流量——维持性资本支出"的基本范式，反映企业在持续经营前提下可进行利润分配及债务清偿的现金支付能力。

由企业的营业活动产生的自由现金流量，可利用利润报表和资产负债表的增减变化来计算，可分为直接法和间接法两种。

间接法是从营业利润开始计算，扣除营业税金再加减递延税金，加上累计折旧费用(Depreciation)后得到狭义的营业现金流量，之后再加减净运营资本(Net Working Capital)后得到广义的营业现金流量，最后再扣除对固定资产等的投资额就是净现金流。

自由现金流=营业利润-营业利润的税金+递延税金的增加+折旧

=狭义营业现金流入-应收账款的增加-存货的增加+应付账款的增加

=广义营业现金流入-资本支出的增加　　　　　　　　　　(6-1)

直接法是从销售收入和应收账款的增减开始，先计算核算期内资金流入的金额(实际回收的资金额)，再扣除销售成本和营业费用等资金流的流出额后，直接算出广义的营业现金流后，最后再扣除对固定资产等的投资额就是净现金流。

自由现金流=营业收入-应收账款的增加

=资金回收-销售成本-销售费用与一般管理费用-存货的增加+

应付账款的增加+折旧

=(资金回收-营业费用)-营业利润的税金+递延税金的增加

=(资金回收-营业费用-税金)-资本支出的增加　　　　(6-2)

第五节　股东权益变动表

一、股东权益变动表的内容及结构

(一)股东权益变动表的内容

股东权益变动表披露会计期间所有者权益各构成要素的变动轨迹，包含总量变化与结构性调整双重维度。股东权益变动表的内容包括：

(1)经营成果积累：当期净利润对权益的贡献。

(2)权益性综合收益：其他综合收益等特殊权益调整项。

(3)会计追溯调整：会计政策变更及前期差错修正的累积效应。

(4)资本运作事项：股本增发、利润分配等权益变动因素。

(5)风险对冲储备：盈余公积计提与使用情况。

(6)权益项目调节：实收资本、资本公积等账户的期初期末调节分析。

在列报方法上，所有者权益变动表通常包括"上年年末余额""本年年初余额""本年增减变动金额"和"本年年末余额"等项目。通过对这些项目的合计，可以清晰地反映出所有者权益的变动情况。

(二)股东权益变动表的结构

为采用二维矩阵架构实现动态披露。首先，纵轴列示权益变动动因。通常按交易性质分类(包含经营成果、权益调整、资本交易等)。其次，横轴分解权益构成要素，包含实收资本、资本公积、其他综合收益等明细科目。最后，比较式列报模式。设置"本年金额"与"上年金额"双栏数据对照分别填列。

二、股东权益的主要项目

股东权益包括实收资本、资本公积、盈余公积和未分配利润。实收资本和资本公积可以看成股东投入的资金，盈余公积和未分配利润是所得利润没有分配的部分。

（一）实收资本

在我国，实收资本（股本）同注册资本在数额上是相等的。例如，说某企业注册资本是 5000 万元，这就是这家企业的实收资本。股本反映了股票的面值。我国的股票是有面值的，基本都是 1 元 1 股。

在企业的发展过程中，实收资本是可以变化的。例如，企业在引入新的投资者时，或用资本公积转增股本时，实收资本会增加；企业回购股票，或因资本过剩而决定发还股款，或因发生重大亏损而决定缩小企业规模时，实收资本就会减少。

（二）资本公积

资本公积是投资者或者他人投入企业、所有权归属于投资者并且在金额上超过法定资本部分的资本或资产。例如，股票发行溢价等。资本公积并不是由企业的利润形成的，与企业收益无关。股东的投资并不一定全部反映在会计的实收资本或股本上，因为有一部分按规定需要计入资本公积。资本公积在一定情况下也可以转增为资本。

（三）盈余公积

盈余公积是企业留存的具有特定用途的利润。其包括法定盈余公积和任意盈余公积。法定盈余公积是按公司税后利润的 10% 强制提取，用于应付经营风险；而任意盈余公积则根据公司需要提取。盈余公积的用途有三个：第一，亏损弥补机制。优先使用税前利润补亏，超期转用税后利润及盈余公积。第二，资本转化。转增股本时需确保留存公积大于等于注册资本的 25%。第三，特殊分红安排。在未分配利润不足时经批准可用盈余公积派现或股利。

（四）未分配利润

未分配利润作为企业自主支配的留存收益，其管理遵循：

（1）分配自主性原则。保留未来利润分配决策的灵活性。

（2）资本结构优化功能。通过利润再投资支持业务扩张。

（3）收益平滑机制。平衡跨期利润分配波动性。

第六节 财务比率分析

财务比率分析是指总结和评价企业财务状况与经营成果的分析指标，包括偿债能力指标、营运能力指标、盈利能力指标和发展能力指标。

一、偿债能力

衡量会计主体按期履行本息偿付义务的财务韧性，涵盖即时债务清偿与长期资本结构稳健性双重维度，由此分为短期偿债能力分析和长期偿债能力分析两部分。其中，短期偿债能力主要通过流动资产对流动负债的覆盖程度评估紧急支付风险；长期偿债能力则基于资本结构与收益质量判断持续偿债保障能力。具体比率名称、经济含义与计算公式如表 6-10 所示。

表 6-10 偿债能力分析的主要指标及含义

分析维度	比率名称	经济含义	计算公式
短期偿债	流动比率	衡量流动资产对流动负债的覆盖能力	流动资产/流动负债
	速动比率	剔除存货后，评估企业紧急偿付能力	(货币资金+交易性金融资产+应收款项)/流动负债
	现金比率	极端情况下现金类资产对短期债务的保障能力	货币资金/流动负债
	现金流量保障率	经营活动现金净流量对短期债务的偿付支持	经营活动净现金流/流动负债
长期偿债	资产负债率	总资产中债务融资的占比，反映财务杠杆水平	总负债/总资产
	利息保障倍数	息税前利润对利息支出的覆盖能力	(净利润+利息费用+所得税)/利息支出
	现金流量利息保障倍数	经营活动现金净流量对利息支出的实际支付能力	经营活动净现金流/利息支出

二、营运能力

营运能力比率是反映企业资源配置效能、量化资产周转速度及运营流程优化水平的财务比率。具体比率名称、经济含义与计算公式如表 6-11 所示。

表 6-11　营运能力分析的主要指标及含义

比率名称	经济含义	计算公式
应收账款周转率	评估赊销政策效率及回款速度	营业收入/应收账款均值
存货周转率	衡量存货管理效率及变现速度	营业成本/存货均值
流动资产周转率	营业收入与流动资产的比率	流动资产周转次数=营业收入/流动资产 流动资产周转天数=365/(营业收入/流动资产) 流动资产与收入比=流动资产/营业收入
非流动资产周转率	营业收入与非流动资产的比率	非流动资产周转次数=营业收入/非流动资产 非流动资产周转天数=365/(营业收入/非流动资产) 非流动资产与营业收入比=非流动资产/营业收入
总资产周转率	反映企业整体资产运营效率	营业收入/总资产均值 总资产周转天数=365/(营业收入/总资产) 总资产与收入比=总资产/营业收入
现金转换周期	从采购到销售回款的完整运营周期天数	存货周转天数+应收账款周转天数-付账款周转天数

三、盈利能力

　　盈利能力是表征企业通过核心业务创造经济价值的能力，体现资本增值效率。其包括收益规模和收益质量两个核心要素，前者体现营业收入与净利润的绝对量级；后者揭示利润的现金保障程度及可持续性。具体比率名称、经济含义与计算公式如表 6-12 所示。

表 6-12　盈利能力分析的主要指标及含义

比率名称	经济含义	计算公式
销售净利率	单位营业收入的最终获利水平	净利润/营业收入
总资产报酬率（ROA）	衡量企业整体资产的创利能力	净利润/总资产均值
净资产收益率（ROE）	反映股东权益的投资回报效率	净利润/股东权益均值

四、成长能力

　　成长能力亦称企业的发展能力，是衡量企业维持规模扩张与价值提升的可持续动能，反映战略实施成效。其包括市场拓展能力、资本积累能力和技术创新能力三个核心要素。市场拓展能力衡量客户群体与收入来源的持续扩展，资本积累能力衡量留存收益对再投资的支撑力度，技术创新能力体现研发投入转化为竞争优势的效率。具体比率名称、经济含义与计算公式如表 6-13 所示。

表 6-13　发展能力分析的主要指标及含义

比率名称	经济含义	计算公式
营业收入增长率	评估企业市场扩张速度	(本期营收-上期营收)/上期营收
净利润增长率	衡量企业盈利能力的持续提升能力	(本期净利润-上期净利润)/上期净利润
总资产扩张率	反映企业资产规模的扩张速度	(期末总资产-期初总资产)/期初总资产
资本积累率	评估股东权益的自我积累能力	(期末股东权益-期初股东权益)/期初股东权益

本章小结

（1）会计报表分析是公司金融中非常重要的一部分，它通过对会计报表提供的信息资料进行深入加工、比较、评价，并对重大事项进行文字说明，从而在静态中探究动态规律，为决策者提供科学、可靠的决策依据。

（2）会计报表分析主要包括对资产负债表、利润表和现金流量表的分析，通过对企业的财务状况、经营成果和现金流量等财务指标的分析，进而判断企业财务状况和评价企业经营成果。

（3）比率分析法是一种常用的财务分析方法，通过计算财务报表上的相关指标的比率，对企业的财务状况和经营成果进行量化分析和综合评价。由于比率分析能够在一定程度上消除企业规模差异所带来的不可比性，因此，特别适用于对不同企业进行横向比较与评价。

🛩 重要术语

财务分析　资产负债表　损益表　现金流量表　股东权益变动表　财务资料
会计分析　比率分析法　现金流量

📚 练习题

1. 某公司年初存货为 5 万元，年初应收账款为 3 万元，本年年末计算出流动比率为 2，速动比率为 1.5，存货周转率为 4 次，流动资产合计为 10 万元。若本年的主营业务净额是 42 万元，除应收账款以外的速动资产忽略不计，则应收账款周转率是多少？该公司的营业周期有多长？

2. 根据下列 A 企业资料编制财务报表。

（1）根据 A 企业 2021 年 12 月 31 日和 2022 年 12 月 31 日结账后各账户余额资料（见表 6-14），编制该企业的资产负债表。

表 6-14　资产负债表　　　　　　　　　　　　　　　　单位：元

科目名称	2021 年		2022 年	
	借方余额	贷方余额	借方余额	贷方余额
库存现金	2300		10195	
银行存款	155090		200036	
其他货币资金	75000		196500	
交易性金融资产	200000		250000	
应收票据	200000		350000	
应收账款	326389		522080	
坏账准备		1320		2080
预付账款	16093		24143	
其他应收款	25062		22350	
材料采购	3360		26000	
原材料	65200		185290	
包装物	5280		12750	
低值易耗品	2720		5750	
材料成本差异	100		400	
委托加工物资	2300		185200	
生产成本	57400		91304	
库存商品	60120		186500	
发出商品	20506		23000	
长期股权投资	800000		1000000	
固定资产	1632681		2390993	
累计折旧		293078		492819
固定资产清理	0		0	
在建工程	0		706040	
无形资产	978913		947079	
长期待摊费用	64222		195969	
短期借款		101840		301360
应付票据		130000		100000
应付账款		120000		237200
预收账款		52203		42209
——A	5000		201	
——B		57203		42410

续表

科目名称	2021 年		2022 年	
	借方余额	贷方余额	借方余额	贷方余额
其他应付款		34483		29021
应付职工薪酬		59490		101281
应交税费		60604		50214
应付利润		0		475500
长期借款		800000		700000
应付债券		500000		500000
实收资本		1909718		3729818
资本公积		410000		422577
盈余公积		220000		320000
本年利润		0		0
利润分配		0		27500

(2)根据 A 企业 2022 年损益类账户发生额合计资料(见表 6-15),编制 2022 年 12 月 31 日利润表(上年数忽略)。

表 6-15 利润表
单位:元

科目名称	借方发生额	贷方发生额
主营业务收入	10000	6796713
主营业务成本	4443273	8000
营业税金及附加	339336	
销售费用	410804	
管理费用	809240	
财务费用	200000	20000
资产减值损失	760	
其他业务收入		1255000
其他业务成本	810000	
投资收益		144500
营业外收入		500
营业外支出	202300	
所得税费用	396000	

第七章 资本预算

📚 **学习要点**

1. 了解资本预算的含义、步骤、特点与意义。
2. 掌握现金流量与资本成本率的含义及预测方法。
3. 掌握项目资本预算的评价方法。
4. 掌握设备更新与资本限量等资本预算常见应用问题的解决方法。

第一节 资本预算的步骤与意义

一、资本预算的含义

在家庭购置新车时，通常需要对汽车的价格、性能、油耗等多个指标进行充分的比较分析，才能作出是否购买的决策。类似地，企业在进行工厂建设、设备扩张与更新等固定资产投资时，也需要进行详尽的事前分析。在公司金融领域，此类投资被称为资本支出（Capital Expenditure）。资本支出是指企业为获取长期资产或为多个会计期间提供效益而发生的支出。在进行资本支出时，企业需要对每个投资项目的资金筹集可能性、收益性评价和风险分析进行审慎评估。

通常，公司会同时开展多个投资项目，且鉴于企业经营活动的连续性，需要不断对新项目进行审慎分析和评估。为了判断每个投资项目是否对企业有利，以及一系列投资项目是否与企业整体战略相契合，企业需要通过经济分析来决定具体投资哪些项目。这一过程被称为资本预算（Capital Budgeting）。资本预算是指企业对长期资本支出进行规划，并安排所需资金来源的过程。它涉及对企业面临的各个投资项目进行规划、评价和选择。资本预算的对象主要包括有形资产构建项目（如生产线建设、并购重组等）与无形资产投资计划（如品牌推广、技术研发、战略咨询等）。资本预算通常涉及多个部门和多个会计年度。

二、资本预算的步骤

资本预算的决策程序包括提出备选投资项目、对投资项目进行计划和分析、投资项目的评价、筛选和决策、投资项目的贯彻执行和投资项目结束后事后评估审计五个步骤。由于长期投资需要大量资金投入，公司必须对给定的投资方向与计划进行适当的分析和筛选，注重对相关现金流量的衡量及决策方法的适当应用，以确保资本预算决策的正确性和合理性。

（一）提出阶段

在建立资本预算时，公司内部会提出各种伴随资本支出的投资方案。这些方案可能由下级部门提出，也可能由管理层提出，涉及新业务的开发等。公司各级管理者均可提出相应的投资项目。一般来说，大规模的战略性投资项目由公司高层领导提出，并由采购、生产、销售、财务和技术等方面的专家组成专门小组拟定具体方案；而战术性投资项目主要由中层或基层管理者提出，由主管部门组织人员拟订具体方案。

（二）计划阶段

全面调查初始资本支出计划，发掘备选投资项目，规划方案制定需建立跨部门协同机制。例如，由营销部门提供需求预测与价格弹性参数等市场前端数据、制造部门反馈产能利用率与边际成本曲线等生产运营数据、研发团队输入创新周期与成果转化概率等技术研发数据、资金管理部门明确融资成本与流动性边界等财务约束参数等。

（三）评价

投资项目的评价主要涉及以下内容：估算投资项目的预期现金流量；在考虑预期现金流量概率分布的基础上，预计未来现金流量的风险；确定投资项目的资金成本；计算未来现金流量的现值；比较投资项目各期收入现值与所需资本支出，按可行性进行排序，并撰写评价报告报送决策部门。

在对投资项目进行评价时，需分析各项目之间的经济依存关系，通常有三种情况，具体如表7-1所示。

表7-1　项目关联性分类模型

项目类型	现金流交互特征	决策规则
独立性	现金流呈线性叠加特征，项目间无协同或抵消效应	净现值独立评估
互补性	实施A项目将提升B项目现金流入，产生"1+1>2"的协同价值	组合评估协同效应
互斥性	实施A项目将削弱B项目现金流入，导致"1+1<2"的价值耗损	替代方案对比择优

在完成评价后，需要进行项目的决策。决策部门在接到报送的评价报告后，应认真及时地作出决策。一般而言，投资额特别大的项目应由董事会或股东大会投票表决，投资额较小的项目可由中层经理作出决策。决策一般有三种结果：第一，接受投资项目；第二，拒绝投资项目；第三，由项目提出部门重新调查审议，再做处理。

（四）投资项目的执行

投资项目经决策通过后，财务、采购、生产等部门应相互配合，积极筹措资金，确保投资尽快落实。在投资项目的执行过程中，管理部门应加强对工程进度、工作质量、施工成本等的控制，以确保投资项目按质按期完成，从而尽快产生效益。

（五）事后评估

在投资项目的执行过程中，应对执行结果进行监控，注意发现新问题，总结新经验，一旦出现未预计到的重大变化，以致影响到原决策方案的科学性和合理性时，应及时作出相应调整，以确保投资项目对企业未来发展的有利性。

三、资本预算的特点

资本预算有以下几个特点。

（一）投资规模大、周期长且沉没成本高

资本预算的对象通常具有初始投资规模大、经济寿命长的特征，且伴随着较高的沉没成本。一旦投资决策失误，企业可能面临巨大的经济损失。因此，资本预算要求企业对市场环境、行业趋势以及自身竞争优势进行精准判断，并对投资时机的选择提出较高的要求。

（二）复杂性与动态性

资本预算的对象可划分为金融性资产投资与生产性资产投资两大类。金融性资产投资主要涉及证券等金融工具的配置，而生产性资产投资则是指企业为开展生产经营活动所购置的各类资产。本章所讨论的资本预算主要聚焦于生产性资本资产投资，其常见的资本预算项目大致可分为以下两类：

第一，固定资产类资本预算。例如，设备更新或厂房改造，这类决策通常涉及固定资产的替换或升级，旨在通过提升生产效率或优化生产能力来增强企业的长期竞争力。

第二，非固定资产类资本预算。例如，战略导向性资本预算要求决策者具备行业前瞻判断与市场进入时机把控能力，通过增加营业现金流来实现企业的增长。此外，环保设施投资通过 ESG 价值提升，研发类投资实质获取未来业务拓展的选择权等间接创造财务收益。

（三）长期性与战略重要性

资本预算本质上是企业对未来长期投资决策的评估与规划，其期望收益通常具有长期性。因为资本预算的决策结果对企业的战略方向、竞争力、稳定性、成长性以及收益性等方面具有深远影响，所以资本预算对企业的长期发展具有至关重要的作用，甚至关乎企业的兴衰成败。

四、资本预算的意义

资本预算对于企业确定未来发展方向、制定发展战略，尤为重要。企业做好资金预算，主要有以下几个方面的作用。

（一）提高资金使用效率，规避企业财务风险

资本预算能够明确企业资金在不同项目中的分配比例，使企业充分了解自身的成本结构与收益状况。通过科学合理的资本预算，企业能够在未来的运营过程中不断提升资金使用效率，避免资金的过度使用或闲置，从而有效规避财务风险。

（二）为制定发展战略提供数据支撑

资本预算以企业不同部门、不同环节的历史资金使用数据为基础，对未来资金需求进行预测和规划。这不仅为企业管理者提供了清晰的经营现状分析，还为企业未来的运营方向和发展策略提供了量化的数据支持，使管理者能够在战略层面进行精准决策。

（三）降低企业资金风险

资本预算能够帮助企业提前规划资金流，避免因资金链断裂而导致的经营风险。尽管资本预算非常重要，但如何准确、高效地完成资本预算仍然是企业面临的一大挑战。在实际操作中，企业需要借助专业的财务分析工具，单纯依靠人工操作难以满足复杂多变的业务需求。

第二节 新规项目现金流量预测

一、未来现金流量的含义

在资本预算项目评价中，对未来现金流量的预测是首要步骤。尽管在财务报表分析中，企业可通过母公司与子公司单独及合并的财务报表计算现金流量表，从而对企业的财务绩效进行评估，但在资本预算过程中，关注的核心是企业未来

的财务表现，而非过去的财务业绩。为准确评估企业价值及其投资项目，必须对未来各时点可能产生的现金流量进行合理且准确的预测，并运用适当的贴现率将其折算至当前时点的现值。

二、未来现金流量的预测步骤与注意事项

在预测预期现金流量时，通常以未来销售收入的预测为起点。销售收入预测是企业基于市场规模、增长率及未来市场份额的预测，通过分析历史销售数据和市场信息，构建模型以预测未来销售额或销售量，从而为企业的销售策略和业务决策提供数据支持。

（一）未来现金流量的预测步骤

在实务中，通常通过采用以下五个步骤对未来的销售情况进行预测：

1. 数据收集

收集过去的销售数据和相关市场信息，包括销售额、销售量、市场趋势、竞争对手数据等。

2. 选择合适的模型

根据预测目标和数据特征，选择合适的预测模型，并依据趋势、周期性和季节性变动预测。

3. 数据预处理

对收集的数据进行清洗、整理和处理，包括去除异常值、填补缺失值、标准化等，以保证数据的准确性和一致性。

4. 建立预测模型

根据选择的预测模型，利用历史数据进行模型训练和参数调整，建立可靠的预测模型。

5. 预测和评估

利用建立的模型进行销售预测，并对预测结果进行评估和验证，通过与实际销售数据的比较来评估模型的准确性和可靠性。

（二）注意事项

预测过程中，还要注意以下三点：

1. 时间范围的选择

根据预测目的和数据特征，选择合适的时间范围进行预测，避免数据过于短期或过长期导致预测结果不准确。

2. 市场因素的考量

销售预测不仅要考虑公司内部因素，还要考虑市场的变化和竞争对手的影响，以保证预测结果的可靠性。

3. 模型的动态调整

销售预测是一个动态过程，需要根据实际情况定期更新和调整预测模型，以确保预测的准确性和有效性。

通过上述步骤预测出某个项目预期的销售状况后，进一步推测设备投资的规模和营运成本，进而推算出该项目的未来期望现金流。

三、未来现金流量的预测方法

项目的未来期望现金流的预测思路是在根据市场规模成长率和公司经营计划等对未来销售收入进行预测的基础上，再根据设备计划、资金计划和生产计划等进行的预测。主要采用销售收入比率法（Percent of Sales Method）和回归分析法（Regression Method）（见图 7-1）。两种预测方法对未来项目的现金流量进行预测，进而推算出整个项目的自由现金流。

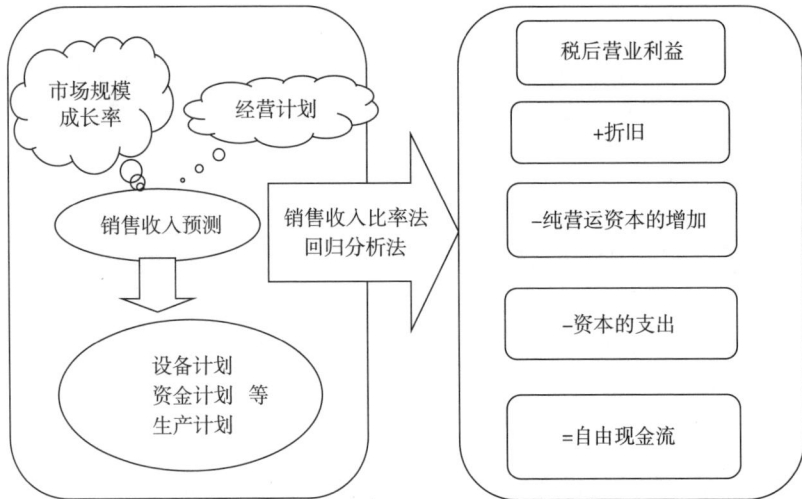

图 7-1　未来现金流量的预测流程

（一）销售收入比率法的含义

销售收入比率法主要是以使用现时点对销售收入的比率或者历史数年的平均比率作为依据，进而推算预测资产、负债和费用中各指标的预期水平。

回归分析法主要是利用历史数据分析销售收入与资产、负债和费用中各指标最接近的曲线表达，并假定这一关系未来不变的情况下，对各指标进行预测。

当然，根据战略方向可以对销售收入比率法和回归曲线进行调整。这样预测出销售收入、初期投资额、各项费用和营运资本后，就可以根据前面的方法来求预期净现金流。接下来，以销售收入比率法（销售百分比法）为例，来说明如何进行详细的期望现金流的预测。

（二）销售收入比率法的前提假设条件

1. 稳定的百分比关系

销售收入比率法的核心假设是企业的核心财务要素与销售收入存在动态均衡比例关系。这种稳定的百分比关系使企业能够基于现有的财务数据来预测未来的相关数据。事实上，尽管不同年份之间的百分比关系不可能完全一致，但在特定时期和特定企业中，某些项目与当年销售额的百分比可能较为接近。

资产负债表的各项目可以划分为敏感项目与非敏感项目，与销售收入保持动态比例关联（如应收款项、存货等）的项目称为敏感项目；不受销售规模直接影响（如长期股权投资等）的项目称为非敏感项目。

2. 销售收入和销售净利率可预测

销售收入比率法的另一个重要假设是企业的预测期销售收入及销售净利率具有可预测性。该方法通过预测销售收入和销售净利率推导出净利润，并采用直接法或间接法预测期望现金流。这一过程隐含了对销售收入预测的准确性要求。然而，由于市场供求关系、行业竞争激烈程度及宏观经济政策等各种因素的影响，销售预测通常很难达到绝对准确。尽管如此，销售收入比率法仍然是一种有效的财务预测工具。

（1）计算百分比。基于历史资产负债表与利润表数据，计算各项目的销售百分比，建立财务要素与营业收入的动态关联模型。包括流动资产占比、长期资产占比、应付款项占比、预提费用占比等。

（2）计算预测期的资产、负债和所有者权益等项目的金额。根据基期的有关销售百分比和预测期的销售收入额，分别计算预测期的资产、负债和所有者权益数额。对敏感性项目可采用如式（7-1）计算：

预测期财务要素＝预测营收×基期销售占比　　　　　　　　（7-1）

对于非敏感性项目中的固定性项目可维持基期数值不变（如实收资本等），权益则可以采用式（7-2）调整：

盈余公积预测值＝基期金额＋预测净利润×留存比率　　　　（7-2）

未分配利润预测值＝基期金额＋预测净利润×（1-股利支付率）　（7-3）

（3）计算期望现金流量。根据预测期的资产、负债和所有者权益等项目的金额，制定预测期现金流量表，并根据经营活动现金流量、投资活动现金流量和筹资活动现金流量等计算预测期的期望自由现金流量。

（三）注意事项

预测期望现金流量时，特别是对投资项目的预期现金流进行预测时，要注意以下几点：

第一，关注现金流增量（Incremental Cash Flow）。预测对象是现金流量的增加额，即现金流增量。这些现金流量是公司接受项目而引发的现金流量的变化。换言之，公司金融感兴趣的是公司采纳项目和不采纳项目引起的现金流量的差别。对于新投资项目而言，现金流增量是从 0 开始的增加额，在扩充投资或替代既有项目的投资项目时，则需要计算与既有项目的差额。

第二，沉没成本（Sunk Cost）。沉没成本是指已经发生的支出，而不能由现在或将来的任何决策而改变的成本。在现金流量的预测中，沉没成本不应被纳入考虑范围，否则会对投资决策产生误导。例如，某公司投资建厂并购置设备，准备生产某类产品后，预期这种产品在未来的销售额会不断上涨，可是就在新厂房刚刚盖好，购入机器设备后，竞争对手推出了该产品的更新换代产品，旧产品市场份额大幅下滑，预期 1~2 年将完全替代旧产品，这时导致原来预定的新工厂即使生产也无利可图，此时，已经支付的修建新工厂和购买设备的相关资金即沉没成本，不应计入后续项目的现金流预测中。

第三，考虑机会成本（Opportunity Cost）。在预测现金流量时，需将与投资项目相关的机会成本计算在内。机会成本是指将公司某项资产投资于某项目而丧失投资其他项目的潜在收益，还指厂商把相同的生产要素投入其他行业可以获得最高收益。

第四，注意关联效应（Side Effects）。预测期望现金流时需要考虑讨论中的投资项目所引起的所有现金流的流出流入。关联效应通常表现为负效应，即新投资的某项目对公司其他原有部门的影响。例如，公司开发新产品，如果伴随着新产品的销售，导致用户购买新产品而不再购买旧产品引起销售额减少，这种现象称为"侵蚀"。在期望现金流量计算过程中，需将这部分旧产品减少的销售额体现出来。

第三节　债务、优先股和普通股成本

一、资本成本的含义

资本成本是衡量公司投资项目风险的重要指标之一，资本成本（Cost of Capital）是指公司通过借款或发行股票等方式筹集资本所需支付的成本。在资本预算过程中，了解和计算资本成本是至关重要的，因为它能够帮助公司管理者决定投资项目的可行性和潜在风险。

资本成本最常见的两个应用情境：一方面，寻求投资的项目方，如公司，为了说服投资者去承担这个代价，需要承诺一定的预期回报，这个承诺性的回报，即是项目方为了筹集资金而承担的资本成本；另一方面，公司在选择投资项目时，会将预期回报与公司自身的资本成本做对比，从而作出是否投资的决定。

在资本预算项目评价中，预测新项目的期望现金流量后，需采用适当的贴现率对净现金流进行贴现，计算其现值。这一贴现率即资本成本率（The Cost of Capital Rate），它是企业的用资费用与有效筹资额之间的比率。通过资本成本率，企业可以判断投资项目是否具有经济可行性。

在具体计算资本成本率时，需根据企业的筹资方式（如银行借款、公司债券、股票等）进行分析。不同的筹资方式对企业的利润索取权和优先支付顺序不同，投资者所要求的收益率也不同，因此不同筹资方式的资本成本率也存在差异。

二、资本成本的分类与计算方法

资本成本包括债务成本和股权成本两部分。债务成本是指公司通过借款或发行债券等方式筹集资本所需支付的利息和手续费等成本，通常可以通过借款利率和债券收益率等指标来计算，债务成本按照资金筹集方式可以分为长期债券和长期借款两种。股权成本是指公司通过发行股票等方式筹集资本所需支付的成本，通常可以通过股票市场的投资回报率来计算。股权成本可以分为优先股和普通股两种。

（一）债务成本

1. 长期债券

长期债券的资本成本率就是第五章债券定价公式来倒推债券的到期收益率，债券价格计算公式如下：

$$B_0(1-f) = \sum_{t=1}^{n} \frac{I_t + B_n}{(1+r_b)^t} \tag{7-4}$$

其中，B_0 为债券的价格，B_n 为债券的面值，I_t 为每期支付的利息，f 为手续费等，r_b 为长期债券资本成本率，当债券按照面值发行，且每年支付利息一次时，到期一次还本。此外，因为公司对支付有息负债的利息存在税盾效应，所以可以将公式进一步转化，这里的话，就是每期支付的债券利息会对应按照所得税税率减少，相当于公司少支付了债券利息。因为存在税盾效应，所以公司的长期债券资本成本率 r_b 就会一定程度的减小。可以将式(7-4)变化如下：

$$B_0(1-f) = \sum_{t=1}^{n} \frac{I_t(1-T)}{(1+r_b)^t} + \frac{B_n}{(1+r_b)^n} \quad (7-5)$$

其中，T 为所得税税率。当债券期限很长时，可以将债券到期的面值忽略，用简化公式来计算长期借款的资本成本率，其公式如下，这里并未考虑货币的时间价值。

$$r_b = \frac{I(1-T)}{B_0(1-f)} \quad (7-6)$$

【例 7-1】

为筹措项目资本，某公司决定发行期限为 10 年，面值为 1000 元，息票率为 12% 的公司债券，发行公司债券的筹资费率为 5%，已知企业所得税税率为 35%，公司债券每年付息一次，到期一次还本。求此长期债券的资本成本率。

【解】可以用长期债券资本成本率公式 [式（7-5）] 来求解，将相关数值代入公式后可得：

$$1000 \times (1-5\%) = \sum_{t=1}^{10} \frac{1000 \times 12\% \times (1-35\%)}{(1+r_b)^t} + \frac{1000}{(1+r_b)^{10}}$$

$r_b = 8.56\%$

2. 长期借款

长期借款的资本成本在本质上与长期债券是相同的，只不过所支付的成本由定期支付的债券利息和债券本金变换成了定期支付给金融机构的借款利息与本金。其计算公式如下：

$$D_0(1-f) = \sum_{t=1}^{n} \frac{I_t(1-T)}{(1+r_d)^t} + \frac{D_0}{(1+r_d)^n} \quad (7-7)$$

其中，D_0 为长期借款的本金，I_t 为每期支付的借款利息，f 为手续费等，r_d 为长期借款的资本成本率，T 为所得税税率。

为了简便，可用简化公式来计算长期借款的资本成本率，其公式如下，这里也未考虑货币的时间价值。

$$r_b = \frac{I(1-T)}{B_0(1-f)} \quad (7-8)$$

【例 7-2】

假设某公司向银行借款 100 万元，期限为 10 年，贷款年利率为 6%，每年年末支付利息，到期一次还本，已知公司所得税税率为 35%，且不考虑筹资费。求此借款的资本成本率。

【解】可以用长期借款资本成本的简化公式 [式（7-8）] 来求解，将相关数值代入公式后得：

$$r_b = \frac{100 \times 6\% \times (1 - 35\%)}{100} = 3.9\%$$

(二) 股权成本

1. 优先股

优先股作为混合型融资工具具有双重属性,优先股股东拥有收益分配优先权,即优先于普通股获得固定股息,但权益受限无表决权且剩余财产求偿顺序次于债权人。此外,还具有税后支付特性,即对于公司而言,支付优先股股东的股利不产生税盾效应。但具有财务弹性优势,可避免股权稀释同时控制财务杠杆。将 DDM 模型变化一下,并考虑筹资成本等,就可以得到优先股的资本成本率 r_p 的公式如下:

$$r_p = \frac{D_p}{P_0(1-f)} \tag{7-9}$$

其中,r_p 为优先股的资本成本率,P_0 为发行股票所筹集到的资金,D_p 为给股东预期分配的股利,f 为手续费。

【例 7-3】

假设 ABC 公司发行优先股 60 万股,每股面值为 25 元,年股息为 1.9375 元/股。已知市场上投资者对同类优先股的要求收益率为 8%,请计算 ABC 公司优先股的资本成本率。

【解析】因为该优先股尚未上市流通,ABC 公司只能依据现今市场中同类型优先股投资者所要求的收益率来计算市场价格,进而确定优先股的资本成本率。

【解】既然市场上投资者对同类优先股要求的收益率为 8%,那么 ABC 公司如果想顺利发行优先股,为投资者所提供的收益率为 8%,因此,可以根据优先股年股息和投资者要求收益率来计算优先股的市场价格为:

$$P_p = \frac{D_p}{r} = \frac{1.9375}{8\%} \approx 24.22 (元)$$

若 ABC 公司优先股发行费用为发行额的 4%,则公司实际发行优先股的资本成本率为:

$$r_p = \frac{1.9375}{24.22 \times (1 - 0.04)} \approx 8.33\%$$

2. 普通股

从理论上说,普通股资本成本率可以被看作为保持公司普通股的市价不变,公司必须为股权投资者创造的最低收益率。普通股资本成本率的确定方法通常有以下两种:

(1) 现金流量法(股利)折现法。即 DDM 模型,可以根据股利零增长和定额增长两种情景来分别计算对应的普通股资本成本率。

$$P_0(1-f) = \frac{D_1}{(1+r_s)} + \frac{D_2}{(1+r_s)^2} + \cdots + \frac{D_t}{(1+r_s)^t} + \cdots + \frac{D_\infty}{(1+r_s)^\infty}$$

$$\Downarrow \star 零增长 \qquad\qquad \Downarrow \star 固定增长（增长率 g）$$

$$r_s = \frac{D_1}{P_0(1-f)} \qquad r_s = \frac{D_1}{P_0(1-f)} + g \qquad\qquad (7-10)$$

（2）资本资产定价模型。

第一步，根据 CAPM 计算普通股必要收益率；第二步，调整筹资费用，确定普通股资本成本率。

【例 7-4】

以【例 7-3】为例，已知当前短期国债利率为 5.7%，通过分析历史交易数据表明，在过去的 5 年间，市场风险溢价为 8%，ABC 公司股票的 β 系数为 1.13，请计算 ABC 公司优先股的资本成本率。

【解】根据 CAPM 模型可以计算出投资者所要求的必要收益率：

$$r_{ABC} = 5.7\% + 1.13 \times 8\% = 14.74\%$$

如果筹资费率为 6%，则普通股的资本成本率为：

$$r_s = \frac{11.625}{11.625 \times (1-0.06)} \times 14.74\% = 15.68\%$$

第四节　加权平均资本成本

一、加权平均资本成本的含义

加权平均资本成本率是以各种不同资本来源的资本成本为基数，以各种不同资本来源占资本总额的比重为权数的加权平均数。

在判断某个项目是否具有经济可行性时，需要预测新项目的期望现金流量，并推算出反映项目风险的适当贴现率，据此评价该项目的价值，进而判断其是否具有经济可行性。

在推算反映项目风险的适当的贴现率时，可以按照筹资来源分为债权和股权两大类。对于债权者和股东来说，他们在决定是否投资某一项目时，也需要分别判断项目的价值是否值得投资，债权者和股东都会有自己所要求的最低收益率，这个要求的最低收益率就等同于企业的债权和股权资本成本率，再根据债权与股权投资预期得到现金流，就可以评价该项目的价值，进而判断其是否具有经济可行性。

　　对于公司整体来说，需要衡量公司在筹资活动中所支付给投资者的平均成本，这个平均成本包括股权和债权两部分，这就是这里要讲解的加权平均资本成本（Weighted Average Cost of Capital，WACC），确定了 WACC 之后就可以根据公司未来的 FCF 来评价公司的价值。如图 7-2 所示。

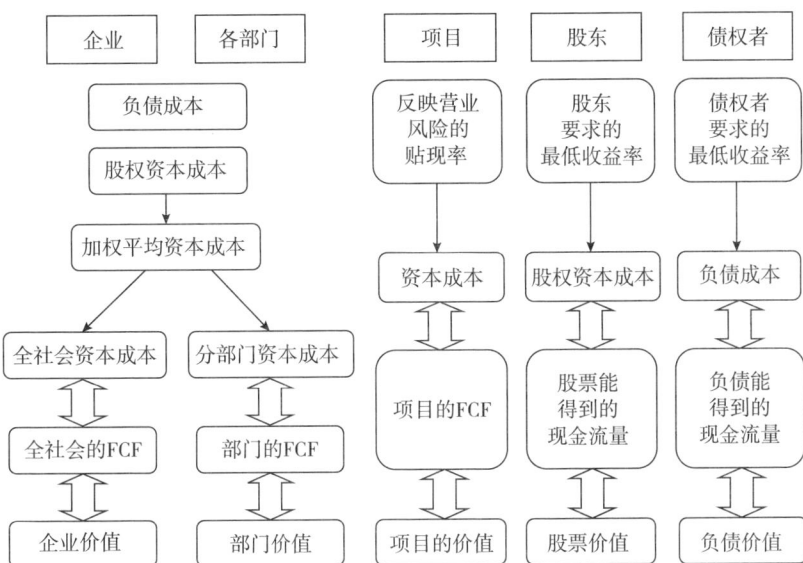

图 7-2　公司价值、项目价值等的贴现示意图

二、加权平均资本成本的计算方法

　　加权平均资本成本是以各种不同资本来源的资本成本为基数，以各种不同资本来源占资本总额的比重为权数的加权平均数。可利用单项资本的成本，来计算公司整体的平均资本成本。既然是加权，那么就需要确定权重，权重是指每类资本在整个公司价值中所占的比重。

　　负债的市场价值用 D 表示，股权的市场价值用 E 表示，负债的市场价值（D）等于流通在外债券数乘以债券价格；股权的市场价值（E）等于流通股数乘以股票价格，V 代表公司的市场价值，等于负债的市场价值（D）与股权的市场价值（E）之和。W_d 和 W_e 分别代表负债与股权所占公司市场价值的比例。

　　$W_d = D/V =$ 债务资本所占比例

　　$W_e = E/V =$ 权益资本所占比例

　　负债与股权各自的资本成本率分别为 K_d、K_e，所得税税率为 t。

2007 年颁布的《中华人民共和国企业所得税法实施条例》第三十八条规定，准予扣除非金融企业向金融企业借款的利息支出、金融企业的各项存款利息支出和同业拆借利息支出、企业经批准发行债券的利息支出等。这种税收处理差异是税盾效应的基础，因此债务资本成本率会减少。公司整体的加权平均资本成本为：

$$WACC = W_d(1-t)K_d + W_eK_e \qquad (7-11)$$

当然也可以换个方式来计算公司整体的加权平均资本成本，就是分别计算负债和股权这两类公司的资本来源的资本成本：

负债的总成本 = (1-税率)×负债的价值×负债成本率 = (1-t)×D×K$_b$

股东权益的总成本 = 股东权益的价值×股东权益的资本成本率 = E×K$_e$

两者的合计就是公司整体的资本来源的总成本，用这个总成本与公司价值，相当于资本的总价值来相比，来计算 WACC。

$$WACC = \frac{(1-t)DK_d + EK_e}{D+E} = \frac{(1-t)DK_d}{D+E} + \frac{EK_e}{D+E}$$

$$= W_dK_d(1-t) + W_eK_e \qquad (7-12)$$

【例 7-5】

假设某公司股票总价值为 1000 万元，债券总价值为 500 万元，企业所得税税率为 25%，股权资本的预期收益率为 10%，债券的预期收益率为 8%，则该公司的加权平均资本成本为多少？

【解】

第一，计算出公司的总资本。

总资本 = 股票总价值+债券总价值 = 1000+500 = 1500（万元）

第二，计算出股权资本的权重和债务资本的权重。

股权资本的权重 W$_e$ = E/V = 1000÷1500 ≈ 0.67

债务资本的权重 W$_d$ = D/V = 500÷1500 ≈ 0.33

第三，确定出股权资本和债务资本的成本和所得税税率。已知股权资本的成本(K$_e$)为 10%，债务资本的成本(K$_d$)为 8%，所得税税率为 25%。

第四，代入公式进行计算。

$$WACC = W_dK_d(1-t) + W_eK_e$$

$$= 0.33×8%×(1-25%) + 0.67×10% = 8.68%$$

因此，该公司的加权平均资本成本为 8.68%。

三、加权平均资本成本的重要性与局限性

（一）重要性

需要注意加权平均资本成本是一个动态的指标，随着企业的经营状况和融资

状况的变化而变化。企业需要定期计算和调整加权平均资本成本，以确保资本结构的合理性和投资项目的盈利能力。

作为资本预算的核心参数，WACC 具有显著的时变特征，需结合融资结构调整与市场环境变化进行周期性重估，其战略价值体现为：

首先，为项目筛选阈值。设定资本回报最低门槛，仅当预期 IRR>WACC 时启动投资。其次，为业务单元价值评估。衡量存量资产收益覆盖资本成本的能力，只有当投资收益率高于 WACC 时，项目单元继续经营才有经济价值。最后，是动态资本结构优化工具。通过调整债务权益比例实现税盾效应与财务风险的动态平衡。

(二) 局限性

首先，使用 WACC 作为贴现率只适用那些与公司目前经营内容具有类似风险的项目。例如，某公司从事纺织类产品的生产与销售，目前要考察项目也是与纺织品相关的，那么可以用 WACC 作为贴现率来评价该项目，但是如果目前考察的项目与公司目前的风险不一样，那么就需要为这个项目选择一个适当的贴现率。例如，从事纺织类产品的生产与销售的某公司要涉足房地产行业，那么这时就需要适用于房地产行业公司的贴现率来评价项目。

其次，由于税盾效应非对称性，会在亏损递延期间弱化债务融资优势，并造成税收优惠期股权融资成本相对升高，此时若采用 WACC 方法，将造成不利于管理层对价值创造过程的管理和监督。

最后，项目负债权益比在项目的生命周期内是动态调整的，不能保持相对稳定。例如，杠杆收购(LBO)中债务比率快速衰减导致 WACC 时变性加剧，可转债等混合工具造成资本属性模糊化，此时 WACC 法就难以运用。

第五节　资本预算方法

一、资本预算方法的分类

按照是否考虑货币的时间价值，可以将资本预算的方法分为两大类：一是考虑货币时间价值的"贴现法"，二是不考虑货币时间价值的"非贴现法"。

顾名思义，贴现法是根据项目推算其期望现金流量，并在推算出反映项目风险的适当的贴现率的基础上，将项目未来期望现金流进行贴现，以评价该项目的现在价值，进而判断其是否具有经济可行性。资本预算贴现法中常用到的方法有三种，分别是净现值法（Net Present Value，NPV）、内部收益率法（Internal Rate of Return，IRR）和盈利指数法（Profitability Index，PI）。

二、净现值法

贴现法中最常用到第一种方法是净现值法，也是资本预算方法中最重要的方法之一。

（一）净现值法的含义

净现值指特定投资项目中，预期未来现金流入与流出的现值差额，即特定投资项目运营后产生的各期净现金流量按照合适的贴现率（或企业的要求报酬率）折算成现值，减去初始投资后的差值。公司价值创造取决于一系列 NPV 大于零的投资项目，而正净现值的来源分析过程实际上就是公司的战略分析。公式如下：

$$NPV = \sum_{t=1}^{n} \frac{CF_t}{(1+r)^t} - C_0 \qquad (7-13)$$

其中，NPV 代表项目的净现值，CF_t 代表第 t 年的净现金流量，C_0 代表初始投资额，r 代表折现率，整个公式中除初始投资额以外其他参数都需要估计。

净现值法的基本原理是将项目投产后的现金净流量按照预定的贴现率折算到该项目开始建设的当年的现值，与初始投资额进行比较，即折算的现值与初始投资额的差值就是净现值。

（二）净现值法判断项目的准则

用净现值法判断项目取舍的准则就是项目投资收益率与项目资本成本率之间的比较，NPV 大于 0，则代表了投资收益率大于资本成本率，此时项目值得投资；反之，项目就不值得投资。所以，净现值法判断项目取舍的准则为：

净现值>0，投资收益率>资本成本率，接受。

净现值<0，投资收益率<资本成本率，放弃。

净现值=0，投资收益率=资本成本率，没必要接受。

当净现值等于零时，依据净现值法，项目在财务上并无接受的必要性。这意味着投资该项目并不会使总体净现值增加。然而，从公司整体运营的角度来看，尽管项目本身可能不会带来净现值的增值，但在项目实施过程中，各部门与员工能够保持正常工作，相较于项目停滞导致的人力闲置，仍具有一定的积极意义。因此，当净现值等于零时，是否接受项目需依据公司的具体经营状况进行综合考量。在某些情况下，公司可能面临缺乏净现值大于零的项目可供选择，但为了保障公司整体的持续运营，也会选择接受净现值等于零的项目。

运用净现值法对资本预算进行评估，实质上等同于进行投资决策。这一过程主要包含以下几个关键步骤：首先，要评价项目的实施所带来的收益，此处所指的收益为预期的现金流量，同时需综合考虑融资成本、资本结构以及附带收益与成本等因素对增量经营现金流量的影响。其次，对项目风险进行评估，可采用债务成本、优先股成本、普通股成本或普通股风险收益模型(如资本资产定价模型CAPM等)来计算预期收益率，以此作为投资项目的贴现率。最后，依据预期现金流量与恰当的贴现率计算项目的现值，并从中扣除初始投资额以求得净现值。根据净现值法，当净现值大于零时，项目具有可接受性；反之，当净现值小于零时，项目应予以放弃。

【例7-6】

某项目，已知初始投资额为100万元，预期投资该项目后，持续三年，第一年至第三年末预期的现金流收入分别为10万元、60万元与80万元，假设已知资本成本率为10%，并且未来三年保持不变，请抉择是否该投资该项目。

【解】按照NPV法来解答，已知该项目，初始投资额为100万元，预期投资该项目后，持续三年，第一年至第三年末预期的现金流收入分别为10万元、60万元与80万元。那么只需要按照已知的适当的贴现率，将未来三年的三笔预期现金流贴现到现在的三笔现值和与初始投资额进行比较，计算NPV，再通过NPV的大小来判断是否该投资该项目即可。如图7-3所示。

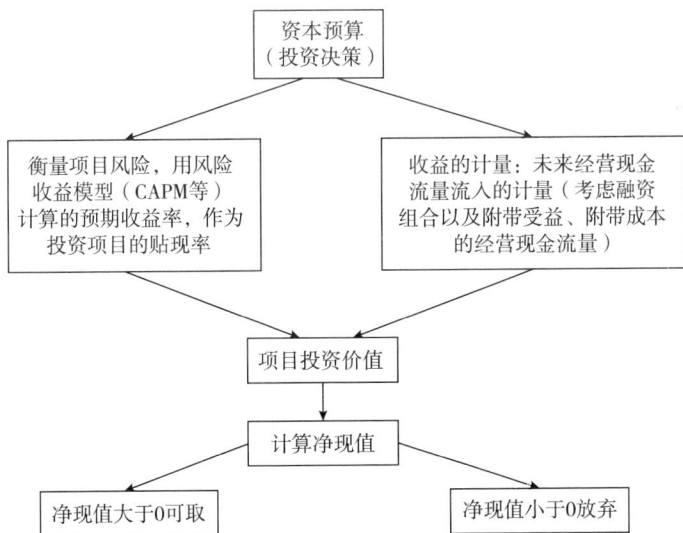

图7-3 净现值法判断项目取舍流程示意图

这样未来三年的三笔预期现金流贴现到现在的三笔现值和与初始投资额100万元相减，得到NPV为18.79万元，根据NPV方法判断项目取舍的原则，净现值 NPV>0，则可接受该项目(见图 7-4)。

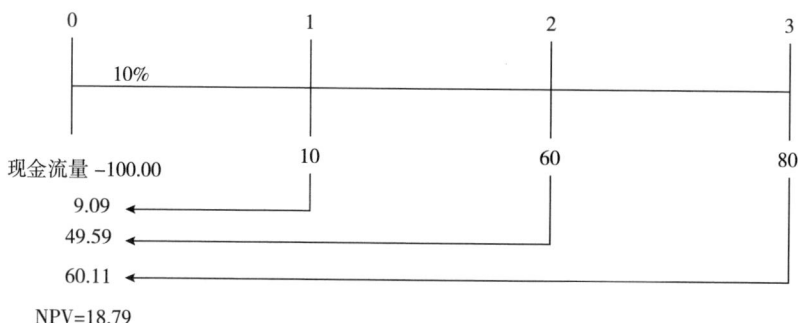

图 7-4 净现值法判断项目示意图

(三)注意事项

通过上面的讲解，有读者可能会持有一些疑问：

1. 为什么贴现时用现金流量而非会计利润

现金流量相较于会计利润，具有更为真实和客观的特性，原因如下：

(1)现金流量的客观性。现金流量不受会计政策等人为因素的影响，能够更真实地反映企业的财务状况。科学的投资决策必须考虑货币的时间价值因素，而现金流量的确定为不同时点的价值相加及折现提供了前提条件。

(2)现金流量的实用性。在投资决策中，使用现金流量能够更准确地反映项目的实际收益情况。会计利润的计算受到存货估价、费用摊配和折旧计提等不同方法的影响，可能导致利润的虚增或虚减。例如，购置固定资产时支付的大量现金并不在当期计入成本，而是以折旧或损耗的形式逐期摊销，这使当期的会计利润不能准确反映实际的现金流出。此外，利润反映的是某一会计期间的"应计"现金流量，而非实际的现金流量。例如，销售收入在销售行为确定时即被确认，即使部分款项记录在应收账款中并未实际收到现金。因此，在公司金融领域，通常采用现金流量而非利润进行净现值(NPV)的计算。

2. 如何识别项目现金流量

笼统地讨论现金流量是不全面的。在计算项目的 NPV 时，所运用的现金流量应该是因项目而产生的现金流增量。这些现金流量是公司接受项目而引发的现金流量的变化，即公司应该关注的是采纳项目和不采纳项目引起的现金流量的差异。

在资本预算过程中，项目现金流到底是使用净现金流量(Net Cash Flow,

NCF)还是自由现金流量(Free Cash Flow，FCF)？

　　自由现金流是指在项目存续期内，投资者获得的、可以自由支配的现金流。它是项目在存续期内每期获得的现金流增量，可以理解为投资项目每期新增加的支付能力，也可理解为现金收付制下项目每期实现的净利润。在西方，自由现金流的计算口径很多，将根据常见的计算口径介绍自由现金流的计算方法。

　　净现金流量是指拟建项目在整个项目计算期内各个时点上实际发生的现金流入、流出以及流入和流出的差额。如果能够获得一组时间序列预计现金流量表，就能够直接计算出自由现金流。通常，现金流量表中"经营活动所产生的现金净流量"就是项目年经营活动所产生的现金净流量。然而，由于各国会计制度存在差异，现金流量表格式和编制原则也存在差异。在这种情况下，现金流量表中的"经营活动中产生的现金净流量"不能被直接采用，而是需要事先进行一定的调整。

　　从本书第一章讲述的"公司金融的目标就是股东财富最大化"角度来说，在资本预算过程中，项目现金流量使用自由现金流量更为合适。

　　净现值法具有很强的优越性，其具体表现是：一方面，假设投资产生的现金流量能够按照资本成本进行再投资，再投资收益率的确定稳健而又现实；另一方面，净现值概念与股东财富最大化目标相一致，净现值大于零的项目必然能够增加公司价值。

　　净现值法的缺点在于概念不好理解，可能出现用推算的现金流量产生虚假的净现值，而且计算起来较为复杂。

三、内部收益率法

(一)内部收益率法的含义

　　内部收益率法(Internal Rate of Return，IRR)也称内涵报酬率法，作为净现值法最重要的替代方法，在实务中被广泛应用。内部收益率的核心原理在于，任何投资项目客观上均存在一个特定的报酬率，能够使项目未来各期现金净流量经折现后的总现值与项目初始投资额相等，即项目净现值为零。此报酬率即内部收益率，它直观反映项目所占用资金的盈利率水平，是衡量项目盈利能力的关键动态评价指标。

(二)内部收益率法的决策准则

　　内部收益率法的决策准则是在只有一个备选方案的投资决策中，若 IRR 大于资本成本或企业期望投资报酬率，则采纳；反之，若 IRR 小于资本成本率，或企业期望的投资报酬率，则不采纳。在有多个备选方案的互斥选择决策中，选择 IRR 超过资本成本率或企业期望投资报酬率最大的投资项目。

【例 7-7】

某项目，已知初始投资额为 100 万元，预期投资该项目后，持续三年，第一年至第三年年末预期的现金流收入分别为 10 万元、60 万元与 80 万元，假设已知资本成本率为 10%，并且未来三年保持不变，请抉择是否投资该项目。

【解】 只需要按照 IRR 法求得使投资项目未来各期现金净流量折现后的总现值等于该投资项目的初始投资额，也就是净现值(NPV)等于 0 的贴现率即可(见图 7-5)。

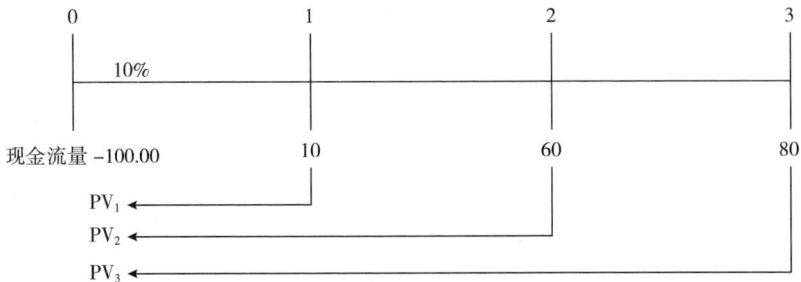

图 7-5　内部收益率法判断项目示意图

$$100 = PV_1 + PV_2 + PV_3 = \frac{10}{(1+IRR)} + \frac{60}{(1+IRR)^2} + \frac{80}{(1+IRR)^3}$$

在计算时可以用试错法，就是随机录入两次 IRR，使 NPV 的符号发生变化，也就是说，第一次录入 IRR 时，使 NPV 为正值；第二次录入 IRR 时，使 NPV 为负值，接下来就可以用插值法求解使 NPV 等于 0 的 IRR。

具体来说，可以利用计算器或者 Excel 来计算，当 IRR = 15% 时，NPV = 6.67；因为 NPV 为正，所以知道现在的 IRR 数值上有些小，为了使 NPV = 0，需要调大 IRR，当 IRR = 19% 时，NPV = -1.75，这时可以用插值法求解 IRR。

$$\frac{19\% - IRR}{19\% - 15\%} = \frac{-1.75 - 0}{-1.75 - 6.67}$$

等式左边分式的分子 19% 减去 IRR，分母 19% 减去 15%，等式右边分式的分子 IRR 等于 19% 时的 NPV 减去 IRR 等于 0 时的 NPV，也就是 -1.75 减 0，分母则是 IRR 等于 19% 时的 NPV 减去 IRR 等于 15% 时的 NPV，也就是 -1.75 减 6.67，经计算，可得：IRR = 18.13%。

根据 IRR 方法判断项目取舍的原则是 IRR 大于资本成本或企业期望的投资报酬率，则采纳，本题中已知资本成本率为 10%，故接受该项目。

（三）内部收益率决策准则的记忆方法

为便于理解与记忆内部收益率法的决策准则，可将 IRR 视作投资某项目所带来的实际收益率。通常而言，收益率水平越高，项目对投资者的吸引力越大。企业期望投资报酬率在实质上与资本成本率相一致，二者仅是从不同角度对同一经济现象的表述。资本成本率是从企业筹资角度出发，衡量为获取资金所需支付的成本；而企业期望投资报酬率则从资金使用角度出发，代表企业期望从投资项目中获取的必要报酬率。基于此认知框架，只需牢记 IRR 作为项目实际收益率，当其大于企业设定的必要报酬率或资本成本率时，项目具备可接受性；反之，则应予以放弃。

（四）NPV 曲线与 IRR 之间的关系图

构建 NPV 曲线与 IRR 之间的关系图，有助于直观理解二者的互动关系，具体见图 7-6。图中横轴表示数值各异的贴现率，纵轴则表示在项目预期现金流既定的前提下，随着贴现率的变化，项目净现值（NPV）的相应变动情况。该图的绘制较为简便，可借助 Excel 软件实现。具体操作为：将给定的项目现金流数据及 NPV 计算公式输入 Excel 表格，设定一系列不同的贴现率，即可计算出对应的 NPV 值。例如，收集 15 个不同贴现率及其对应的 NPV 值后，在 Excel 中绘制图表，即可得到 NPV 曲线。

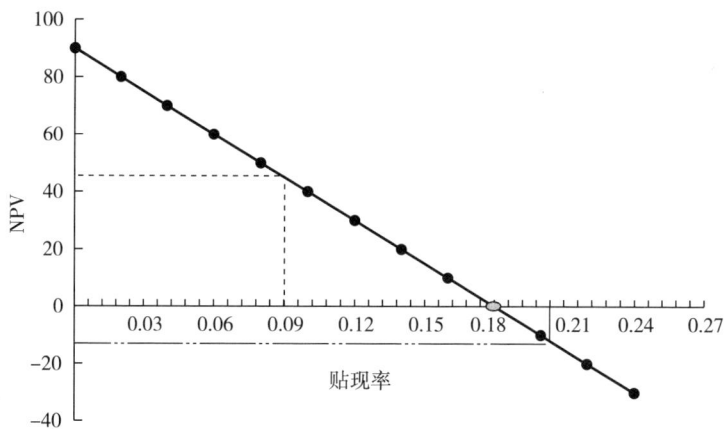

图 7-6 NPV 曲线与 IRR 之间关系的示意图

观察 NPV 曲线与横轴的交点，该交点所对应的贴现率数值即为内部收益率（IRR）。当 NPV 曲线与横轴相交时，NPV 等于 0，此时横轴上的贴现率即为项目的 IRR。从图中可以清晰看出，当横轴的贴现率大于 IRR 时，即处于 NPV 曲线与横轴交点的右侧，如当贴现率为21%时，贴现率高于IRR，NPV曲线位于横轴下方，表明NPV小于0，为负值，此时应拒绝该项目；相反，在NPV曲线与横轴交点的左侧，如贴现率为9%时，贴现率小于IRR，NPV曲线处于横轴上方，表明NPV大于0，为正值，此时应接受该项目。

通过NPV曲线与IRR之间关系的图示，可以直观地观察到，在特定情境下NPV法与IRR法所作出的投资决策结论具有一致性。具体而言，当项目的净现值（NPV）大于0时，内部收益率（IRR）相应地大于资本成本率或企业设定的期望投资报酬率，在此情况下，决策者应接受该项目。当NPV等于0时，IRR恰好等于资本成本率或企业期望的投资报酬率，此时从经济意义上讲，该项目并未创造额外价值，故并无接受的必要。而当NPV小于0时，IRR低于资本成本率或企业期望的投资报酬率，此时应放弃该项目。

然而，需要明确的是，这种一致性并非在所有情况下都成立。在本例中，NPV法与IRR法得出的结论保持一致，但这仅是特定情境下的表现。在后续课程中，将详细介绍几种NPV法与IRR法会出现不同结论的情况，这部分内容将在后续章节中予以阐述。

（五）内部收益率法的优缺点

1. 优点

内部收益率法作为净现值法最重要的替代方法，在投资决策中具有显著优势。相较于净现值法，内部收益率法能够使管理者直观地掌握项目的投资回报率，它所反映的是投资项目的真实报酬率，而非单纯的净收益，这一特点使其更易于被财务决策者理解和接受，从而助力决策者作出更为有效的决策。

此外，在与不太熟悉项目估值细节的人士进行沟通时，内部收益率法也具有便利性。特别是当内部收益率足够高，如达到50%时无须再去估计一个必要报酬率。因为在这种情况下，可以明确判断公司的资本成本率不会如此之高，因此，年化收益率能够达到50%的项目无疑是极具吸引力的，应当投资。

2. 缺点

尽管内部收益率法具有诸多优点，但其也存在一些不容忽视的缺点。

首先，该方法隐含地假设企业能够以项目的内部收益率对从项目中回收的现金流进行再投资，然而在实际经济环境中，这一假设往往难以成立。

其次，在进行互斥项目的选择时，使用内部收益率法可能会导致错误的决策结论。此外，当项目的现金流量出现波动，即现金流符号变化的次数大于一次时，内部收益率法将失去其作为决策指标的有效性，此时不能使用内部收益率法作为决策依据。

最后，内部收益率法忽略了投资项目在年限和投资规模的差异，这可能导致在对不同项目进行比较和选择时，无法全面、准确地评估项目的投资价值。

四、净现值与内部收益率的权衡

在实践应用中，净现值（NPV）法与内部收益率（IRR）法并非始终能够得出一致的投资决策结论，二者有时会出现相互矛盾的情况，即 NPV 法可能提示接受项目，而 IRR 法却指示拒绝项目。以下通过例题对这一现象进行详细阐述，并分析出现矛盾的原因及相应的处理方法。

（一）内部收益率和净现值相悖的案例

【例 7-8】

某项目，已知初始投资额为 800 万元，预期投资该项目后，持续 2 年，第 1 年与第 2 年年末预期的现金流收入分别为 5000 万元与 -5000 万元，假设已知资本成本率为 10%，并且未来 2 年保持不变，请抉择是否投资该项目。

【解】如图 7-7 所示，初始投资 CF_0 为 800 万元，第 1 年年末 CF_1 为 5000 万元，第 2 年年末 CF_2 为 -5000 万元。

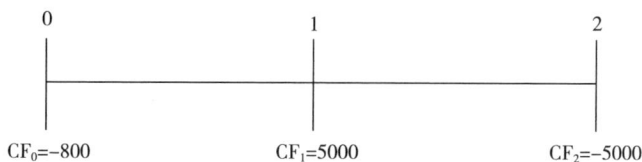

$$CF_0=-800 \qquad CF_1=5000 \qquad CF_2=-5000$$

图 7-7　NPV 法与 IRR 法相悖案例示意图

可以分别按照 NPV 方法和 IRR 方法来判断。

用 NPV 方法：

$$NPV = \frac{5000}{(1+10\%)} + \frac{-5000}{(1+10\%)^2} - 800 = -386.78，\because NPV<0，\therefore 不值得投资。$$

用 IRR 方法：

$$-800 = \frac{5000}{(1+IRR)} + \frac{-5000}{(1+IRR)^2}，IRR = 25\% \text{ or } 400\%；\because IRR>k，\therefore 值得投资。$$

【例 7-8】中出现了两个内部收益率，属于穷形项目，其现金流量非正常，符号变化了两次。具体表现为第 1 年年末 CF_1 为 5000 万元，第 2 年年末 CF_2 为 -5000 万元，如图 7-8 所示，横轴表示数值不同的贴现率，纵轴表示该项目在预期现金流给定的前提下，随着贴现率的变化，净现值（NPV）的变动情况。由于未来的现金流符号发生了变化，导致出现了两个内部收益率，分别为 25% 和 400%，这两个内部收益率所对应的 NPV 均为 0，而资本成本率为 10%，依据净现值法所计算的 NPV 为-386.78 万元，在此情况下，应以净现值法为主要判断标准。因此，应该拒绝例题中的项目。

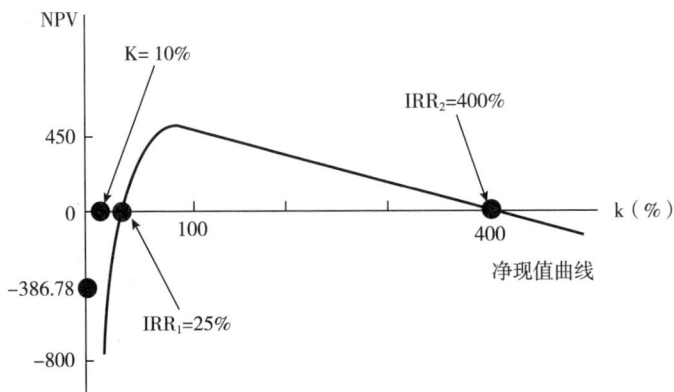

图 7-8　NPV 法与 IRR 法相悖曲线案例示意图

（二）内部收益率和净现值相悖的情形

通常，内部收益率和净现值相悖的情形主要有两种，分别为非常规的现金流量和互斥项目。以下分别对这两种情形进行详细探讨。

1. 非常规的现金流量

（1）概念界定。常规的现金流量通常指初始的现金流量（初始投资）为负，以后均为正，即项目产生的现金流入正负号只改变一次。非常规的现金流量则是指现金流量的符号改变两次或两次以上的项目。

以矿山开发为例，公司在矿山开发初期的投资主要包括固定资产投资，如建设期投资、新增固定资产投资、流动资金等，这些都是负的、支出的现金流量；顺利投产后，若维系日常的生产与经营活动顺利，就会产生正的、流入的现金流量；在矿山开发结束后，还需后续在矿山周边进行土地与地貌恢复工程，如采用生物工程复垦废弃地时，需要优化土壤重建、地形景观设计，优化物种选择、配置和种植方式等，这些都是在矿山开发结束后需要投入资金的事项，属于负的现金流量。因此，在矿山开发过程中现金流量的符号改变两次，属于非常规的现金流量。

（2）现金流量情景判断。通过几组现金流量的情景来判断其是常规的现金流量还是非常规的现金流量，如图 7-9 所示。第一种情景，期初的现金流量为负，第 1 至第 5 期为正，属于常规的现金流量；第二种情景，期初的现金流量为负，第 1 至第 4 期为正，第 5 期为负，现金流量的符号改变两次，属于非常规的现金流量；第三种情景，期初至第 2 期的现金流量为负，第 3 至第 5 期为正，属于常规的现金流量；第四种情景，期初至第 2 期的现金流量为正，第 3 至第 5 期为负，现金流量的符号只改变一次，属于常规的现金流量；第五种情景，期初的现金流量为负，第 1 至第 2 期为正，第 3 期为负，第 4 期为正，第 5 期为负，现金流量的符号改变了四次，属于非常规的现金流量。综上所述，判断现金流量常规与否，只需判断现金流量的正负号的改变次数是否大于 1，改变次数大于 1 为非常规的现金流量，否则为常规的现金流量。

	期初	第1期	第2期	第3期	第4期	第5期	常规	非常规
1	−	+	+	+	+	+	√	
2	−	+	+	+	+	−		√
3	−	−	−	+	+	+	√	
4	+	+	+	−	−	−	√	
5	−	+	+	−	+	−		√

图 7-9 常规与非常规现金流量示意图

2. 互斥项目

（1）概念界定。互斥项目是指两个或多个项目之间存在互相排斥的关系，使这些项目不能同时被选择或实施。例如，公司有一块地，既可以用来建设新厂房，也可以用来建设新的办公楼，若选择建设新厂房，则不能建设新的办公楼。

（2）决策原则。互斥方案的特点决定了在进行经济评价和选择决策时应遵循以下原则，即"在固定的投资期限内，如何才能获取更多的收益和回报"，而非"这个投资回本有多快"。由于内部收益率法是计算净现值为 0 时的折现率，也就是这项投资处于保本时的折现率，因此内部收益率并不适用于对期限相同、初始投资额相同的互斥项目进行优选，无法满足投资人对利益最大化的需求。

例如，项目期限为 5 年，第一年投资金额为 10 万元，企业期望的回报率为 15%。A 项目第一年回收 40 万元，后面 3 年每年回收 1000 元；B 项目第一年回收 1000 元，第二年回收 2000 元，第三年回收 50 万元，第四年回收 70 万元。在这两个项目中，A 项目的 IRR 比 B 项目大，但 B 项目的净现值比 A 项目大。依据投资人收益最大化的原则，应选择 B 项目。因此，在 NPV 法和内部收益率相悖时，要优先使用 NPV 法来评价与选择项目。

【例 7-9】

再来看以下几种情景，t 代表的时间，有两个项目 L 和 S，它们的初始投资额均为 100 万元，持续期限也相同，L 项目未来三年的现金流分别是 10 万元、60 万元和 80 万元，S 项目未来三年的现金流量分别是 70 万元、50 万元和 20 万元，请判断如何进行项目的抉择。

【解析】如图 7-10 所示，L 项目的现金流量是先小后大，而 S 项目的现金流量是先大后小，k 代表不同的资本成本率，右侧 NPV_L 代表当资本成本率(k)变化时，L 项目的净现值，第一行代表当资本成本率为 0 时，L 项目的净现值为 50 万元，最下边一行代表当资本成本率为 20% 时，L 项目的净现值为 -4 万元；右侧方框里的 NPV_S 也对应代表当资本成本率(k)变化时，S 项目的净现值。L 项目的 IRR 为 18.1%，S 项目的 IRR 为 23.6%；那么该如何抉择？

t	CF_L	CF_S	k	NPV_L	NPV_S
0	−100万元	−100万元	0	50万元	40万元
1	10万元	70万元	5%	33万元	29万元
2	60万元	50万元	10%	19万元	20万元
3	80万元	20万元	15%	7万元	12万元
			20%	−4万元	5万元
IRR_L=18.1%		IRR_S=23.6%			

图 7-10 项目 L 和项目 S 现金流量示意图

【解】将项目 L 和项目 S 的 NPV 与资本成本率也就是贴现率作图 7-11。

图 7-11 中横轴表示数值不同的贴现率，纵轴表示某个项目在给定预期现金流量的前提下，贴现率变化时，项目 L 和项目 S 的 NPV 是如何变化的，其中虚线代表 L 公司，实线代表 S 公司，可以看到，L 公司与 S 公司的 NPV 曲线有个交点，交点所对应的资本成本率为 8.7%。

(1) 在交点的左侧，即当资本成本率小于 8.7% 时，L 公司的 NPV 曲线在 S 公司的 NPV 曲线的上方，意味着 L 公司的 NPV 比 S 公司的 NPV 大，按照 NPV 法，应该选择项目 L，但是项目 L 的 IRR 为 18.1%；项目 S 的 IRR 为 23.6%；按照 IRR 法，应该选择项目 S，即在交点的左侧，按照 NPV 法则与按照 IRR 法出现了相反的结论。

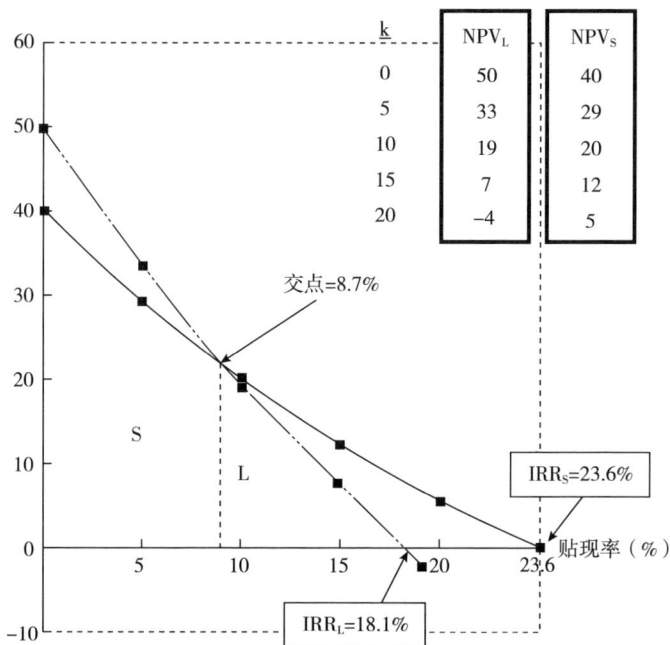

图 7-11　项目 L 和项目 S 的 NPV 与 IRR 曲线示意图

（2）在交点的右侧，即当资本成本率大于 8.7% 时，可以看到 L 公司的 NPV 曲线在 S 公司的 NPV 曲线的下方，意味着 L 公司的 NPV 比 S 公司的 NPV 小，按照 NPV 法，应该选择项目 S，此时，项目 L 和项目 S 的 IRR 仍分别为 18.1% 和 23.6%；按照 IRR 法，同样应该选择项目 S，即在交点的左侧，按照 NPV 法与 IRR 法得到了一致的结论。

通过对上述例题及两种相悖情形的分析可以得出以下结论：对于互斥项目，应选择净现值大的项目进行投资。当净现值法和内部收益率法出现矛盾时，应优先采用净现值法来评价与选择项目，以实现投资效益最大化。

五、盈利指数法

（一）盈利指数法的含义

盈利指数（Profitability Index，PI）亦称获利指数，其计算方式为初始投资以后所有预期未来现金流量的现值与初始投资的比值。该比值所反映的是在考虑货币时间价值的基础上，单位投资成本所对应的收益，换言之，即在考虑货币时间价值的前提下，每投资 1 元所能获取的收益。

（二）盈利指数法的判断项目接受与否的准则

盈利指数法的判断项目接受与否的准则是：当 PI 大于 1 时，接受项目；当 PI 小于 1 时，放弃项目。这表明只要净现值为正，项目即可采纳，因为净现值大于 0 等价于 PI 大于 1。

盈利指数法尤其适用于投资规模受限情形下的项目抉择。例如，公司仅有资金 10 万元，现有 A、B、C 三个项目，每个项目的初始投资均为 10 万元。由于资金限额为 10 万元，无法同时投资三个项目，此时需分别计算出三个项目的盈利指数，并选择盈利指数最大的项目，这等同于选择利益最大化的项目。

【例 7-10】

有两个项目——项目 A 和项目 B，项目 A 的初始投资为 5 万元，预期未来现金流量现值为 10 万元，项目 B 的初始投资为 100 万元，预期未来现金流量现值为 150 万元，那么应该选哪个项目？

【解】项目 A：NPV=5 万元，盈利指数=2；

项目 B：NPV=50 万元，盈利指数=1.5。

如果按照盈利指数法，项目 A 的盈利指数比项目 B 的大，应该选择项目 A，但是项目 B 的 NPV 比项目 A 的多，所以应该选择 NPV 大的项目 B。

在面对相关问题时，应以净现值作为主要判断标准，而将内部收益率和盈利指数等作为辅助参考指标。

六、回收期法和贴现回收期法

（一）回收期法

1. 回收期法的概念

回收期是指以投资项目的各年现金净流量回收初始投资所需要的时间。

2. 回收期法的基本原理

该方法通过对各投资方案初始投资额与预计现金流量之间相互关系的计算，确定回收全部初始投资所需时间，随后比较各相关方案投资回收期的长短或者与预先确定的年数相比较，选择最佳投资方案。

3. 回收期法的计算及决策规则

使用该方法时，首先，计算初始投资额，以及未来第一年、第二年直至第 N 年预期回收的现金流量；其次，从初始投资额中逐步减去第一年回收的现金流量、第二年回收的现金流量、第三年回收的现金流量，直至初始投资额全部被收回，再确定这是第几年；最后，将该年份与预先确定的年数标准作对比。若回收的年数小于预先确定的年数，接受该项目；反之，则放弃该项目。

一般而言，投资回收期越短，表明项目投资效果越好，所承担的风险也越小。根据各年现金净流量是否相等，投资回收期的计算分为两种情况：若各年现金净流量相等，投资回收期等于初始投资额除以每年现金净流量；若各年现金净流量不等，则应根据各年末的累计现金净流量与各年末尚未回收的投资额进行计算。

投资回收期法的决策规则为：若计算的回收期少于某个预先确定的年数，表示项目可接受，否则应放弃。在对两个项目进行比较时，应选择投资回收期短的项目。

【例7-11】

项目L，初始投资为100万元，预期项目持续三年，第一年至第三年年末预期的现金流量分别为10万元、60万元与80万元，公司设定的可接受的回收期为2年以内。请判断是否选择此项目。

【解】可以看出，项目L的大额现金流量发生在远期，资金回笼相对较慢。按照投资回收期法来计算回收初始投资100万元的年数。

可以用累计回收的现金流量来表示，第一年回收10万元，还剩90万元没有回收，回收期为1年，第二年回收60万元，还剩30万元没有回收，回收期为2(1+1)年。第三年预期现金流量为80万元，如何计算回收剩余30万元的期限？可以用30万元除以80万元，所得到的就是预期年度现金流量为80万元、回收30万元所用的时间，这样整体的回收期为2.375(2+30÷80)年。具体见图7-12。

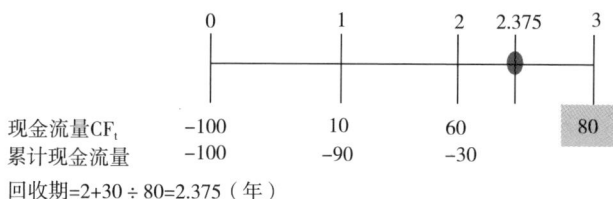

现金流量CFt　−100　10　60　80
累计现金流量　−100　−90　−30
回收期=2+30÷80=2.375（年）

图7-12　投资回收期计算示意图

因为设定的可接受的回收期为2年以内，所以按照投资回收期法，应放弃这个项目。

【例7-12】

项目S，初始投资也是100万元，预期项目持续三年，第一年至第三年年末预期的现金流收入分别为70万元、50万元与20万元，公司设定的可接受的回收期为2年以内。请判断是否选择此项目。

【解】可以看出，项目S的大额现金流量发生在近期，资金回笼相对较快，同样按照投资回收期法来计算回收初始投资 100 万元的年数。第一年回收 70 万元，还剩余 30 万元没有收回，回收期为 1 年，第二年预期现金流量为 50 万元，可以用 30 万元除以 50 万元，所得到的就是预期年度现金流量为 50 万元、回收 30 万元所用的时间，这样整体的回收期 S = 1 + 30/50 = 1.6（年）。具体见图 7-13。

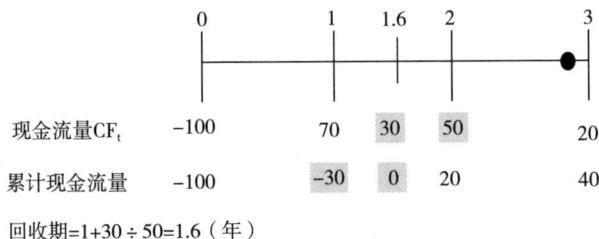

现金流量 CF_t -100   70   30   50   20

累计现金流量   -100   -30   0   20   40

回收期 = 1 + 30 ÷ 50 = 1.6（年）

图 7-13　投资回收期计算示意图

因为回收期比设定的可接受的回收期短，所以按照投资回收期法，会接受这个项目。

4. 回收期法的优缺点

通过上述分析可以看出，投资回收期法的优点在于计算过程简便，容易理解，能够在一定程度上反映项目的风险和流动性水平。然而，投资回收期法也存在明显的缺陷，即未考虑货币的时间价值和回收期满后项目的现金流量状况，可能导致公司优先考虑短期收益明显的项目，而放弃能够带来长期价值的项目。此外，公司在制定回收期标准时，对回收期限的选择缺乏客观依据。因此，回收期法通常仅作为辅助参考指标，在项目初步筛选阶段使用。

（二）贴现回收期法

1. 贴现回收期法的概念

贴现回收期法是指从贴现的净现金流量中收回原始投资额所需要的年限。

2. 贴现回收期法的特点

贴现回收期法考虑了风险因素及货币的时间价值，对期望的现金流量以资本成本率进行贴现。相较于简单投资回收期法，贴现回收期法最大的特点就是在计算中纳入了货币的时间价值。在计算贴现投资回收期时，使用不同的指标来衡量项目达到"收支平衡"所需的时间。由于对未来的现金流量进行了贴现，贴现后的现值通常小于原值，因此贴现回收期法计算出的回收期会比按投资回收期法计算出的回收期长。

3. 贴现回收期法的计算步骤

贴现投资回收期的计算分为两步：第一步，每年将发生的净现金流量通过贴现计算为现值；第二步，从初始成本中减去贴现现金流得出贴现回收期。一旦计算出项目各期的贴现现金流量，应持续进行减法运算，直至达到零，达到零所需的时间即贴现投资回收期。

4. 贴现回收期法的决策准则

公司决策者先确定一个标准年限或最低年限，再将项目的贴现回收期与标准年限或最低年限进行对比。若项目的贴现回收期少于预先确定的年数，则项目可接受，否则应放弃。此外，较短的贴现回收期意味着较早的投资回报。因此，在处理两个相互排斥的投资项目时，较短的贴现回收期更具可取性。

【例7-13】

项目的初始投资为100万元，预期项目持续三年，第一年至第三年年末预期的现金流量分别为10万元、60万元与80万元。可以看出，项目 L 的大额现金流量发生在远期，资金回笼相对较慢，资本成本率为10%，设定的可接受的回收期标准为2年以内。请判断是否选择此项目。

【解】如图7-14所示。首先，将未来三年发生的净现金流量，按照10%的贴现率，贴现计算三笔现金流的现值，分别为9.09万元、49.59万元和60.11万元。其次，按照贴现回收期法，确定回收全部初始投资所需时间，第一年回收9.09万元，还剩余90.91万元没有回收，回收期为1年，第二年回收49.59万元，还剩41.32万元没有回收，回收期为2(1+1)年。第三年预期现金流量为60.11万元，可以用41.32万元除以60.11万元，回收期约为0.7(41.32÷60.11)年，这样整体的贴现回收期约为2.7(2+41.32÷60.11)年。因为贴现回收期比设定的可接受的回收期标准为2年以内长，所以会放弃这个项目。

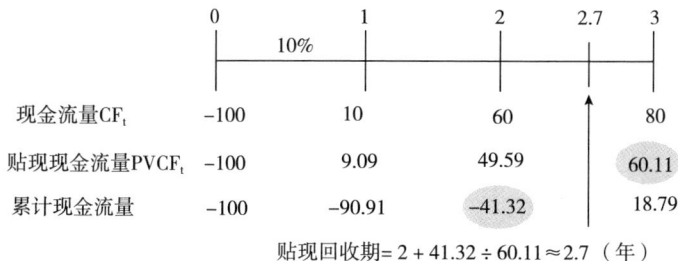

贴现回收期 = 2 + 41.32 ÷ 60.11 ≈ 2.7（年）

图7-14　贴现投资回收期计算示意图

5. 贴现回收期法的优缺点

贴现回收期法的优点主要在于考虑了货币的时间价值，容易理解，偏向于高流动性，要求资金能尽快回收。然而，贴现回收期法也存在一些缺点，即可能拒绝净现值为正值的投资。例如，在前文所述的例子中，项目的 NPV 实际上是正的，但按照贴现回收期法可能会拒绝、放弃该项目，这是因为它人为设定了可接受的回收期标准为 2 年以内。

需要特别说明的是，尽管贴现回收期法相较于投资回收期法考虑了货币的时间价值因素，但未考虑回收期满后项目的现金流量状况，这是投资回收期和贴现回收期的共同局限，可能导致公司优先考虑短期收益明显的项目，而放弃能够带来长期价值最大化的项目。此外，与投资回收期法相同，贴现回收期法对回收期限的选择也没有一个客观的标准，无论是 1 年、2 年还是 3 年，哪个标准更合适，均依赖于主观判断，缺乏理论依据，仅基于公司决策者希望回收投资的想法。

七、平均会计收益率法

（一）平均会计收益率法的定义及计算公式

平均会计收益率法（Average Accounting Rate of Return，AAR）的核算基准为项目周期内税后平均净收益与平均资本投入量的比率。该指标的计算包含两大要素：分子项采用扣除折旧及所得税后的平均会计利润，分母项则取项目存续期间平均资本存量的账面价值。值得关注的是，该方法的核算基础并非基于现金流量，而是依托会计信息系统提供的账面收益数据，具体计算公式如下：

$$AAR = 年平均收益/平均账面投资额 \qquad (7-14)$$

（二）平均会计收益率法的决策规则

当平均会计收益率大于设定的目标收益率时，接受项目；否则，放弃项目。

（三）平均会计收益率法的计算步骤

运用平均会计收益率判断项目接受与否，通常可分为以下三个步骤。

第一步，确定平均净收益。其中净收益是扣除折旧和所得税后的平均项目收益。

第二步，确定平均账面投资额。例如，对于固定资产而言，可用固定资产净值作为平均账目投资额。

第三步，计算平均会计收益率。用第一步计算的平均净收益除以第二步计算的平均账面投资额，然后与设定的目标收益率（资本成本率）进行比较，据此判断项目接受与否。

【例 7-14】

某固定资产投资项目，初步考察有两种方案——方案 A 和方案 B，公司目标平均会计收益率为 25%，直线折旧期末无残值，经测算得出的有关数据如表 7-2 所示。

表 7-2　方案 A 与方案 B 相关数据　　　　　　　　单位：元

期间(年)	方案 A		方案 B	
	初始投资	净利润	初始投资	净利润
0	100000		100000	
1	80000	5000	80000	10000
2	60000	10000	60000	15000
3	40000	15000	40000	18000
4	20000	20000	20000	20000
5	0	25000	0	0

【解析】方案 A 和方案 B 的初始投资均为 10 万元，持续期均为 5 年，方案 A 未来 5 年的净利润分别为 5000 元、10000 元、15000 元、20000 元和 25000 元；方案 B 未来 5 年的净利润分别为 10000 元、15000 元、18000 元、20000 元和 0 元；因为两种方案均采用直线折旧，并且期末无残值，相当于每年折旧 20000 元，未折旧的部分就作为设备账面投资额；所以初始投资 100000 元就是期初账面投资额，1 年后的账面投资额为 80000 元，2 年后的账面投资额为 60000 元，以此类推。在确定好两个方案的平均收益和账面投资额后，就可以分别计算方案 A 和方案 B 的平均会计收益率，并与公司目标平均会计收益率 25% 进行比较。请判断选择哪个方案。

【解】方案 A：

预期年净收益＝（5000+10000+15000+20000+25000）÷5＝15000（元）

因为两种方案均采用直线折旧，并且期末无残值，所以平均账面投资额可以用期初与期末的合计除以 2 即可，即（100000+0）÷2＝50000（元）或用每期的平均账面投资额相加来求，即（100000+80000+60000+40000+20000+0）÷6＝50000（元）。

方案 A 的平均会计收益率＝年平均收益/平均账面投资额＝15000÷50000＝30%

方案 B：

预期年净收益＝（10000+15000+18000+20000+0）÷5＝15750（元）

平均账面投资＝（100000+0）÷2＝50000（元）

或平均账面投资＝（100000+80000+60000+40000+20000+0）÷6＝50000（元）

方案 B 的平均会计收益率＝15750÷50000＝30.15%

进行决策：由于方案 A、方案 B 的会计收益率均大于公司目标平均会计收益率，所以二者均可取。但方案 B 比方案 A 具有更高的平均会计收益率，故应选方案 B。

（四）平均会计收益率法的优缺点

从应用价值维度分析，平均会计收益率法具有核算逻辑简明直观，财务数据可获性强，便于管理人员理解应用的优势，并且全周期收益的考量特性，有助于预测项目实施后的财务表现为项目后评估提供有效参照系。

但是，平均会计收益率法未采用现代财务分析中更为关键的现金流量指标，并且该方法忽视了净收益的时间分布对项目经济价值的影响，也未考虑项目规模大小的影响，以及货币的时间价值和长期项目增长的风险等因素，因此平均会计收益率法常被用作净现值法的辅助方法。

第六节　资本预算常见的应用问题

一、设备更新决策

任何事物都有其发展的必然规律，公司的生产经营活动亦不例外。公司在不同的发展阶段面临不同的资金需求和现金流状况。例如，处于筹建期或投产期的公司，需筹集大量资金用于建造厂房、购买机器设备等，此时产品尚未形成市场影响力，公司的经营活动现金流量较少，而筹资活动的现金流量较多。相反，处于成熟期的公司，其主要任务是生产，主要现金流量体现在经营活动中。

对于处于成熟期的公司而言，判断主要设备是否需要更新及如何进行设备更新决策是一个至关重要的问题。

（一）设备更新决策的概念

设备更新决策是关于在用设备经济性替代时点与方式的系统化判断过程。

（二）设备更新决策的原则

在设备进行更新决策时通常应遵循以下原则：

第一，对于技术性能衰退显著、能耗超标或存在环境合规风险的设备，建议采用技术迭代方案优先替换。

第二，针对局部功能缺陷但整体运行良好的资产，宜采取技术改造升级策略。

第三，对较好的设备，则需建立持续性的技术改进机制。

（三）设备更新的经济决策分析

设备更新经济决策分析包含以下两大核心内容：

第一，确定设备经济寿命周期模型。通过构建设备全寿命周期成本函数，求解成本极小值对应时点，确定最优更新时机。当设备维持成本曲线与重置成本曲线交汇时，即达到经济寿命终结点。

第二，对不同的更新方案进行比较，选择最优更新方案。运用现值比较法或年金成本法，综合评估不同更新方案的经济效益。其中，技术改造方案需特别测算边际改进效益，新技术方案则需考量技术风险溢价。

（四）设备更新方案比较的原则

设备更新方案比较的原则是追求经济效益，即以最少的费用投入获取最佳的经济效果。鉴于任何公司的资金都是有限的，设备更新应根据需要与可能，按部就班地进行，使设备能力配套，提升公司综合生产能力。此外，在设备更新中，还应充分发挥本公司的生产和技术潜力，对替换下来的设备也应合理、充分地利用，以节约公司资金。

在进行设备更新时，不仅要确定多个更新方案，还要充分利用经济指标，对各更新方案进行分析，确保科学合理地更新设备。在进行设备更新时，应遵循以下三条原则：

第一，沉没成本排除原则。决策过程中严格区分历史成本与经济成本，以设备当前市场价值作为决策基准参数，避免沉没成本干扰判断。

第二，全周期成本原则。新设备评估应涵盖购置、安装、调试等初始投资成本，旧设备处置需考虑残值回收与拆除费用的净值计算。

第三，独立评估原则。新旧设备方案需建立独立的经济模型，严禁将旧设备处置收益抵减新设备投资成本。

【例 7-15】

某公司计划以一台新型高效设备替换旧设备，以提升生产效能，进而扩大盈利。旧设备初始购置费用为 4 万元，已使用 5 年，预计剩余使用年限为 5 年，已计提折旧 2 万元，使用期满无残值。若此时出售旧设备，可获 2 万元。使用旧设备每年可获销售收入 5 万元，可变成本每年 3 万元。

新设备购置费用为 6 万元，预计可用 5 年，使用期满残值 1 万元。使用新设备后，预计每年销售收入为 8 万元，可变成本每年为 4 万元。已知该公司的资本成本率为 10%，企业所得税税率为 40%，新旧设备均采用直线折旧法计提折旧，请判断公司是否应进行设备更新。

【解】为判断是否进行设备更新，可采用差量分析法，从新设备视角计算两方案差量现金流量。

一个方案是继续使用旧设备，另一个方案是出售旧设备而购置新设备。为此，可采用差量分析法来计算一个方案比另一个方案增减的现金流量，所有增减额均用希腊字母"Δ"表示。下面从新设备的角度计算两个方案的差量现金流量。

第一步，分别计算初始资本支出与折旧的现金流量的差量。

Δ初始资本支出=6-2=4(万元)

第二步，计算各年自由现金流量的差量，如表7-3所示。

表7-3　各年自由现金流量的差量　　　　　　单位：万元

项　目	第1~第5年
销售收入(1)	3(8-5)
可变成本(2)	1(4-3)
折旧(3)	0.6(1-0.4)
税前利润(4)=(1)-(2)-(3)	1.4
企业所得税(5)=(4)×40%	0.56
税后利润(6)=(4)-(5)	0.84
自由现金流量(7)=(1)-(2)-(5)=(3)+(6)	1.44

在销售收入方面，新设备年销售收入可达8万元，而旧设备年可获销售收入为5万元，Δ年营业收入为3万元；在可变成本方面，新设备年可变成本为4万元，旧设备年可变成本为3万元，Δ年可变成本为1万元；在折旧方面，新设备年折旧额为1万元，旧设备年折旧额为0.4万元，Δ年折旧额为0.6万元。

税前利润(4)由(1)减(2)再减(3)，可得1.4万元，扣除企业所得税0.56万元后，税后利润(6)为0.84万元，之后再计算设备更新的自由现金流量，也就是(1)减(2)再减(5)，也等于(3)减(6)，是1.44万元。

第三步，计算未来5年的自由现金流量，更换设备当年支出4万元，之后第1~第4年都是1.44万元的现金流入，在第五年，除了1.44万元的现金流入，还有新设备期满残值1万元，即2.44万元。如表7-4所示。

表7-4　新旧项目各年自由现金流量差量　　　　　　单位：万元

项目	第0年	第1年	第2年	第3年	第4年	第5年
Δ初始资本支出	-4					
Δ终结现金流量						1
Δ自由现金流量	-4	1.44	1.44	1.44	1.44	2.44

第四步，计算自由现金流量差量的净现值。

$\Delta NPV = -4 + 1.44 \times 4$ 年期的利率为10%的年金现值系数$+2.44 \times 5$ 年期的利率
为10%的复利现值系数

$= -4 + 1.44 \times 3.170 + 2.44 \times 0.6209 \approx 2.08$（万元）

由计算结果可知现值为2.08万元，故应进行设备更新。

当然，也可将新旧设备作为两个项目，分别计算各自的净现值，并进行选择，所得到的结果是一样的。

第一步，分别计算旧设备与新设备的自由现金流量，如表7-5所示。

表7-5　旧设备与新设备相关数据　　　　　单位：万元

项　目	旧设备	新设备
销售收入(1)	5	8
可变成本(2)	3	4
折旧(3)	0.4	1
税前利润(4)=(1)-(2)-(3)	1.6	3
企业所得税(5)=(4)×40%	0.64	1.2
税后利润(6)=(4)-(5)	0.96	1.8
自由现金流量(7)=(1)-(2)-(5)=(3)+(6)	1.36	2.8

对于旧设备来说，年销售收入为5万元，年可变成本为3万元，年折旧额为0.4万元，这样税前利润为1.6万元，扣除企业所得税0.64万元后，税后利润为0.96万元，旧设备的自由现金流量等于(3)加(6)，为1.36万元。

对于新设备来说，年销售收入为8万元，年可变成本为4万元，年折旧额为1万元，这样税前利润为3万元，扣除企业所得税1.2万元后，税后利润为1.8万元，新设备的自由现金流量为2.8万元。

第二步，计算未来5年的自由现金流量，这里需要注意的是，旧设备的初始投资相当于2万元，这是考虑到，如果放弃了出售旧设备，就相当于损失了2万元的可得价款，之后第1~第5年的现金流量均为1.36万元。如表7-6所示。

表7-6　各年度旧设备与新设备自由现金流量　　　　　单位：万元

项目	第0年	第1年	第2年	第3年	第4年	第5年
旧设备	-2	1.36	1.36	1.36	1.36	1.36
新设备	-6	2.8	2.8	2.8	2.8	3.8

对于新设备，更换设备当年是 6 万元的支出，之后第 1～第 4 年都是 2.8 万元的现金流入，在第五年，除了 2.8 万元的现金流流入，还有新设备期满的残值 1 万元，共 3.8 万元。

第三步，计算净现值。

$NPV_{旧} = -2 + 1.36 \times 5$ 年期的利率为 10% 的年金现值系数 $= 3.16$（万元）

$NPV_{新} = -6 + 2.8 \times 4$ 年期的利率为 10% 的年金现值系数 $+ 3.8 \times 5$ 年期的利率为 10% 的复利现值系数 $= 5.24$（万元）

新设备的 NPV 比旧设备的 NPV 要大，两者的差值是 $NPV_{新} - NPV_{旧} = 5.24 - 3.16 = 2.08$（万元），与之前考虑差量计算方法得到的结果是一致的。

二、周期不同的项目比较

在先前资本预算示例中，项目的初始投资额、持续时间等均保持一致。然而，在实际业务场景中，经常会遇到初始投资额、持续时间均不相同的项目的评价与决策问题。对于这类项目，不能仅依据哪个项目实现的净现值多或内部收益率高来进行项目的取舍。例如，一个 3 年期项目与一个 5 年期项目，即便初始投资额相同，但由于项目寿命不同，通过净现值、内部收益率和盈利指数等方法均无法直接判断，因为还需考虑时间成本，故而不能直接比较收益大小。针对这种情况，常用的方法有等额年金法和共同年限法。

（一）等额年金法

等额年金法的基本原理是将两个寿命不同的项目分别计算与各自项目净现值等值的年金金额进行比较，选取等额年金大的项目，放弃等额年金小的项目。具体操作步骤如下：

第一步，分别计算每个项目的未来现金流量的净现值。

第二步，将每个项目的 NPV 折算为各自寿命内的等额年金。已计算了项目的净现值 NPV，在考虑时间价值的情况下，把 NPV 平均分配到项目寿命期内的每一年，每年分配到的金额相当于年金 A。

等额年金 $A =$ 每个项目的净现值 $NPV / (P/A, i, n)$

第三步，假设项目可以无限重置下去，相当于项目每年都会产生第二步中计算出来的等额年金这么多现金流量。由于可以无限重置，就变成了永续年金，再分别计算出每个项目的永续年金。

永续年金 $= A/i$

哪个项目的永续净现值大，就优先选择哪个项目。

例如，项目甲、项目乙分别为 3 年期和 5 年期。首先，算出项目甲、项目乙的净现值为 $NPV_{甲}$、$NPV_{乙}$；其次，将项目甲、项目乙的等额年金 $A_{甲}$ 和 $A_{乙}$ 计算出来，相当于将 $NPV_甲$ 与 $NPV_乙$ 分别换成了三笔和五笔金额为 $A_甲$ 和 $A_乙$ 的年金；最后，计算永续年金，选择永续净现值大的项目。不过，如果两个项目的资本成本 i 相同，第三步就显得有些多余，因为分母 i 相同，直接比较分子等额年金的大小就可以判断比值永续年金现值的大小，即直接比较第二步计算出来的等额年金，哪个项目的等额年金高，就优先选择哪个项目。如图 7-15 所示。

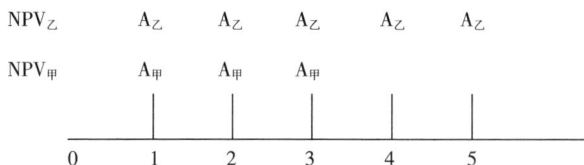

图 7-15　等额年金法示意图

【例 7-16】

设某公司考虑两个互斥项目——项目 A 和项目 B，两个项目具有不同的寿命期，项目 A 为 3 年，项目 B 为 6 年。假设贴现率为 10%，如表 7-7 和表 7-8 所示。

表 7-7　项目 A 和项目 B 各年度的自由现金流量　　　单位：万元

项目	第 0 年	第 1 年	第 2 年	第 3 年	第 4 年	第 5 年	第 6 年
A	−1000	500	500	500	—	—	—
B	−1000	300	300	300	300	300	300

表 7-8　项目 A 和项目 B 各年度的投资回报率　　　单位：万元，%

项目	NPV	PI	IRR
A	243	1.24	23
B	307	1.31	20

【解析】已知两个项目的初始投资均为 1000 万元，项目 A 的寿命为 3 年，预期未来三年每年的现金流入均为 500 万元，项目 B 的寿命为 6 年，预期未来六年每年的现金流入均为 300 万元，并且也分别计算出两个项目的 NPV、IRR 和盈利指数，但是因为两个项目具有不同的寿命期，所以不能直接用这三个指标来判断取舍，按照等额年金法来判断。

【解】第一步，计算两个项目在各自寿命期内的净现值：

$NPV_A = -1000 + 500 \times (P/A, 10\%, 3) = -1000 + 500 \times 2.487 = 243.5（万元）$

$NPV_B = -1000 + 300 \times (P/A, 10\%, 6) = -1000 + 300 \times 4.355 = 306.5$（万元）

第二步，在已知项目净现值的条件下，可计算与之等价的年金：

项目 A 的 NPV 的等额年金 = 243.43/2.487 = 97.88（万元）

项目 B 的 NPV 的等额年金 = 306.58/4.355 = 70.40（万元）

第三步，计算各项目的永续净现值：

项目 A 的永续净现值 = 97.88÷0.1 = 978.8（万元）

项目 B 的永续净现值 = 70.40÷0.1 = 704（万元）

项目 A 的永续净现值比项目 B 的高，所以选择项目 A。

（二）共同年限法

共同年限法是指通过设定项目重置机制构建可比周期，其核心假设在于投资方案可在期末进行无限次重复，然后比较其净现值，以选择最优的投资方案。其核心原理是通过调整不同项目的投资期限，使其具有相同的比较基础，从而进行更为准确和客观的评价。其本质就是要找出两个寿命不同的项目的期数的共同倍数的年限，也就是要找出寿命年限的最小公倍数。

【例 7-17】

甲、乙两个互斥项目的年限分别是 3 年和 4 年，其中，项目甲的净现值是 100 万元，项目乙的净现值是 130 万元，贴现率为 10%，请使用共同年限法判断应该选择哪个项目。

【解析】甲、乙两个项目年限的最小公倍数是 12 年，假设两个项目在结束时都可以重复进行，对项目进行复制，直到复制后两个项目的年限总和相同为止，项目甲 3 年，共同期限为 12 年，相当于一共进行了 3 次复制，项目乙 4 年，共进行了 2 次复制，复制后的总净现值如图 7-16 所示。再分别计算甲乙两个项目现金流量的总净现值，需要注意，项目甲是 4 笔现金流量的净现值之和，而项目乙是 3 笔现金流量的净现值之和，最终就得出了甲、乙两个项目在相同年限下各自的净现值，优先选择净现值大的项目。

【解】第一步，与等额年金法一样，计算两个项目在各自寿命期内的净现值。

$NPV_甲 = 100$（万元），$NPV_乙 = 130$（万元）。

第二步，最小公倍数寿命为 12 年，对项目甲和项目乙的净现值进行调整。

项目甲调整后，进行了三次复制，需要将复制的部分贴现至现在，调整后 $NPV_{甲调} = NPV_甲 \times [1 + (P/F, 10\%, 3) + (P/F, 10\%, 6) + (P/F, 10\%, 9)] = 100 \times (1 + 0.754 + 0.564 + 0.424) = 274.2$（万元）。

项目乙调整后，进行了两次复制，需要将复制的部分贴现至现在，调整后的 $NPV_{乙调} = NPV_乙 \times [1 + (P/F, 10\%, 4) + (P/F, 10\%, 8)] = 120 \times (1 + 0.683 + 0.466) = 257.88$（万元）。

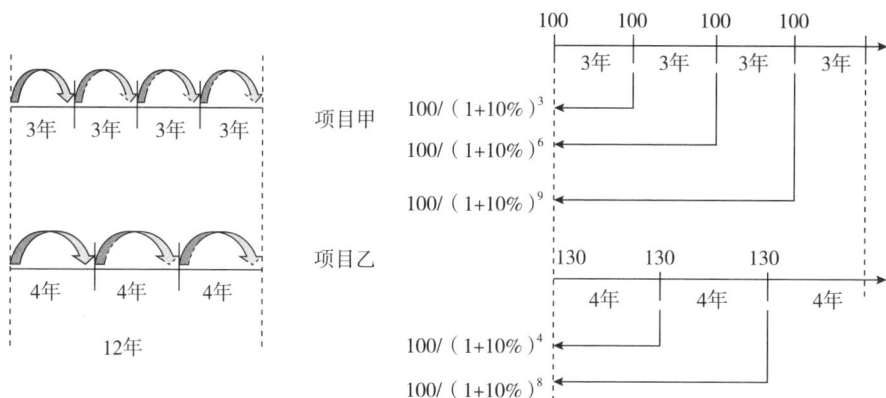

图 7-16　共同年限法示意图

第三步，比较调整后总 NPV。项目甲调整后的 NPV 比项目乙调整后的 NPV 高，所以选择甲项目。

共同年限法和等额年金法都假设项目可以任意重置，但现实中这种可能性非常小，这是两种方法的共同缺点：

（1）技术迭代约束。现代产业技术革新速率显著加快，项目周期结束后难以实现完全复制。

（2）经济参数刚性假设。未将通货膨胀等宏观经济变量纳入分析框架，尤其是在物价持续上涨阶段，重置成本估算将产生系统性偏差。

（3）市场竞争动态性。长期视角下行业竞争格局演变将导致项目收益递减，现行方法未建立动态调整机制现实中各行各业的技术进步迅速，项目结束后难以原样复制。

因此，在实际应用中，共同年限法和等额年金法适用于那些重置概率很高的项目的评价与决策。此外，共同年限法也可用于投资成本的可比性评估，即投资可以在不同年度进行比较，因为它们都具有相同的投资现金流量和资本成本率，当投资的总现金流量和总资本成本保持不变时，就可以在不同年度进行投资成本的比较。

三、资本限量决策

上述例题均是在已知项目初始投资额、持续时间、资本成本率和未来现金流等条件下进行的评价与决策。但在实际业务中，公司资本有时会受到当时经营情况与盈利状况的限制，通俗来说，就是资金不足。当公司面临多个值得投资的项目时，却没有足够的资金去全部投资，需要从中选取一个或者两个，放弃其他项目，此时公司该如何评价与决策，这就是资本限量决策。

资本限量是指企业在进行潜在项目选择时，面临没有足够资金进行所有可行项目投资的情形，即当企业面临融资约束时，需构建项目组合优化模型实现价值最大化。资本限量通常具有可行项目集合超过可用资金规模、决策目标函数为组合净现值最大化或现值指数最优及需考虑项目间的协同效应与风险对冲机制等特征。

【例7-18】

已知 A、B、C 三个项目的寿命都是 1 年，相关数据见表7-9，项目 A 的初始投资为 500 万元，预期现金流量为 750 万元，项目的 NPV 为 150 万元，盈利指数为 1.36，内部收益率为 40%。项目 B 的初始投资为 1000 万元，预期现金流量为 1300 万元，NPV 为 182 万元，盈利指数为 1.182，内部收益率为 30%。C 项目的初始投资为 500 万元，预期现金流量为 655 元，NPV 为 136 万元，盈利指数为 1.167，内部收益率为 28.3%。

表 7-9　项目 A、项目 B 和项目 C 的相关数据　　　单位：万元,%

项目	C_0	C_1	NPV	PI	IRR
A	−500	750	150	1.36	40
B	−1000	1300	182	1.182	30
C	−500	655	136	1.167	28.3

(1) 如果项目都是独立的，应如何选择？

(2) 如果项目互斥，应如何选择？

(3) 假如公司的资金只有 1000 万元，如果项目互相独立，但是资金有限，应如何选择？

(4) 假设公司资金充足(有 1500 万元)，那么应选择哪些项目？

【解】(1) 独立的含义就是公司选择项目 A 不会影响项目 B 也不会影响项目 C，三个项目是独立的，而不是互斥的。因为这三个项目的 NPV 均为正，在项目独立时，可以全选，不需要放弃任何一个项目。

(2) 项目 A 的内部收益率和盈利指数都是最高的，项目 B 的 NPV 是最大的，要选择 NPV 最大的项目 B。

(3) 因为公司的资金只有 1000 万元，如果选择 NPV 最大的项目 B，那么资金就用光了，不能再选择项目 A 或者项目 C，如果选择项目 A，那还剩余 500 万元可以选择项目 C，所以就面临两个选择：选择项目 B 或者选择项目 A 和项目 C 的组合。

虽然项目 B 的 NPV 最大(182 万元)，但是，项目 A 与项目 C 的 NPV 合起来是 286 万元，比项目 B 的 NPV 多 104 万元，在资本有限时，按照要选择 NPV 最大的项目或项目组合原则，就要选择项目 A 和项目 C 的组合，另外，从盈利指数来看，项目 A 与项目 C 的盈利指数均大于项目 B 的盈利指数，所以这时按照盈利指数法也是选择项目 A 与项目 C 的组合。

（4）当公司有 1500 万元资金时，可以先选择项目 B，再从项目 A 和项目 C 中选 NPV 较大且盈利指数相对高的项目 A。因此，要选择项目 A 和项目 B 的组合。

从【例 7-18】可以看出，对于投资规模不同的两个互斥项目——项目 A 和项目 B，如果公司的资金充足，应选择 NPV 大的项目。若公司资金有限，就要考虑与其他项目的关联关系。假设项目 A 比项目 B 的初始投资多，初始投资差额为 C_{AB}，项目 B 的盈利指数大于项目 A 的盈利指数，项目 A 的 NPV 大于项目 B 的 NPV，就需要考虑其他的初始投资小于等于 C_{AB} 的项目。

假设存在项目 C，其初始投资额为 C_{AB}，如果项目 B 与项目 C 的项目组合在一起产生的 NPV 比项目 A 还要大。或者项目 C 的盈利指数比项目 A 的盈利指数高，则选择项目 B 和项目 C 进行组合投资。如果项目 C 的盈利指数比项目 A 的盈利指数低，就需要比较项目 B 与项目 C 组合在一起产生的 NPV 与项目 A 的 NPV 进行比较，选择 NPV 大的进行投资。

四、项目投资的灵活性

在资本预算中，项目投资价值受到标的资产的价格、资金或运营成本、计划服务年限及经济环境等不确定性因素影响。面对这些不确定性，管理者需充分发挥灵活性，依据市场经济环境的动态变化作出决策，以提升企业价值。

灵活性指资本预算过程应具有灵活性和适应性，根据实际情况进行调整和变化。一个工程项目通常赋予管理者在多种行动方案中做出选择的权力，不同方案对应着不同的投资价值与投资机会价值。管理灵活性使管理者能够规避收益不佳的项目，转而投身于有利可图的项目，从而对项目价值产生积极影响。

例如，某项目具有如下管理灵活性：

首先，投资开发一个项目；其次，推迟投资开发或运营项目；再次，对已运营项目实施生产扩张；最后，在开发或运营项目的任意阶段终止该项目。项目落成后，若市场表现优于预期，经营者可追加投资以提升生产能力；反之，若市场情况差于预期，经营者则可作出减产或停产决策。

【例 7-19】

某公司准备购买新设备以生产新产品，假设该项目初始投资为 100 万元，使用新设备生产的新产品的寿命为 2 年，每年能带来 1000 万元销售收入。当前，新产品的原材料市场价格为 1000 万元，原材料价格变化很大，1 年后可能会上涨 50% 或下跌 50%。假定现金流量等于销售收入减去原材料。第 1 年年末的现金流量根据原材料价格的变化，好的情况为 500 万元，差的情况为-500 万元，并假设发生两种情况的概率分别为 0.62 和 0.38。应如何抉择该项目的投资时间？

【解】如果立即投资，根据原材料价格的变化，当前原材料价格为 1000 万元，1 年后，即第 2 年年初上涨为 1500 万元的概率为 0.38，下跌为 500 万元的概率为 0.62，接下来计算项目的未来现金流量。因为现金流量等于销售收入减去原材料价格，初始年度末该项目的现金流量为 1000 万元销售收入减去 1000 万元的原材料价格，等于 0；第 2 年年初原材料的价格可能是 1500 万元，也可能是 500 万元，分别计算两种情景的项目现金流量。材料价格上涨的情景，现金流量为 1000 万元销售收入减去 1500 万元的原材料价格等于-500 万元；原材料价格下跌的情景，现金流量为 1000 万元销售收入减去 500 万元的原材料价格等于 500 万元。如图 7-17 所示。

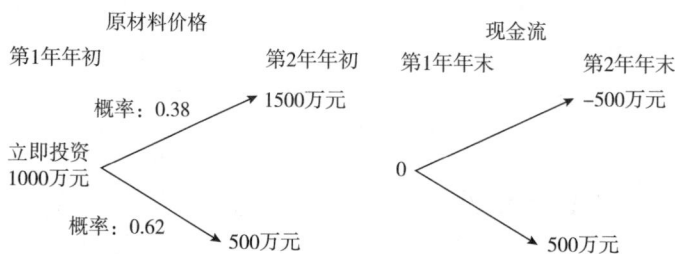

图 7-17　立即投资时项目未来现金流示意图

根据净现值 NPV 的计算公式，则：

$$NPV=-100+\frac{0}{1.1}+\frac{0.62\times500+0.38\times(-500)}{1.1^2}=-0.83(万元)$$

因为项目的 NPV 为-0.83 万元，所以应放弃该项目。

此时，管理者应该灵活地考虑投资时机，推迟投资开发或运营项目。因为该项目的未来现金流等于销售收入减去原材料价格，而原材料价格变化比较大，可考虑延迟 1 年，若原材料价格下跌，再投资该项目。具体示意见图 7-18。

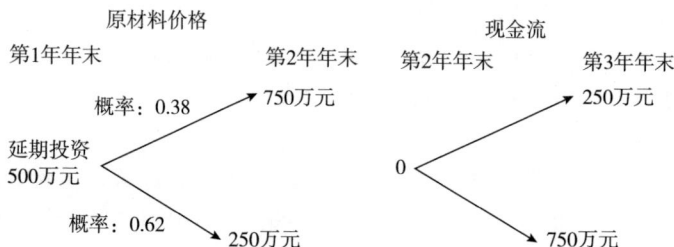

图 7-18　延期投资时项目未来现金流示意图

若延期投资，在原材料价格下跌后再投资该项目，项目期限相当于延长了1年，此时原材料价格为 500 万元，1 年后，即第 2 年年末上涨为 750 万元的概率为 0.38，下跌为 250 万元的概率为 0.62。因为现金流等于销售收入减去原材料价格，第 2 年年末的项目现金流量为 1000 万元销售收入减去 500 万元的原材料价格，等于 500 万元；第 3 年年初原材料的价格可能是 750 万元，也可能是250 万元，分别计算两种情景的项目现金流量。原材料价格上涨的情景，现金流为 1000 万元销售收入减去 750 万元的原材料价格等于 250 万元；原材料价格下跌的情景，现金流为 1000 万元销售收入减去 250 万元的原材料价格等于 750万元。

根据净现值 NPV 的计算公式，则：

$$NPV = -\frac{100}{1.1} + \frac{500}{1.1^2} + \frac{0.62 \times 750 + 0.38 \times 250}{1.1^3} \approx 743.05（万元）$$

因为项目的 NPV 为 743.05 万元，所以应该延期投资，在原材料价格下跌后再投资该项目。

【例 7-20】

某公司拥有一处稀有矿藏资源，其矿产品市场价格呈现上升趋势。据市场预测，若延迟 6 年进行开发，该矿产品的价格预计将在当前基础上上涨 30%。在此背景下，公司管理层面临一项关键决策，即选择立即启动开发项目，还是等待6 年后再行开发。不论公司决定立即开发还是 6 年后开发，假定初始投资成本保持一致，项目建设期均为 1 年，自第 2 年起正式投产运营，投产后 6 年时间内将矿藏全部开采完毕。具体相关资料见表 7-10。

表 7-10　矿产开采的相关数据

投资与回收		收入与成本	
固定资产投资	90 万元	年产销量	2000 吨
营运资金垫支	10 万元	现投资开发每吨售价	0.1 万元
固定资产残值	0	6 年后投资开发每吨售价	0.13 万元
资本成本率	10%	可变成本	60 万元
		企业所得税税率	40%

项目初始投资金额均为 100 万元，其中固定资产投资 90 万元，营运资金垫支 10 万元，项目全部结束时固定资产预计无残值。已知公司资本成本率为 10%，项目投产后预计年产量与销量均为 2000 吨。若当下投资开发，每吨矿产品售价

为 0.1 万元，而如果选择 6 年后投资开发，每吨售价预计将攀升至 0.13 万元。此外，年度可变成本为 60 万元，企业所得税税率为 40%。在综合考量上述各项因素后，公司应当如何抉择该项目的投资时间，才能实现收益最大化？

【解】(1) 计算现在开发的净现值。

第一步，预测现在开发的未来销售收入。具体见表 7-11。

表 7-11　现在开发矿山的相关数据　　　　　　　　　单位：万元

项　目	第 2~第 6 年
销售收入(1)	200
可变成本(2)	60
折旧(3)	15(90÷6)
税前利润(4)=(1)-(2)-(3)	125
企业所得税(5)=(4)×40%	50
税后利润(6)=(4)-(5)	75
自由现金流量(7)=(1)-(2)-(5)=(3)+(6)	90

建设期均为 1 年，从第 2 年开始投产，项目投产后年产销量均为 2000 吨，现投资开发每吨售价 0.1 万元，每年销售收入就是 200 万元，每年可变成本 60 万元，按照直线法折旧每年就是 15 万元，这样计算出每年税前利润就是 125 万元，扣除企业所得税后，每年的税后利润是 75 万元，每年的自由现金流量是税后利润加折旧等于 90 万元。

第二步，根据营业现金流量、初始投资和终结现金流量编制起初至第 7 年的自由现金流量表。初始年度是 100 万元的现金流支出，建设期 1 年没有现金流收入，第 2~第 6 年的现金流量均为 90 万元，最后的年度，加上回收垫支的营运资金是 10 万元。具体见表 7-12。

表 7-12　现在开发矿山的各年度自由现金流量　　　　　单位：万元

项目	第 0 年	第 1 年	第 2~第 6 年	第 7 年
固定资产投资	-90			—
营运资金垫支	-10			—
营业现金流量		0	90	90
营运资金回收				10
自由现金流量	-100	0	90	100

第三步，计算现在开发的净现值。

$$NPV = -100 + 90 \times (P/A, 10\%, 5) \times (P/F, 10\%, 1) + 100 \times (P/F, 10\%, 7)$$
$$= -100 + 90 \times 3.7908 \times 0.909 + 100 \times (P/F, 10\%, 7) = 261.44(万元)$$

（2）计算 6 年后开发项目的相关指标。

第一步，预测 6 年后开发的未来销售收入。建设期为 1 年，相当于从第 8 年开始投产，项目投产后年产销量均为 2000 吨，现投资开发每吨售价 0.13 万元，每年销售收入就是 260 万元，年度可变成本和折旧没变，分别是 60 万元和 15 万元，每年税前利润就是 185 万元，扣除企业所得税后，每年的税后利润就是 111 万元，每年的自由现金流是税后利润加折旧等于 126 万元。具体见表 7-13。

表 7-13 6 年后开发矿山的相关数据　　　　　单位：万元

项　目	第 8~第 12 年
销售收入（1）	260
可变成本（2）	60
折旧（3）	15
税前利润（4）=（1）-（2）-（3）	185
企业所得税（5）=（4）×40%	74
税后利润（6）=（4）-（5）	111
自由现金流量（7）=（1）-（2）-（5）=（3）+（6）	126

第二步，根据营业现金流量、初始投资和终结现金流量编制第 8~第 13 年的各年自由现金流量表。第 6 年是 100 万元的初始投资，建设期没有现金流收入，第 8~第 12 年的现金流是 126 万元，最后的第 13 年，加上回收垫支的营运资金是 136 万元。具体见表 7-14。

表 7-14 6 年后开发矿山的各年度自由现金流量　　　　　单位：万元

项目	第 6 年	第 7 年	第 8~第 12 年	第 13 年
固定资产投资	-90		—	—
营运资金垫支	-10		—	—
营业现金流量		0	126	126
营运资金回收				10
自由现金流量	-100	0	126	136

（3）计算 6 年后开发的到现在的净现值。

$$NPV = [-100 + 126 \times (P/A, 10\%, 5) \times (P/F, 10\%, 1) + 136 \times (P/F, 10\%, $$

7)〕×(P/F，10%，6)

= (−100+126×3.7908×0.9091+136×0.5132)×0.5645≈228(万元)

综上所述，现在开发的净现值为 261.44 万元，6 年后开发的净现值为 228 万元，因此，应立即开发。

经营灵活性集中体现了公司管理者应对经济环境变化的能力，管理层选择权的存在意味着公司能够根据经营环境的变迁灵活调整投资策略，以获取最大价值。

本章小结

(1) 资本预算主要用于对企业的投资项目进行预测和决策，主要包括固定资产投资预算和项目投资预算。通过资本预算，企业可以评估项目的盈利能力和回报率，从而决策是否进行投资以及选择合适的投资项目。

(2) 除了净现值法，资本预算方法中包含内部收益率法、盈利指数法、回收期法、贴现回收期法和平均会计收益率法等评价方法。净现值法是最稳健、最能避免致命决策失误的方法。

(3) 在实际应用中，企业需要结合不同的资本预算方法来评估投资项目。首先，可以使用净现值和内部收益率方法对项目进行初步筛选，筛选出回报率较高、投资价值较大的项目。其次，可以采用平均回收期和盈亏平衡点方法来评估项目的风险和回本速度。最后，根据不同项目的特点和企业的经营策略，综合考虑各种因素作出最终的决策。

(4) 由于公司所面临的风险处于持续变化之中，因此单一贴现率假设在现实经济中存在明显的不合理性。

重要术语

资本预算　期望现金流　资本成本　加权平均资本成本　净现值法　内部收益率法　盈利指数法　投资回收期法　贴现投资回收期法　会计收益率法　设备更新决策　资本限量　灵活性

练习题

1. 为什么说净现值法是最重要的传统资本预算方法？

2. 在计算年现金净流量时，为什么需要在净利润基础上将年折旧额加回？

3. 已知某长期投资项目需要固定资产投资 900 万元，垫付资金 100 万元（在项目终结时回收），投产后项目持续期为 10 年，期末固定资产无残值，按直线法计提折旧。初始投资全部在建设起点一次投入，项目建设期为 2 年，投产后预期每年的净利润为 200 万元，假设行业基准折现率为 10%。求解下列问题：

（1）该投资项目的初始投资到项目终结各年度的现金流量。

（2）该项目的投资回收期。

（3）分别采用净现值法和盈利指数法评价该项目是否可行。

4. 某公司原有设备一套，购置成本为 150 万元，预计使用 10 年，已使用 5 年，预计残值为购置成本的 10%，该公司用直线法提取折旧，现该公司拟购买新设备替换原设备，以提高生产率，降低成本。新设备购置成本为 200 万元，使用年限为 5 年，同样用直线法提折旧，预计残值为购置成本的 10%，使用新设备后公司每年的销售额可以从 1500 万元上升到 1650 万元，每年可变成本将从 1100 万元上升到 1150 万元，公司如购置新设备，旧设备出售可得 100 万元，该企业的所得税税率为 33%，贴现率为 10%。请判断并说明公司应如何抉择新旧备更新问题。

第八章　资金筹集与管理

📚 学习要点

1. 了解短期筹资的类型及特点。
2. 理解公司营运资金持有与筹集方式。
3. 掌握股票分类、发行、上市的程序，理解普通股与优先股融资的优缺点。
4. 掌握长期借款的种类与程序，理解长期借款筹资的优缺点。
5. 掌握债券的种类、发行程序，理解债券筹资的优缺点。

第一节　短期资金筹集

企业生产经营活动主要涵盖购买原材料、生产产品以及销售产品等环节。从资金流动的视角来看，在购置原材料与设备时，企业面临资金流出；而在产品成功销售后，企业则实现资金流入。然而，资金流出与流入的时机可能存在错配，致使企业遭遇资金不足的困境。一旦企业资金不足，其偿债能力将随之下降，进而导致短期内出现违约情况。若此类情形频繁发生，企业甚至可能面临破产的风险。

鉴于此，企业需依据资金流出金额的规模及时间，一方面确保自身流动性，另一方面对资金运用与资金筹集进行调节。资金不足作为与企业破产直接相关的重要问题，企业在适当时期筹集资金或确保资金筹集来源的稳定性显得尤为关键。

如图8-1所示，企业资金筹集途径主要包括内部资金筹集与外部资金筹集两种方式。内部资金由留存收益和折旧构成。留存收益作为重要的内源性融资渠道，是由企业经营成果转化形成的自主性资本储备。从会计要素角度分析，该科目具体由法定公积金、任意公积金及利润留存三部分构成，其本质属于未向投资者分配的税后利润积累，其与企业所采用的股利政策紧密相关。外部资金筹集则主要涉及企业发行有价证券和借款。有价证券主要包含股票和公司债券，借款则涵盖短期借款和长期借款。其中，折旧资金、留存收益和股票属于企业自有资本，公司债券、短期和长期借款则属于企业负债。

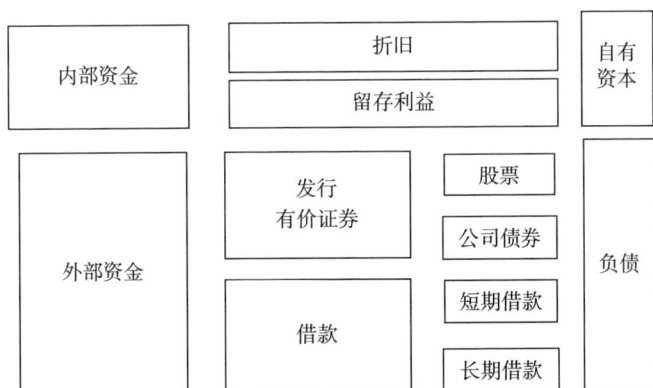

图 8-1　企业资金筹集的方式示意图

企业具体选择何种资金筹集方式，需依据资金筹集的目的、成本及利用可能性来确定。内部资金成本相对较低，且不受金融环境等外部因素影响，因此作为稳定的资金来源而备受青睐。在外部资金中，股票和债券等有价证券的发行通常对应企业的长期资金需求。而从金融机构获取的借款，既包括长期借款，也涵盖短期借款。具体而言，企业常用的短期资金筹资方式主要有以下四种：企业短期信用融资、短期银行借款、商业票据和短期抵押融资。

一、企业短期信用融资

企业短期信用融资是指企业在商品交易过程中自然产生的债务性资金来源，具体表现形式包括应付商业票据、应付服务款项及递延支付负债等。此类融资工具具有自偿性特征，在约定的结算周期内通常不产生显性资金使用成本，因而成为企业优化资本结构的重要途径。

（一）应付账款

应付账款又称商业信用，包括信用条件和信用成本，是短期信用融资最典型、最常见的形式。

信用条件包括优惠折扣百分数、优惠时间期限和信用期，通常表示为"2/10, n/30"的形式。它说明优惠折扣是 2%，优惠期是 10 天，信用期是 30 天。也就是在 10 天内付款，可享受 2% 的现金折扣，最迟支付货款不得超过 30 天。

由于优惠折扣的存在，放弃优惠折扣就意味着失去了享受现金折扣的机会，增加了成本。该商业信用成本的计算公式如式（8-1）所示。

$$放弃优惠折扣的成本率 = \frac{优惠折扣百分比}{100\% - 优惠折扣百分比} \times \frac{360}{信用期 - 优惠期} \times 100\%$$

$$(8-1)$$

放弃优惠折扣的成本率越高对企业越有利。

【例 8-1】

ABC 公司在"2/10，n/30"的信用条件下，每天购进原料 2000 元，持续 10 天。如果该公司决定在第 30 天付款，请计算放弃优惠折扣的成本率。

【解】通过题目分析发现，由于折扣优惠的存在，每天产生的应付款为 1960 元。如果决定第 10 天付款，则应付账款是 19600 元；如果该公司在第 30 天付款，则应付账款为 20000 元，由于放弃优惠折扣而多支付 400 元，这就是商业信用的成本。相当于因为使用了期限为 20（30-10）天的借款，需要支付 400 元（20000-19600）利息；而借款本金是第 10 天付款的金额 19600 元。

因此，这笔借款的年利率（放弃优惠折扣的成本率）= 400÷19600×（360÷20）=（20000×2%）÷[20000×（1-2%）]×360÷（30-10）= 2%÷（1-2%）×360÷（30-10）≈36.7%。

【例 8-2】

某公司预定采购一批生产所需配件，供应商提供的报价如下：

（1）若立即付款，配件价格为 9630 元。

（2）若第 30 天付款，配件价格为 9750 元。

（3）若第 31~60 天付款，配件价格为 9870 元。

（4）若第 61~90 天付款，配件价格为 10000 元。

已知银行短期贷款利率为 15%，年度天数按 360 天计算。请计算该公司放弃优惠折扣的成本率，并抉择对该公司来说最有利的付款日期与配件价格。

【解】本题商品货款为 10000 元，因此不同付款日期的放弃优惠折扣的成本率计算如下：

（1）立即付款。

折扣率 =（10000-9630）÷10000 = 3.7%

放弃优惠折扣的成本率 = 3.7%÷（1-3.7%）×360/（90-0）≈15.37%

（2）第 30 天付款。

折扣率 =（10000-9750）÷10000 = 2.5%

放弃优惠折扣的成本率 = 2.5%÷（1-2.5%）×360/（90-30）≈15.38%

（3）第 60 天付款。

折扣率 =（10000-9870）÷10000 = 1.3%

放弃优惠折扣的成本率 = 1.3%÷（1-1.3%）×360÷（90-60）≈15.81%

可以看出，最有利的是第 60 天付款 9870 元。

（二）应计负债

应计负债包括应付税金、利息和工资等。其是基于过去的交易或事项产生的，企业在未来某个时间点需要偿还的债务或付款义务。这些负债通常已经发生或耗用，但尚未支付款项。这些应付款的支付有一定的期间，如企业缴纳税金时都有一定的宽限期，此时会计记录的是应计负债。

（三）汇票

汇票是企业签发的，表明将来一定时期向供应商支付货款的证书。从汇票开出到汇票到期通常有 30~90 天，在这段时间内，汇票为企业提供了短期资金来源。经银行承兑过的商业汇票即银行承兑汇票，是我国商业信用的主要形式。商业汇票经承兑、背书后，可转让、贴现。

二、短期银行借款

（一）期限

短期银行借款期限为 1 年以内，通常是 90 天或 180 天。借款到期后，借款人必须偿还或者要求延期偿还，银行将视借款人的财务状况决定是否同意延期。

（二）信用条件

1. 信用限额

信用限额是银行依据企业财务状况和信用风险，给予的无担保贷款最高额度，虽为非正式协议，却对企业融资规模有重要影响。

2. 周转信用协定

周转信用协定则是更为正式的贷款协议，银行承诺在一定期限内提供固定贷款总额，企业按实际使用额支付利息，未使用部分需支付一定比例补偿费，这种协定有助于企业稳定资金来源，合理规划资金使用。

3. 补偿性余额

补偿性余额制度要求借款人按融资规模 10%~20% 的比例在贷款行留存活期存款。从操作层面分析，该制度通过存款沉淀实现降低银行资本占用成本、增强借款人违约经济约束和构建流动性风险缓冲垫三个目标。实证研究表明，20% 的保证金比例可使银行风险加权资产降低 14%~18%。

三、商业票据

商业票据是实力雄厚的大型企业开出的无担保短期票据,有确定的金额及到期日,具有短期性、无担保、可转让和融资性等特点。这些票据的销售对象是商业公司、保险公司、商业银行等。

商业票据的发行方式有直接销售、经纪人销售和财务公司发行三种方式。其中,直接销售商业票据的发行人通常为资信卓著的大公司,且商业票据发行数量巨大,发行次数也较为频繁。通过经纪人销售,对于发行公司来说较简便,但费用较高。选择何种发行方式,通常由公司本身资信及经营需要决定。

四、短期抵押融资

短期抵押融资主要是指通过应收账款和存货作为抵押标的进行的贷款。

(一)抵押品的期限

对于债权人而言,通常会要求抵押品的期限与贷款的期限一致,若借款人不能按时偿还贷款,可用抵押品来偿还欠款。在期限匹配上,如果用应收账款作抵押品,应收账款的回收期即为贷款期。同样,如果用企业的存货作抵押品,将视存货的变现时间确定贷款期。

(二)贷款的金额

贷款人接受借款人的抵押品后,将根据抵押品的价值决定贷款的金额。一般来说,银行向借款人提供的资金额是抵押品账面价值的一个百分比。具体的贷款额多少取决于借款人抵押品的质量,或者说取决于用于抵押的流动资产的种类及其变现速度,也与贷款人的风险偏好有关,偏于保守的银行对抵押品的要求更高一些。

第二节　短期资金管理

一、营运资本

营运资本作为企业资金运作状况与财务风险的重要指标,是流动资产减去流动负债的差额,其特点在于短期内变现能力强,对企业的日常运营与偿债能力有着关键影响。

营运资本管理的核心内容是对流动资产和流动负债的管理。流动负债的管理即短期资金筹集。流动资产的管理是指企业应该投入多少资金在流动资产上，即短期资金运用的管理，主要包括现金和有价证券管理、应收账款及其管理、存货及其管理。接下来按照流动性由高到低依次进行分析。

（一）现金管理

现金包括企业的库存现金、各种形式的银行存款和银行汇票等，是企业资产中最富流动性的部分。企业持有现金的动机包括交易动机、预防动机和投机动机。现金管理的目的是在保证企业生产经营活动现金需求的基础上，降低资金成本，提高资金使用效率，在流动性与营利性之间做出最佳选择。

企业可采用威廉·杰克·鲍莫尔（William Jack Baumol，1952）提出的鲍莫尔模型来确定其最佳的现金余额，该模型假定公司未来现金需求是确定的，且现金支出非常稳定；公司将多余的现金全部投资于有价证券，一旦需要现金，则将有价证券变现加以补充。该模型还假定持有现金的机会成本（投资收益率）和交易成本（证券转换成现金的成本）固定不变。在此基础上，提出了最佳现金余额就是机会成和交易成本二者相加时最低的现金余额。如图8-2所示。

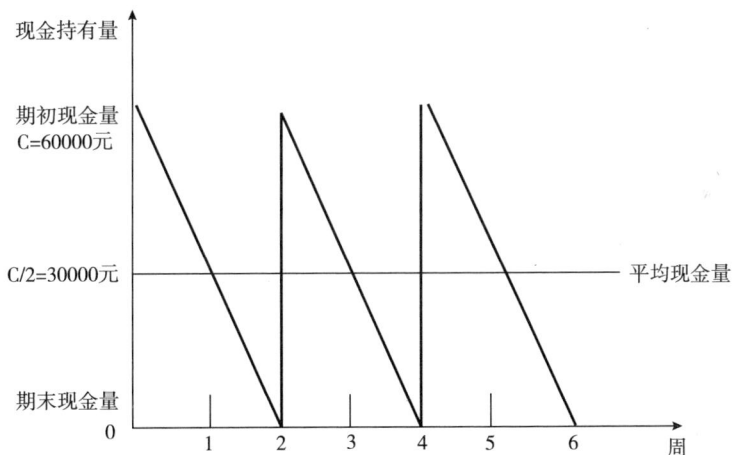

图8-2　鲍莫尔模型示意图

如图8-2所示，假设以一年为例，公司期初现金持有量为6万元，随着公司将现金逐步投入使用，现金余额逐渐减少，年末趋于0。随即出售有价证券6万元，使得现金持有量补足至6万元。因此，公司年均现金持有量为3万元。如此循环往复，鲍莫尔模型的现金余额呈现锯齿状。

为了确定最优现金持有量，现假定：

b 表示每次将有价证券转换为现金的固定交易成本。

T 表示公司在计划周期内所需现金总量(如一年)。

I 表示持有现金的机会成本(如短期证券的年收益率)。

计划周期内所需现金总量为 T,C 为现金持有量。则持有现金的总成本 TC=机会成本+交易成本,具体表达式为:

$$TC = \frac{C}{2} \times I + \frac{T}{C} \times b \qquad (8-2)$$

接下来,将总成本对应于现金持有量求导并令其等于零,并进一步求解,可以得到最佳现金持有量 C。

$$\frac{dTC}{dC} = \frac{I}{2} - \frac{b \times T}{C^2} = 0 \qquad (8-3)$$

$$C = \sqrt{\frac{2bT}{I}} \qquad (8-4)$$

确定了最佳现金持有量,同时也可以确定最佳转换次数、最低持有成本等。

【例 8-3】

某公司下年的现金需求为 192 万元。已知短期证券年收益率 10%,将短期证券转换为现金的固定交易成本为 1000 元/次。请计算该公司最佳现金持有量。

【解】利用式(8-4)可得:

$$C = \sqrt{\frac{2bT}{I}} = \sqrt{\frac{2 \times 1000 \times 1920000}{0.10}} = 195959.17(元)$$

最佳现金持有量 C 为 195959.17 元。

虽说鲍莫尔模型由于假定条件,如每次出售有价证券的交易成本与出售有价证券的数量和价值有关,而不是固定的,导致该模型存在一些局限。但鲍莫尔模型可能是最简单、最直观的确定最佳现金量的模型。除此之外,还有随机模型等。

(二) 有价证券

有价证券可以高度变现,常常被视为现金等价物,是重要的短期投资对象,包括国库券、回购协议等。有价证券管理主要是明确公司应该投入多少资金进行有价证券的投资以及如何选择投资对象。

有价证券投资需要考虑违约风险、利率风险、通货膨胀风险和流动性风险,因此有价证券投资的原则有两个:一是在确保安全、流动性的基础上争取相对多的盈利,在这三点间进行平衡处理,争取达到一个最佳均衡点。二是企业要遵循多样化的分散持有原则,把风险控制在可接受范围内,达到收益和风险最佳组合。

二、应收账款

企业采用赊销、分期收款等形成应收账款，可以帮助企业扩大销售，减少存货，但也会造成资本成本、坏账损失等的增加。应收账款管理的基本目标是在充分发挥应收账款功能的基础上，降低应收账款的成本，使提供商业信用扩大销售所增加的收益大于相关的各项费用。应收账款的多少是由企业的信用政策决定的，因此应收账款政策也叫信用政策，是企业财务政策的重要组成部分。应收账款管理主要分事前、事中、事后三部分。

（一）应收账款事前管理

应收账款事前管理的核心是评价客户信用，集中在是否给对方发放信用，以及信用条件该如何确认。

1. 风险控制前移

公司在与客户签订销售合同之前，需对客户进行全面、细致的信用调查，整合全国企业信用公示平台（http：//www. gsxt. gov. cn）、司法信息公开系统（http：//zxgk. court. gov. cn）、央行征信中心等权威数据源，建立多维度客户信用档案系统。信用标准是企业评价客户、决定给予或拒绝客户信用的依据。常采用的有 5C 评分法，也有 Z 评分模型法。5C 评分法具体内容如下所示。

（1）品质（Character）。顾客的信誉。

（2）能力（Capacity）。顾客的偿债能力。

（3）资本（Capital）。顾客的财务实力和财务状况。

（4）抵押（Collateral）。顾客无力偿还款项时能用来偿还欠款的抵押品。

（5）条件（Condition）。潜在影响顾客付款能力的各种因素，如经济环境等。

一旦企业决定给予客户信用优惠，就需要考虑信用期限、折扣期限和现金折扣等具体的信用条件，信用条件采用"2/10，n/60"表示。意思是在 10 天内付款的客户，给予 2%的现金优惠，最长付款期限不超过 60 天。

2. 规范化管理制度建设

首先，制定营销项目评审制度。明确合同签订前的法律合规审查、风险评估及报价审批流程，设立风险阈值预警机制。其次，完善授权管理制度。规范法定代表人授权范围及权限时效，建立电子授权备案系统。最后，完备合同风险管控制度。实施"四控"原则——预付款不足不投料、进度款未达不产成、提货款欠缺不发货、质保金未清不结项。

（二）应收账款事中管理

基于 COSO 内部控制框架，可通过制度执行、会计监督、债权维护三个维度形成闭环管理体系。

1. 严格按制度执行

（1）合同履行"四不放行"原则。建立基于风险敞口控制的生产管控机制。对于立项审批要件缺失、预付款未达约定比例、进度款未按期到位和质量验收争议未决的项目坚决不放行。实施"红黄蓝"三级预警制度，对未取得环评批复（生态环境部令第 16 号）等项目自动触发红色预警。

（2）跨部门协同决策机制。构建"三位一体"联席会议制度。第一，每月由 CFO 牵头召开运营分析会，采用德尔菲法评估投料计划；第二，建立 ERP 系统风险参数库，动态调整信用额度；第三，设立合同异动响应中心，对项目暂停/撤销指令实行 24 小时通报机制。实证数据显示，该机制可使呆账发生率降低 28.6%。

2. 发挥会计监督作用

（1）凭证链式管理。首先，构建"三单匹配"稽核机制，即由"销售订单—物流签收单—增值税发票"，形成完整证据链；其次，实施电子回执认证系统，通过区块链技术固化交付凭证；最后，建立客户对账云平台，实现应收账款明细实时可视化管理。

（2）构建坏账准备金动态计提模型。采用预期信用损失法（ECL）与迁徙率模型相结合的多维度计提策略。首先，对单项重大债权采用个别认定法；其次，组合计提引入账龄迁徙矩阵；最后，核销审批实行"三会联审"制度（风险管理委员会、审计委员会、财务委员会）。依据国际会计准则第 39 号（IAS 39）的相关规定，坏账核销须具备司法裁决文书、债务重组协议等法定证据支持。

3. 债权维护保障机制

（1）债权动态监测系统。构建包含 17 项核心指标的债权追踪矩阵。客户信用评级（采用 Altman Z-score 模型）、应收账款周转天数（DSO）、账龄结构分布、质保金覆盖率等。通过 BI 工具生成风险热力图，对账龄超过 270 天的债权自动标记为"高危资产"（实证数据显示此类债权回收率下降至 32%）。

（2）逾期债权分级管理。建立"四色预警—三级响应"机制。首先，对于蓝色预警（逾期 30 天），启动函证程序；其次，黄色预警（逾期 90 天），实施债务重组谈判；再次，橙色预警（逾期 180 天），需启动资产保全措施；最后，红色预警（逾期 360 天），则进入司法清算程序。配套建立坏账追索责任制，实行终身追责机制。

（三）应收账款事后管理

应收账款的事后管理即应收账款监督，要关注有多少欠款尚在信用期及有多少已经超出。应收账款一旦形成，企业必须考虑如何按期足额收回的问题。应收账款监督的方法有账龄分析法、财务指标分析法和对比分析法等。企业需根据应收账款回收的情况，调整商业信用政策。若有欠款超过信用期，则需要进行催账，如通过发函、电话、上门、法律等方式，但是催讨难度具有普遍性。

1. 债权质量动态监测机制

（1）风险敞口评估模型。建立基于账龄迁徙率的信用期内债权占比、逾期30~90天次级债权和超180天损失类债权的三维度监测体系，运用波士顿矩阵分析法，将债权按金额—账龄维度划分为"现金牛""明星""问题""瘦狗"四类资产，实施差异化管控策略。

（2）智能预警响应系统。开发嵌入ERP的债权追踪模块，实现自动触发账龄超期预警（预设18个月法律时效临界值）、生成债权质量热力图和推送定制化催收方案功能。系统内置20项风险评估参数，包括客户信用评分（采用FICO模型）、行业违约概率等。

2. 分级清收策略体系

（1）绩效联动责任机制。可构建"销售回款双维度考核模型"。在横向维度，将DSO（应收账款周转天数）纳入部门KPI；在纵向维度，实行项目终身追责制。建立风险准备金"穿透式"管理制度，按账龄计提专项拨备（30天为1%、90天为5%、180天为20%）。

（2）结构化处置路径设计。首先，协商阶段（逾期<90天），采用债务重组、应收账款保理等柔性措施；其次，法律阶段（90~180天），启动诉前财产保全、申请支付令；最后，司法阶段（>180天），实施破产清算、债权转让。

（3）数字化债权凭证管理。可部署区块链存证系统。运用智能合约自动生成电子对账单，通过时间戳固化债权确认时点，建立司法存证接口直连公证平台。

3. 权益保障创新实践

（1）多元化偿债工具创新。通过开发供应链金融票据置换方案、设计收益权资产证券化产品、试点数字货币智能清结算等创新型工具，提升债权回收率。

（2）法律救济效能提升。通过建立全国法院执行信息联动机制、开发失信被执行人智能监控平台和构建跨境债权追索协作网络等措施，可使判决执行到位率得到有效提升。

三、存货管理

企业存货与生产经营过程紧密相连，既能满足生产与销售的经营需求，又能助力企业获取采购成本优势。然而，过多的存货会占用大量资金，进而产生利息成本，同时还会带来存储成本等额外费用。因此，企业存货管理的核心在于平衡存货成本与存货效益，在确保满足生产经营需求的前提下，力求使存货成本最小化。

从公司金融的视角来看，存货管理需着重解决以下三个关键问题：

第一，在特定时期内，企业应订购（或生产）多少数量的产品？这一问题关乎存货的数量规划，直接影响企业的资金占用水平与存货成本。通过科学合理的计算与预测，确定最优订购（或生产）数量，可有效避免存货积压或短缺问题，进而实现成本控制与效益提升。

第二，企业应在何时进行存货的订购（或生产）？该问题涉及存货的时间管理，合理的订购（或生产）时机能确保企业生产经营活动的连续性，防止因存货短缺导致生产停滞或销售延误，同时也有助于降低因提前订购（或生产）过多存货所带来的资金占用成本与存储成本。

第三，哪些存货（或商品）应引起特别关注？此问题聚焦于存货的重点管理，企业通常会依据存货的重要程度、价值高低、周转速度等因素，对存货进行分类管理。对于那些关键的、高价值的或周转较慢的存货，需实施更为严格的监控与管理措施，以确保其安全、高效地流转，从而保障企业生产经营的顺利进行。

其中，前两个问题属于事前管理范畴，即存货规划；第三个问题则属于事中管理环节。

1. 存货事前管理

为合理控制存货水平，降低营运成本，使一定时期内存货的相关总成本最低，可使用福特·惠特曼·哈里斯（Ford Whitman Harris，1913）提出的经济订货批量模型（Economic Order Quantity，EOQ）来确定最优订货量。

经济订货批量模型可用于分析在公司存货的总需求量 S 固定的前提下，寻找每次最佳的存货订购数量 Q，以实现存货成本的最小化。在存货管理过程中，公司需承担存货占用资金成本、仓库管理费等存储成本，以及订货成本。因此，存货管理的总成本由存储成本与订货成本组成，即总成本＝存储成本+订货成本。具体模型内容如下：

C 表示每件存货的存储成本；

Q/2 表示平均存货量；

F 表示每次的订货成本；

S 表示存货的总需求量。

年存储成本＝C×（Q/2）

年订货成本＝F×（S/Q）

总成本＝存储成本+订货成本＝C×（Q/2）+F×（S/Q）

根据给定的假设条件，可以得到存货管理的总成本＝订货成本+存储成本＝F×（S/Q）+C×（Q/2），接下来让总成本对 Q 求导等于 0，就得到了最优订货量 E（Economic Order Quantity，EOQ）。

$$EOQ = \sqrt{\frac{2FS}{C}} \qquad\qquad (8-5)$$

【例8-4】

某 T 恤衫销售公司，已知该公司年销售量为 2.6 万件，商品的存储成本为存货价值的 25%，进货价格为 4.92 美元/件，订货的固定成本为 1000 美元/次。请计算该公司的经济订货批量。

【解】利用式(8-5)可得：

$$EOQ = \sqrt{\frac{2FS}{C}} = \sqrt{\frac{2\times1000\times26000}{0.25\times4.92}} \approx 6500(件)$$

这家公司的经济订货量为 6500 件，该公司一年订货的最佳次数为 26000÷6500＝4（次）。

2. 存货事中管理

（1）ABC 分析法。对于一家大型企业来说，存货往往存在成千上万个品种，它们的价值和数量差异巨大，因此需要区分主次，不能只是简单计算经济采购批量，需要区别对待。公司为实现存货资源的优化配置与高效管控，根据存储成本、缺货影响程度、订购所需时间等多维度标准，对存货进行综合评估，并将它们划分为 A 类、B 类、C 类，然后有重点地加以管理。A 类存货的特点是金额巨大，品种数量较少；B 类存货金额一般，品种数量较多；C 类存货品种数量繁多，但价值较低。三类存货的金额比重大致为 A：B：C＝0.7：0.2：0.1。

（2）存货的适时供应系统。制造商与供应商建立紧密协作的适时供应系统，通过精准的信息共享与物流协同，确保供应商仅在制造商生产过程中实际需要原料或零件时才进行配送。这一模式有效降低了制造商的存货持有水平，减少了库存积压，提升了资金周转效率，是现代供应链管理的重要实践。

3. 存货事后管理

（1）PDCA。使用 Plan-Do-Check-Action(PDCA) 的方法对日常工作中出现的问题进行持续改善。PDCA 是管理学中的一个通用模型，企业按照计划、执行、检查、纠正的顺序开展质量管理活动，并持续循环这一过程，不断发现质量问题、采取改进措施，从而实现产品质量与管理效能的持续提升。

例如，某批货物送到客户仓库后发现有外包装破损、产品金属外表有生锈的情况，对于客户来说，这样的产品是不合格的，首先要用 5W2H 分析法进行情况调查。

（2）保护客户。为保护客户的生产不受影响，需制定紧急补救措施，如立即补发一批质量合格的产品给客户。

（3）行动计划。当发生问题时，就要找到根本原因，制订行动计划，跟踪改善结果，并做到持续改进。

（4）原因分析。在整个 PDCA 的环节中，最困难的是分析问题的根本原因。只有分析问题的根本原因，才能从源头上解决问题，预防类似的问题再次发生。

（5）跟踪改善。制订行动计划后，还要进行后续跟踪，否则，改善的结果是没有办法衡量的。

（6）经验汇总。以后再有类似的问题发生后，就可以参照之前的经验进行处理。同时，也可以反思为什么同样的问题会重复发生，是否在流程上还存在缺陷漏洞。

第三节　长期资金筹集——债权融资

在金融市场上，企业长期资金筹集主要源于债权融资和股权融资，除此之外，还有混合证券融资、租赁融资等方式。企业需从众多的筹资方式中选择适宜的筹资方式并进行合理组合，以实现筹资成本的降低与经营效益的提升。债权融资是企业获取资金的重要途径之一，其运作方式为发行债券或取得银行贷款等举债手段筹集资金。企业在债券融资过程中，需预先明确并承担资金利息支出责任，待债权到期时，按照约定向债权人偿还本金，以保障债权人权益，维护企业信用评级。

一、长期借款

长期借款是指企业为满足长期资金需求，向银行或非银行金融机构借入的使用期限超过一年的借款，其主要用途包括固定资产投资、长期项目开发等。长期借款需经过企业申请、金融机构严格审批等流程，借贷双方通过签订借款合同，明确借款金额、利率、用途、还款期限、还款方式及违约责任等关键条款，且通常附带抵押、担保等条件，以降低金融机构的风险。作为企业筹措长期负债资金的重要方式之一，长期借款在企业融资体系中具有举足轻重的地位。

企业向银行或非银行金融机构借入的使用期限超过一年的借款，主要用于购置固定资产和满足长期流动资金占用的需要。长期借款由企业提出申请，金融机构进行审批，借贷双方签订借款合同，规定借款的数额、利率、用途、偿还期限、偿还方式以及违约责任等，且多附抵押条件、担保要求。长期借款是企业筹措长期负债资金的重要方式之一。

1. 长期借款的种类

（1）按用途，长期借款涵盖购置固定资产、进行技术改造、开展科技研发与新产品试制等。

（2）按贷款机构，长期借款包括开发性金融贷款、政策性银行贷款、商业银行贷款、保险公司贷款、信托投资公司贷款、财务公司贷款等。

（3）按有无担保，长期借款分为信用贷款与抵押贷款。

2. 企业长期借款的成本与偿还方式

企业长期借款成本主要由利息支出及银行向企业收取的手续费等其他费用支出构成。长期借款存在多种偿还方式，例如：①定期支付利息，到期一次性偿还本金，这是最常见且具代表性的偿还方式。采用此种方式，借款企业分期支付利息的压力相对较小，但借款到期后偿还本金的压力则较大。②定期定额偿还方式，这种偿还方式虽减轻了一次性偿还本金的压力，但可供借款企业使用的借款额度会逐期递减，进而导致企业使用借款的实际利率升高。

每种偿还方式均存在利弊，借款企业需依据自身实际经营状况，择取合适的偿还方式。

3. 长期借款的优缺点

（1）优点。①筹资速度快。长期借款仅涉及借贷双方的债权债务关系，不牵涉公众和其他利益者相关者，只要双方达成协议即可取得借款。相较于股权融资等方式，所需时间较短。②筹资成本低。长期借款利率通常低于发行公司债的利率，且不涉及审批、发行等，交易成本低。同时，由于利息在税前支付，借款利息具有减税效应，有效降低了企业实际借款成本。③灵活性大。长期借款的期限、利率、金额及还款等均由双方协商确定，具有较大的灵活性。此外，债权银行一般不干预企业的生产经营活动，不会影响企业的股权结构，有利于保障股东对企业的控制权。

（2）缺点。①财务风险大。长期借款涉及比较长的时间周期，可能面临支付能力下降、利率波动、市场风险等风险。若企业未能按时还本付息，将面临破产风险。②约束性强。银行出于资金安全考量，通常会在借款合同中附加诸多保护性条款，对企业资金用途、资产处置等经营行为形成一定约束。③筹资数额有限。基于风险控制因素，银行一般不愿意发放巨额的长期借款。与发行股票和债券相比，长期借款的融资规模相对有限。

二、公司债券

1. 发行债券的资格与条件

公司债券是公司发行的长期债务凭证，通常是为建设大型项目筹集大额长期资金。公司债券具有优先求偿权、利息税前支付等特点，相较于股票，公司债券成本低。

（1）发行债券的资格。《中华人民共和国公司法》规定，股份有限公司、国有独资公司以及两个以上的国有企业或其他两个以上的国有投资主体投资设立的有限责任公司具有发行公司债券的资格。

（2）发行债券的条件。《中华人民共和国证券法》规定，公开发行公司债券，应符合以下条件：具备健全且运行良好的组织机构；最近三年平均可分配利润足以支付公司债券一年的利息；满足国务院规定的其他条件。公开发行公司债券所筹集的资金，必须严格按照公司债券募集办法所列资金用途使用；若需改变资金用途，须经债券持有人会议作出决议。公开发行公司债券所筹资金，不得用于弥补亏损和非生产性支出。

2. 债券偿还方式

债券偿还方式分为一次性偿还与分期偿还两种。一次性偿还时，在债券整个偿还期内，溢价或折价均已全部摊销，无论当初是按面值发行还是折价或溢价发行，应付账面价值均等于债券面值，偿付时不会产生损益。分期偿还时，在债券有效期内，于某一时间偿还部分本息，直至分期还清。这种方式可减轻一次性集中偿还的财务负担，通常采取建立偿债基金的方式进行偿还，即债券发行公司在债券到期前，定期按债券发行总额在每年收益中按一定比例提取资金，交由信托人保管，用于分期偿还本金。

第四节　长期资金筹集——股权融资

一、股权融资的含义

股权融资是指企业的股东愿意让渡部分企业所有权，通过企业增资途径引入新的股东，进而增加总股本的一种融资方式。其主要形式涵盖首次公开发行股票、定向增发股票、配股、优先股发行、股权转让及员工持股计划等。

二、股权融资的主要方式

（一）首次公开发行股票（IPO）

1. 普通股发行的条件

对 IPO 主体资质有以下三个特别规定：首先，治理有效性。需建立独立董事占比≥1/3 的董事会结构。其次，财务合规性。近三年审计意见均为标准无保留。最后，合规经营记录。实际控制人及控股股东无重大违法违规记录(依据《首次公开发行股票注册管理办法》)。公司设立模式与股份发行特征对比如表 8-1 所示。

表 8-1　公司设立模式与股份发行特征对比

设立模式	认缴主体	发行方式	资本募集比例要求
发起设立	全体发起人	非公开认缴	全额认购注册资本
募集设立	发起人+公众	部分公开募集	发起人认购≥35%注册资本

资料来源:《中华人民共和国公司法》。

增资发行股票是股份有限公司为拓展业务、增加资本而发行的股票。增资发行股票的条件为:首先，存量股票已全部发行完毕;其次，发行目的为扩大生产需要;最后，增资方式需按照约定方式进行。

随着我国资本市场的迅速发展，股票发行审核制面临一系列问题。为强化市场监管、提升市场运作效率以及吸引更多资本入市，于 2018 年 11 月推出股票发行注册制改革。2023 年 2 月 17 日，中国证监会发布全面实行股票发行注册制，全面实施注册制，使股票的发行上市更加规范、透明、可预期，将企业上市选择权交予市场。然而，实行注册制并不意味着放松质量要求，反而审核把关更加严格。通过梳理上海证券交易所、深圳证券交易所发行上市条件及《上海证券交易所股票上市规则》(2024 年 4 月修订)可以发现，在全面注册制下，公司主体资格、规范运行等条件未发生变化，但主板上市财务指标条件已大幅优化，具体表现为取消部分硬性指标、增设两套上市标准、明确红筹及特殊表决权企业的上市标准。如表 8-2 所示。

2. 普通股上市流程

普通股上市流程主要包括以下几个步骤:

第一，募集股份申请。公司首先向有关部门提出募集股份的申请，这是启动上市程序的关键一步，标志着公司正式开启资本市场之旅。

第二，公告招股说明书。募股申请获得核准后，发起人应在规定期限内向社会公告招股说明书。招股说明书是公司向投资者全面披露自身信息的重要文件，包括公司的业务模式、财务状况、发展前景等关键信息，为投资者作出投资决策提供依据。

第三，签订协议与募集股份。签订承销协议和代收股协议，发起人向社会公开募集股份。承销协议的签订有助于确保股票发行的顺利进行，代收股协议则明确了股份募集过程中的资金收付等事宜，为股份募集提供了规范的流程和保障。

表8-2　全面注册制与核准制主板上市财务指标条件

	全面注册制下主板上市财务指标	核准制主板上市财务指标
第一套标准	1. 最近3年净利润均为正，且最近3年净利润累计不低于1.5亿元； 2. 最近1年净利润不低于6000万元； 3. 最近3年经营活动产生的现金流量净额累计不低于1亿元，或营业收入累计不低于10亿元	1. 最近3个会计年度净利润均为正数且净利润累计超过3000万元； 2. 最近3个会计年度经营活动产生的现金流量净额累计超过5000万元，或最近3个会计年度营业收入累计超过3亿元； 3. 最近一期期末无形资产占净资产比例小于或等于20%； 4. 最近一期期末不存在未弥补亏损； 5. 发行前股本总额不少于3000万元
第二套标准	1. 预计市值不低于50亿元； 2. 最近1年净利润为正； 3. 最近1年营业收入不低于6亿元； 4. 最近3年经营活动产生的现金流量净额累计不低于1.5亿元	
第三套标准	1. 预计市值不低于80亿元； 2. 最近1年净利润为正； 3. 最近1年营业收入不低于8亿元	

第四，投资者认股与缴款。投资者招认股份，缴纳股款。这是股票发行过程中的关键环节，投资者通过认购股份并缴纳股款，为公司提供了所需的资金支持，同时也成为公司的股东，分享公司未来的发展成果。

增资发行新股的程序如下：

第一，发行新股决议。公司首先作出发行新股的决议，这一决议通常基于公司业务发展的需要，如扩大生产规模、拓展市场等，通过增加资本来为公司的发展提供资金支持。

第二，提出发行申请。公司向有关部门提出发行新股的申请，申请过程中需提交详细的发行方案和相关资料，以供监管部门审核。

第三，公告与签订协议。公告招股说明书，制作认股书，签订承销协议。招股说明书向投资者全面展示公司的信息，认股书是投资者认购股份的依据，承销协议则确保新股发行的顺利推进。

第四，股份认购与交割。招认股份，缴纳股款，交割股票。投资者根据认股书的约定认购股份并缴纳股款，公司则在收到股款后向投资者交付股票，完成股份的交割过程。

3. 股票发行方法及推销方式

根据投资者认购股票时是否缴纳股金，划分为有偿增资、股东无偿配股和有偿、无偿并行增股。

（1）有偿增资。投资者需以现金或实物资产按票面价值或市价认购新股，具体包括公开募集发行（参照《证券发行与承销管理办法》）、原股东优先认购（适用配股条款)和战略投资者定向配售(依据《上市公司非公开发行股票实施细则》)三种实施路径。一般而言,股份公司在发行新股时,原有股东享有优先认购权,这体现了对原有股东权益的保护。在满足原有股东的认购需求后,剩余部分再向社会公众发行,以扩大公司的股东基础。而第三者分摊方式的采用,旨在增强管理人员和职员的责任心,方便公司的经营管理活动,通过让管理人员和职员持有公司股票,使其更加关注公司的发展,从而提升公司的整体运营效率。

(2)股东无偿配股。公司通过会计科目调整实现股本扩张,具体操作方式如下:

第一,盈余公积转增(满足《中华人民共和国公司法》第一百六十六条要求)。

第二,股票拆细(符合上海与深圳《证券交易所股票上市规则(2024年4月修订)》第5.3.1条、第5.3.3条要求)。

第三,股利股票化(采用送红股方式)。

股东无偿配股的核心目的在于强化股东的信任与信心,同时提升公司信誉,或优化资本结构。但是,受资金来源的限制,公司不能频繁采用该方式发行股票。

(3)有偿、无偿并行增股。发新股时,实施复合型增资方案,要求股东支付部分认购款,差额由资本公积补足。公司会根据自身的资本结构和财务状况,综合考虑增发新股采用的发行方法,以实现公司资本结构的优化和股东利益的最大化。

在股票推销方面,发行公司有两种选择:第一,将股票直接销售给认购者,公司需要自行承担股票销售的风险和责任;第二,将股票委托给证券经营机构代理销售,代理销售又分为包销和承销。包销是指证券经营机构承诺在约定时间内按发行价格全额购入并销售股票,若未能全部售出,则由证券经营机构自行承担未售出部分的股票,这种方式对发行公司而言风险较小。承销则是指证券经营机构仅在约定时间内尽力销售股票,不承担未售出部分的股票,发行公司需自行承担一定的销售风险。

接下来对股票上市情况进行分析,主要从上市目的、股票上市的暂停与终止等方面展开。

4. 股票上市的目的

(1)股本大众化。股票上市后,能够吸引众多投资者参与认购公司股份,公司借此机会将部分股份转售给新投资者,从而推动股本的大众化。这一过程不仅拓宽了公司的融资渠道,还将所筹集的资金灵活运用于其他关键领域,有效分散公司风险,增强其抗风险能力,为公司的稳健发展奠定坚实的基础。

(2)提高股票的变现力。在证券交易所公开交易,投资者可以更加便捷地进行买卖操作，这极大地提高了股票的流动性和变现力。投资者能够更灵活地调整自己的投资组合，而公司股票的高流动性也有助于吸引更多投资者的关注和参与，进一步提升股票的市场活跃度，形成良性循环。

（3）拓宽融资渠道。股票上市需经过严格审查并遵循相关管理规定，公司在此过程中不断完善治理结构，提升透明度，执行严格的信息披露和上市规则。这有助于增强社会公众对公司的了解与信赖，使公众更愿意投资公司股票。此外，上市公司凭借其在资本市场的良好形象和信誉，能够更便捷地通过多种方式（如发行债券等负债方式）筹集资金，为公司的业务拓展、项目投资、研发投入等提供充足的资金支持，助力公司实现战略目标。

（4）提高公司知名度。上市公司作为公众公司，受到社会的广泛关注，并且通常被认为具有较高的经营水平和实力。这有利于提高公司的知名度。知名度的提升不仅有助于公司在市场中树立良好的品牌形象，还能为公司带来更多的商业合作机会和资源支持。

（5）便于确定公司价值。股票上市后，股价在二级市场上公开交易形成，为公司提供了一个直观的市场价值参考。这不仅有利于投资者评估公司的投资价值，也有助于为公司的战略决策、并购重组等提供重要的参考依据。在实施注册制后，主板 IPO 的企业需满足特定的财务标准。值得注意的是，注册制下的第二套与第三套标准，不再要求发行人最近三个会计年度净利润为正，这将有利于一些受行业或其他周期影响的大企业上市，为资本市场注入更多活力。

一般情况下，从企业改制到完成发行上市，主要包含以下几个阶段：

第一，重组改制。企业通过重组改制，优化自身的业务结构和资产配置，使其符合上市公司的要求，为后续的上市工作奠定基础。

第二，尽职调查与辅导。中介机构对企业进行全面的尽职调查，深入了解企业的经营状况、财务状况、法律合规等情况，并对企业进行上市辅导，帮助企业规范运作，提升管理水平。

第三，申请文件的制作与申报。根据尽职调查结果和相关法规要求，制作规范的上市申请文件，并向监管部门申报。申请文件的质量直接影响到监管部门的审核结果，因此需确保文件的真实、准确、完整。

第四，发行审核。监管部门对企业的上市申请进行审核，重点审查企业的财务状况、业务模式、公司治理等方面是否符合上市条件，确保上市企业的质量和市场的稳定运行。

第五，路演询价与定价。通过路演等方式向投资者推介公司，收集投资者的反馈信息，进行询价和定价。合理的定价对股票的成功发行和市场的稳定具有重要意义，既能保护投资者利益，又能为公司筹集到足够的资金。

第六，发行与挂牌上市。完成上述环节后，公司正式发行股票并在证券交易所挂牌上市，开始面向公众投资者进行股票交易，开启公司发展的新篇章。

5. 股票上市的暂停与终止

依据《中华人民共和国证券法》等相关规则制度，上市公司出现以下情形之一的，通常由国务院证券监督管理机构决定暂停其股票上市。

（1）不具备上市条件。股权分散度低于25%持续60日以上，这可能影响到股票的流动性和市场的稳定性。

（2）财务状况不合规。公司不遵守相关规定，未公开其财务状况，或者审计意见连续两年"无法表示意见"等情形，存在误导投资者、损害债券市场的诚信基础的风险。

（3）重大违法行为。公司存在重大违法行为，这可能对公司的声誉和经营造成严重影响，不利于市场的健康发展。

（4）连续亏损。公司最近三年连续亏损，这表明公司的经营状况不佳，可能存在一定的财务风险，需要暂停上市以保护投资者利益。

（5）其他情形。证券交易所上市规则规定的其他情形可能涉及公司的治理结构、信息披露等，这些情形同样会影响公司的上市资格。

上市公司出现以下情形之一的，通常由国务院证券监督管理机构决定终止其股票上市。

（1）不具备上市条件。公司股本总额、股权分布等发生变化，不再具备上市条件，在证券交易所规定的期限内仍不能达到上市条件，这表明公司已无法满足资本市场的要求，继续上市将损害市场秩序和投资者利益。

（2）拒绝纠正财务问题。公司不遵守相关规定，未公开其财务状况，或者存在重大财务造假涉及金额超净资产的50%，这种行为严重违反了市场诚信原则，无法为投资者提供真实可靠的信息，必须终止上市。

（3）长期亏损且无法恢复盈利。连续四年净利润为负且营业收入低于1亿元，这说明公司的经营状况持续恶化，缺乏持续经营能力，终止上市是保护投资者利益的必要措施。

（4）解散或破产。公司解散或者被宣告破产，这标志着公司的法人资格即将终止，无法继续履行上市公司的责任和义务，必须终止股票上市。

（5）其他情形。证券交易所上市规则规定的其他情形可能涉及公司重大违规、长期停牌等，这些情形同样会导致股票上市的终止。

上市公司退市前会发布公告，通常有1个月左右的时间让投资者交易手中的股票，以便投资者作出相应的投资决策，减小退市对投资者造成的不利影响。

（二）优先股发行

优先股作为混合型融资工具具有双重属性，优先股股东拥有收益分配优先权，即优先于普通股获得固定股息，但权益受限无表决权且剩余财产求偿顺序次于债权人。尽管优先股属于股票范畴，但它按固定股息率支付，与公司债券具有相似性。

1. 优先股的特征

（1）优先分配固定股利。优先股股东享有优先分配固定股利的权利，但在公司无利润或利润不足时，公司可不支付股息，这体现了优先股的风险与收益特性。

（2）剩余财产分配优先权。当公司进行破产清算时，优先股对公司剩余财产的分配权虽在债权人之后，但优于普通股，这为优先股股东提供了一定程度的财产保障。

（3）通常无投票权。优先股股东不具有投票权，仅在某些特定条件下才拥有临时投票权，这使优先股股东在公司治理中的影响力相对有限，但在特定条件下也能对公司决策产生一定影响。

2. 优先股的分类

优先股可按照转换权与否、回购条款、股利累积和利润参与状况进行分类。

（1）可转换优先股与不可转换优先股。可转换优先股持有人有权按预设转换比率转为普通股，这为投资者提供了更多的选择和灵活性，使其能够根据市场情况和自身需求调整投资组合。不可转换优先股则不具备这种转换权利。

（2）可赎回优先股与不可赎回优先股。可赎回优先股允许发行公司在触发条款时（如股价突破转股价130%）以面值溢价10%~15%回购优先股，这为公司提供了资金管理的便利，使其能够在合适的时候调整资本结构。不可回购优先证券则提供持续稳定的股息现金流，久期匹配机构投资者需求。

（3）累积优先股和非累积优先股。累积优先股确保股东在公司盈利不足时，未分配股息计入递延负债，对往年未分配的股息有权要求补给，保障了优先股股东的长期收益权益；非累积优先股则在当年盈利不足时，股东无法要求后续年度补发股息，股息分配存在不确定性。

（4）参与优先股与非参与优先股。参与优先股使股东享有超额利润分成权，内含看涨期权价值，在公司利润增加时，除固定股息外，还能参与剩余利润分配，与普通股共享更多经营成果；非参与优先股则仅享有固定股息，不再额外参与利润分配，收益相对固定。

3. 发行优先股的动机

（1）筹集自有资本，防止股权分散化。通过发行优先股可以筹集自有资本，同时由于优先股不具有投票权，可以防止股权分散化，保障原有股东的控制权，这对于公司稳定经营和长期发展具有重要意义。

（2）调剂现金流量的手段。因为优先股无须偿还本金，所以公司可在资金不足时发行优先股筹集资金，在资金充裕时可赎回部分或全部优先股，进而灵活调整现金余缺，优化资金配置，提高公司的资金使用效率。

（3）改善公司的资本结构。公司在规划资本结构中外部资本与自有资本的比例时，可利用优先股的发行、转换、赎回等功能，灵活地调整资本结构和自有资本内部结构，实现财务结构的优化与平衡。使公司的资本结构更加合理，降低财务风险，提升公司的价值。

（4）维持举债能力。优先股扩大了权益基础，可增加公司的信誉，增强公司偿付债务的能力，从而维持公司的举债能力，为公司的持续发展提供稳定的资金支持。

本章小结

（1）营运资本是指流动资产的投资额。公司所投入的营运资本取决于公司经营过程的时间长短。经营过程的时间跨度越大，所投入的营运资本也就越多。营运资本既可以通过短期融资方式筹集，也可以通过长期融资方式筹集。

（2）短期融资的目的是获得进行流动资产投资的资金，但流动资产的资金来源并不仅限于短期资金，其中永久性流动资产的资金需求可通过长期融资解决，临时性流动资产则可通过短期融资方式解决其资金不足。

（3）企业进行长期融资旨在支持长期投资（如固定资产、研发、并购等），优化资本结构以降低短期负债压力，增强财务稳定性与抗风险能力，助力战略扩张（如市场拓展、多元化），同时传递长期发展信心，匹配投资周期与资金期限。

（4）流动资产是公司最具流动性或最具变现能力的资产，主要包括库存现金、有价证券、应收账款、存货等。流动资产管理有两个要求：第一，公司保持最佳的流动资产投资水平；第二，保持和提高流动资产的流动性。

重要术语

营运资本　净营运资本　流动资产　短期融资　长期融资　债券融资　股权融资　现金预算　现金收入　现金支出　商业票据　现金存量库存模型　商业信用　存货

练习题

1. 净营运资本和营运资本有何区别？

2. 已知公司当前应收账款周转率为 4，若运用短期借款筹集资金并投资于存货，请说明公司的营运资本与净营运资本将如何变化。

3. 某公司持有现金 100 万元，预计下一年度的现金需求量为 20 万元/月。将证券兑换为现金的交易费用为 1000 元/次。已知现行无风险资产年利率为 8%。请问：A 公司应持有多少现金为宜？若公司将现持有现金投资短期证券，请计算在未来一年中，公司需出售其持有的短期证券的次数。

4. 某公司计划借入期限为 6 个月，金额为 10 万元的资金。有三种方案可供选择：

方案一：年利率为 8%，补偿性存款余额为 20% 的贷款。

方案二：折价发行 6 个月期商业票据，年利率为 7.5%。

方案三：年利率为 10.5%，无补偿性存款余额要求的贷款。

请按实际利率抉择更优方案。

第九章　资本结构

📚 **学习要点**

1. 理解资本结构与财务杠杆效应的含义。
2. 掌握 MM 理论、权衡理论与优序理论的含义与内容。

第一节　资本结构与财务杠杆效应

一、资本结构

资本结构是指企业各种长期资金来源的构成和比例关系。企业的长期资金来源主要包括长期债务资本与权益资本，资本比例关系即两者各自所占的比重。总体而言，资本结构为在资本结构中确定债务资本所占的比例。

资本结构理论聚焦两个核心问题：第一，企业能否借助调整债务资本与权益资本的配比，实现公司价值的优化提升；第二，在肯定资本结构对公司价值存在影响的前提下，哪些因素决定了债务资本与权益资本的最优比例，以达到公司价值最大化与资本成本最小化的目标。

资本结构所呈现的企业债务与股权的比例，是影响企业偿债能力、再融资能力的关键因素，也会对企业未来的盈利能力产生连锁反应，构成评估企业财务状况的核心指标体系。科学的融资布局不仅能够削减融资成本，还能激活财务杠杆的调控效能，即所谓的财务杠杆效应，推动企业自有资金收益率的节节攀升。

二、财务杠杆效应

财务杠杆是指因公司采用负债筹资方式而产生的固定债务利息等，导致股权收益变动幅度大于息税前利润变动幅度的现象。当公司债务筹资比率较高时，公司需支付较多的债务成本，股权投资者收益的波动将被放大，即当某一财务变量发生较小幅度变动时，另一相关变量会随之发生较大幅度的变动。

净资产收益率(ROE)的计算公式如式(9-1)所示。

$$\text{ROE} = \frac{\text{Net Profit}}{\text{Equity}} = \frac{\text{EBIT}-\text{Interest}-\text{Taxes}}{\text{Equity}} = \frac{(1-\text{Tax Rate})(\text{EBIT}-\text{Interest})}{\text{Equity}}$$

$$= (1-\text{Tax Rate})\frac{(\text{ROA}\times\text{Assets}-\text{Interest Rate}\times\text{Debt})}{\text{Equity}}$$

$$= (1-\text{Tax Rate})\left[\text{ROA}\times\frac{(\text{Equity}+\text{Debt})}{\text{Equity}}-\text{Interest Rate}\times\frac{\text{Debt}}{\text{Equity}}\right]$$

$$= (1-\text{Tax Rate})\left[\text{ROA}+(\text{ROA}-\text{Interest Rate})\frac{\text{Debt}}{\text{Equity}}\right] \qquad (9\text{-}1)$$

通过式(9-1)可知：第一，净资产收益率(ROE)等于净利润除以股权资本，净利润等于息税前利润减去利息与税金。第二，若将扣税部分提取出来，分子可变为资产收益率与资产的乘积减去负债与负债利率的乘积。第三，进一步化简后，可得净资产收益率等于1减去税率乘以资产收益率(ROA)再加上 ROA 与负债利率之差乘以负债与股权之比。负债与股权之比通常被称为财务杠杆。

1. ROA>负债利率

财务杠杆作用就会使净资产收益率(ROE)由于负债经营而增加，从而使 ROE 大于 ROA。且杠杆比率这里也指负债比率(债务资本除以股权资本)，其数值越高，财务杠杆利益越大，所以财务杠杆利益的实质是 ROA 大于负债利率。

2. ROA<负债利率

ROA<负债利率，说明负债所产生的利润不足以弥补负债所需的利息，利用股权资本所取得的利润都不足以弥补利息，甚至需要股权资本来偿债，这便是财务杠杆损失，且杠杆比率越高，财务杠杆损失也越大。

当公司不利用债权融资时，称其为无杠杆公司；当利用债权融资时，称其为杠杆公司。用负债比总资产(B/TA)或负债比股东权益(B/E)来代表企业的杠杆比率。

【例9-1】

已知某公司的资产为 10 亿元，企业所得税税率为 40%，股价为 100 万元。分别计算公司在四种不同杠杆比率情况下，ROA 分别为-20%、20%和60%时，公司财务数据的变化情况与范围。

【解析】如表9-1所示，当杠杆比率(B/E)等于0，也就是无杠杆公司，所以其负债和负债利率均为0，股权为10亿元，股票数量为1000股；当 B/E 等于25%时，公司利用债权融资，是杠杆公司，相当于公司长期资本中有20%是利用债权融资，剩余的80%是股权融资，这时公司的负债为 2 亿元，股权为 8 亿元，负债利率为 10%，第三行和第四行分别是公司债权融资比率达到了 50% 和 80%。这里要注意的是，负债利率伴随着杠杆比率的增加也在上升，其原因是公司债权融资比例不断上升，导致其财务风险增加，所以投资者会对将要面临的这部分风险以提高负债利率的方式作为补偿。

表 9-1　四种杠杆比率情况下公司基本财务数据　　单位：万元，%

杠杆比率	负债	股东权益	负债利率	股票数（股）
B/E = 0	0	100000	0	1000
B/E = 25%	20000	80000	10	800
B/E = 100%	50000	50000	14	500
B/E = 400%	80000	20000	20	200

【解】按照四种不同的杠杆比率，分别计算公司的基本财务数据。

（1）B/E = 0。

当 ROA 分别为 -20%、20% 和 60% 时，对应的 EBIT、息后收益、净利润等指标如表 9-2 所示，这里要注意的是 ROE 所对应的差额范围是 48%[36%-(-12%)]，EPS 也一样，当杠杆比率上升后，差额范围大幅度增加[1]。

表 9-2　B/E = 0 情况下公司基本财务数据　　单位：万元，%

ROA	-20	20	60
EBIT	-20000	20000	60000
利息	0	0	0
息后收益	-20000	20000	60000
税金	-8000	8000	24000
净利润	-12000	12000	36000
ROE	-12	12	36
EPS	-12	12	36

（2）B/E = 25%。

在 ROA 分别为 -20%、20% 和 60% 时，对应各指标如表 9-3 所示，ROE 所对

---

[1]　要注意的是：当 ROA = -20% 时，税金为 -8000 万元，其原因是公司涉及的税种很多，针对利润交税的税种是企业所得税，如果公司的利润为负，是不用缴税的。如果是其他的税种，如增值税，它是根据销售收入来计算的，所以不管利润是不是为 0，都要缴税。

应的差额范围增加至60%〔43.5%-(-16.5%)〕，EPS差额增加至60万元。

表9-3　B/E=25%情况下公司基本财务数据　　　单位：万元，%

ROA	-20	20	60
EBIT	-20000	20000	60000
利息	2000	2000	2000
息后收益	-22000	18000	58000
税金	-8800	7200	23200
净利润	-13200	10800	34800
ROE	-16.50	13.50	43.50
EPS	-16.5	13.5	43.5

（3）B/E=100%。

当公司杠杆比率为100%时，也是债权融资与股权融资各占一半时，由于负债金额和负债利率的上升，对应各指标如表9-4所示，ROE所对应的差额范围增加至96%〔63.6%-(-32.4%)〕，EPS差额增加至96万元。

表9-4　B/E=100%情况下公司基本财务数据　　　单位：万元，%

ROA	-20	20	60
EBIT	-20000	20000	60000
利息	7000	7000	7000
息后收益	-27000	13000	53000
税金	-10800	5200	21200
净利润	-16200	7800	31800
ROE	-32.40	15.60	63.60
EPS	-32.4	15.6	63.6

（4）B/E=400%。

当公司利用高杠杆，杠杆比率上涨至400%时，ROE对应的差额范围像有杠杆撬动一样，快速增加，差额达到240%，EPS同样也增加至240万元，体现出财务杠杆效应对EPS和ROE的影响幅度(见表9-5)。

表 9-5　B/E＝400%情况下公司基本财务数据　　单位：万元，%

ROA	−20	20	60
EBIT	−20000	20000	60000
利息	16000	16000	16000
息后收益	−36000	4000	44000
税金	−14400	1600	17600
净利润	−21600	2400	26400
ROE	−108.00	12.00	132.00
EPS	−108	12	132

如图 9-1 所示，横轴表示 ROA，纵轴表示 ROE，四条线分别代表了杠杆比率为 0、25%、100% 和 400% 时，ROA 与 ROE 的关系。可以看到在 ROA 以 20% 为分界点，因为这时 ROA 正好等于负债利率，财务杠杆效应未显现。在分界点右侧，即 ROA 大于负债利率时，财务杠杆正向效应凸显，会增加 ROE，财务杠杆利益增大，且随着杠杆比率的增加，效果越大；反之，在分界点左侧，即 ROA 小于负债利率时，财务杠杆负向效应凸显，会减小 ROE，甚至出现损失，且随着杠杆比率的增加，财务杠杆损失越大。即在业绩好的时候，杠杆比率会增加收益，业绩差的时候，杠杆比率会加速恶化公司的收益，甚至造成损失。

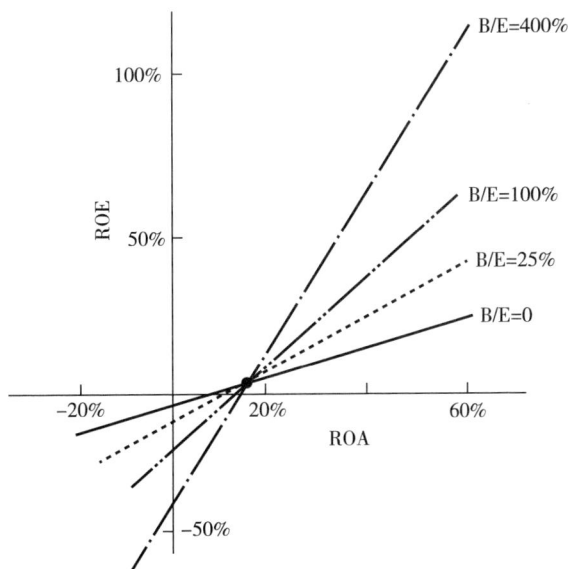

图 9-1　杠杆比率示意图

第二节　MM 理论

美国学者默顿·霍华德·米勒(Merton Howard Miller, 1958)和弗兰科·莫迪利安尼(Franco Modigliani, 1958)发表了一系列关于资本结构的重要文章, 建立了公司资本结构与市场价值不相干模型, 以下简称 MM 理论, 该理论主要包括三个重要结论。

一、MM 理论的基本假设

(1) 投资者对企业未来预期的营业利润(EBIT)和获取这些收益所面临风险的预期是完全一致的。

(2) 企业可以发行股票或债券, 负债无风险, 股票则存在风险。

(3) 证券市场是完善的, 具体表现为不存在任何股票发行与交易成本, 且个人所得税及企业所得税均不在考量范围内, 对于投资者而言, 获取股利与实现资本利得并无差异。

(4) 投资者可同公司一样以无风险利率借贷款。

(5) 企业预期的营业利润(EBIT)不变, 即假设企业的增长率为零, 企业的投资决策不变。

二、MM 理论的三个命题

(一) MM 理论命题 I

企业价值与企业的资本结构相互独立, 即企业无论是通过负债融资还是股票融资, 对企业价值均没有影响。

(二) MM 理论命题 II

对于举债经营(杠杆)的企业, 其普通股资本成本率是负债权益比的一次函数。

(三) MM 理论命题 III

企业的加权平均资本成本与资本结构相独立, 是一定的, 等于企业所属于的风险级别的固有贴现率。

三、MM 理论的证明

设定存在企业 U 和企业 L, 二者除资本结构存在差异外, 其余方面均完全相同。企业 U 为未利用负债的无杠杆企业，企业 L 为利用负债的杠杆企业。由前提假设，两企业的预期营业利润为 $X_U = X_L = EBIT$；且 EBIT 不变。在均衡市场环境下，企业 U 和企业 L 的总市值满足如下关系式：

$$V_U = V_L = EBIT/k$$

其中，k 为贴现率＝企业所属于的风险级别的固有贴现率。

E_U 为企业 U 的股东权益市值，B_L 和 E_L 分别为企业 L 的负债市值和股东权益的市值；企业与个人的负债资本成本率（负债利率）为 K_B，在此情况下，$V_U = E_U$，$V_L = B_L + E_L$。如图 9-2 所示。

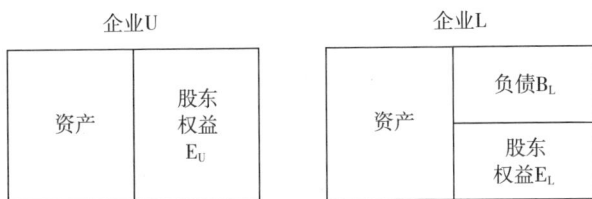

图 9-2　企业 U 和企业 L 示意图

（一）无税情况下

1. MM 理论命题 I

【证明】采用无套利原理进行证明。

（1）如果 $V_U > V_L$，那么可构建表 9-6 所示的套利策略。

表 9-6　$V_U > V_L$ 所构建的套利组合

投资策略	初始投资	投资收益
①卖出企业 U α 比例股票	αV_U	$-\alpha EBIT$
②买入企业 L α 比例股票	$-\alpha(V_L - B_L)$	$\alpha(EBIT - K_B B_L)$
③买入企业 L α 比例债券	$-\alpha B_L$	$\alpha K_B B_L$
小计④＝②＋③	$-\alpha V_L$	$\alpha EBIT$
套利⑤＝①＋④	$\alpha(V_U - V_L)$	—

如表 9-6 所示，通过②与③的组合正好弥补了①卖出股票所损失的投资收益 $\alpha EBIT$，并会获得 $\alpha(V_U - V_L)$ 的套利利润。倘若市场中存在此类套利机会，众多投资者便会迅速涌入市场，利用这一机会进行套利操作。在投资者的大量涌入与

套利行为的作用下，市场机制将迅速发挥作用，使这一套利机会在短时间内消失殆尽。最终，企业 U 与企业 L 的价值将重新回归均衡状态，二者的价值差异被消除，实现价值的均衡化。

（2）如果 $V_U < V_L$，那么可构建表 9-7 所示的套利策略。

表 9-7 $V_U < V_L$ 所构建的套利组合

投资策略	初始投资	投资收益
①卖出企业 L α 比例股票	$\alpha(V_L - B_L)$	$-\alpha(EBIT - K_B B_L)$
②买入企业 U α 比例股票	$-\alpha V_U$	$\alpha EBIT$
③借款 αB_L	αB_L	$-\alpha K_B B_L$
小计④=②+③	$\alpha(B_L - V_U)$	$\alpha(EBIT - K_B B_L)$
套利⑤=①+④	$\alpha(V_L - V_U)$	—

如表 9-7 所示，通过②与③的组合正好弥补了①卖出股票所损失的投资收益 $\alpha(EBIT - K_B B_L)$，并会获得 $\alpha(V_L - V_U)$ 的套利利润。由于套利利润的存在，必将导致追求利益的投资者进行买入卖出操作，使两企业的股价发生变化，最终达到 $V_U = V_L$。

2. MM 理论命题 II

【证明】企业所属风险级别的固有贴现率 k = WACC（加权平均资本成本），负债的市场价值为 B_L，股权的市场价值为 E_L，负债和股权的资本成本率分别为 k_B 和 k_L，营业利益 $X_L = EBIT$，净利润 $Y = EBIT - k_B B_L$，企业 L 的总市值 V_L，则普通股资本成本率 k_L 的计算公式如下：

$$k_L = \frac{Y}{E_L} = \frac{EBIT - k_B B_L}{E_L} = \frac{KV_L - k_B B_L}{E_L} = \frac{k(B_L + E_L) - k_B B_L}{E_L} = k + (k - k_B)\frac{B_L}{E_L} \qquad (9-2)$$

从式（9-2）可以看出，对于举债经营（杠杆）的企业，其普通股的资本成本率是负债权益比的一次函数。

如图 9-3 所示，MM 命题 II 表明企业所属风险级别的固有贴现率 k 大于负债资本成本率为 k_B 时，企业杠杆比率和负债上升会带来更高的财务风险，进而导致股本资本成本率上升。将命题 I 和命题 II 结合来看，MM 命题表明，尽管举债成本较低，但股本成本的上升会抵消这一好处。因此，增加债务并不会提升企业价值。

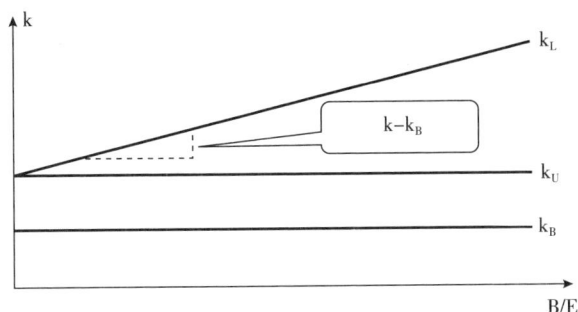

图 9-3　无税条件下 MM 命题 Ⅱ 示意图

3. MM 理论命题 Ⅲ

【证明】举债经营企业 L 的加权平均资本成本 $WACC_L$ 的计算公式如下：

$$WACC_L = \frac{k_B B_L}{B_L + E_L} + \frac{k_L E_L}{B_L + E_L} \tag{9-3}$$

将式（9-2）代入式（9-3）可得：

$$WACC_L = \frac{k_B B_L}{B_L + E_L} + \frac{E_L}{B_L + E_L}\left[k + (k-k_B)\frac{B_L}{E_L}\right] = \frac{k_B B_L}{B_L + E_L} + k\frac{B_L + E_L}{B_L + E_L} - \frac{k_B B_L}{B_L + E_L} = \frac{k_B B_L}{B_L + E_L} = k$$

$$\tag{9-4}$$

k＝企业 L 所属风险级别的固有贴现率＝企业 U 所属风险级别的固有贴现率＝$WACC_U$，将命题 Ⅰ、命题 Ⅱ 和命题 Ⅲ 联系起来看，MM 理论的基本结论指出，在没有税收的假设条件下，企业的资本结构不会对其价值和资本成本产生影响。

（二）有税情况下

此后两位学者提出了考虑有税条件下的资本结构理论，也就是修正的 MM 理论，假设存在企业 U 和企业 L 是两个除资本结构以外其他都完全相同的企业。企业 U 是未利用负债的无杠杆企业，企业 L 为利用负债的杠杆企业（负债为 B_L），企业所得税税率为 T_C，三个命题变化如下：

MM 理论命题 Ⅰ：由于税盾效应的存在，杠杆公司的企业价值要比无杠杆企业高（税盾效应），特别是当负债总额 B 一定的情况下，杠杆公司的企业价值 V_L 与无杠杆企业的企业价值 V_U 之间存在如下关系：

$$V_L = V_U + T_C B_L \tag{9-5}$$

MM 理论命题 Ⅱ：无杠杆公司的总资本成本为 k_U 时，以下关系式成立：

$$k_L = k_U + (k_U - k_B)(1 - T_C)\frac{B_L}{E_L} \tag{9-6}$$

MM 理论命题Ⅲ：

$$WACC_L = WACC\left[1 - \frac{T_C B_L}{B_L + E_L}\right] \tag{9-7}$$

1. 税盾效应

假设存在企业 U 和企业 L 是两个除资本结构外其他都完全相同的企业。企业 U 是未利用负债的无杠杆企业，企业 L 为利用负债的杠杆企业（负债为 B_L），企业所得税税率为 T_C，具体见表9-8。

表 9-8　税盾效应示意

项目	企业 U	企业 L
营业利润	EBIT	EBIT
（1）支付利息	—	$k_B B_L$
税前利润	EBIT	$EBIT - k_B B_L$
企业所得税	$EBIT \times T_C$	$(EBIT - k_B B_L) \times T_C$
（2）税后净利润	$EBIT \times (1 - T_C)$	$(EBIT - k_B B_L) \times (1 - T_C)$
可分配给债权者与股东的 CF(3) = (1)+(2)	$EBIT \times (1 - T_C)$	$(EBIT - k_B B_L) \times (1 - T_C) + k_B B_L =$ $EBIT \times (1 - T_C) + T_C k_B B_L$

因此，考虑了税金后，利用负债的杠杆企业 L 会比不利用负债的企业 U 所缴纳的所得税少 $k_B B_L (1 - T_C)$，所以，利用负债的杠杆企业 L 的 CF 会比不利用负债的企业 U 的 CF 多 $T_C k_B B_L$，这部分就是税盾效应。

2. MM 理论命题 Ⅰ

【证明】已知企业所得税税率为 T_C，对无杠杆的企业 U 的现金流 CF_U：

$$CF_U = EBIT(1 - T_C) \tag{9-8}$$

对杠杆企业 L 的现金流 CF_L：

$$CF_L = (EBIT - k_B B_L)(1 - T_C) + k_B B_L = EBIT(1 - T_C) + T_C k_B B_L = CF_U + T_C k_B B_L \tag{9-9}$$

通过对无杠杆企业 U 和杠杆企业 L 的现金流进行比较可以发现，企业 L 比企业 U 多 $T_C k_B B_L$，这部分就是税盾效应。对于两企业的企业价值，通常是用税后净利润除以股东权益的资本成本来计算。因此，企业 U 的企业价值为：

$$V_U = \frac{CF_U}{k_U} = \frac{EBIT(1 - T_C)}{k_U} \tag{9-10}$$

企业 L 的企业价值，股东权益部分用税后净利润除以股东权益的资本成本率，负债部分则用负债除以负债的资本成本率来计算。

$$V_L = \frac{CF_U}{k_L} + \frac{T_C k_B B_L}{k_B} = V_U + T_C B_L \tag{9-11}$$

因此，在 $K_U = K_L$ 的前提下，杠杆企业 L 比无杠杆企业 U 的企业价值多了 $T_C B_L$，即税盾效应的现在价值。有税情况下的财务杠杆与企业价值之间的关系如图 9-4 所示。

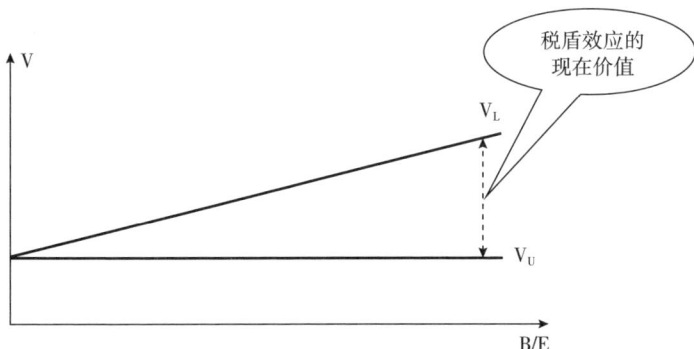

图 9-4　有税情况下 MM 命题 I 示意图

当考虑企业所得税时，由于负债利息为免税支出，可以降低公司的加权平均资本成本率，进而增加企业价值。因此，企业通过提高财务杠杆比率，能够不断降低资本成本率，公司利用负债越多，财务杠杆作用越显著，公司价值也越大。

因此，为实现企业价值最大化，在考虑有税情况下 MM 理论的最优资本结构结论为"100%负债"。

3. MM 理论命题 II

【证明】企业所属的风险级别的固有贴现率 k = WACC（加权平均资本成本），负债的市场价值为 B_L，股权的市场价值为 E_L，负债和股权的资本成本率分别为 k_B、k_L，营业利益为 X_L（$X_L = EBIT$），净利润为 Y（$Y = EBIT - k_B B_L$），企业 L 的总市值为 V_L，企业所得税税率为 T_C，则普通股资本成本率 k_L 的计算公式如下：

$$k_L = \frac{(EBIT - k_B B_L)(1 - T_C)}{E_L} = \frac{EBIT(1 - T_C)}{E_L} - \frac{k_B B_L(1 - T_C)}{E_L} \tag{9-12}$$

$$EBIT(1 - T_C) = kV_U = k(V_L - T_C B_L) = k(B_L + E_L) - kT_C B_L = kE_L - k(1 - T_C)B_L \tag{9-13}$$

将式（9-13）代入式（9-12）可得：

$$k_L = \frac{(EBIT - k_B B_L)(1 - T_C)}{E_L} = \frac{kE_L - k(1 - T_C)B_L}{E_L} - \frac{k_B B_L(1 - T_C)}{E_L}$$

$$=k-(k-k_B)\frac{B_L(1-T_C)}{E_L} \qquad (9-14)$$

从式(9-14)可以看出,对于举债经营(杠杆)的企业,其股东权益的资本成本率是负债权益比的一次函数,斜率$=(k-k_B)(1-T_C)$,比不存在税金情况下的斜率$(k-k_B)$要小。因此,股东权益的资本成本率的增长率缓解$(1-T_C)$;也就是说,在无税情况下,股东判断归属于自己的现金流 CF 大,因此会要求较高的期望收益率,但是在考虑税金的情况下,股东判断因为资本流出会增加,相对应的归属于自己的现金流 CF 会减少,因此要求的期望收益率有所降低。具体见图9-5中K_L曲线。

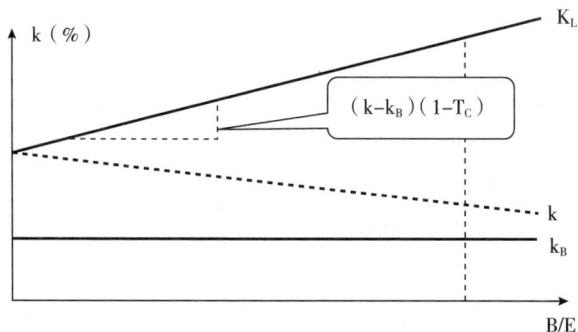

图9-5 考虑法人税条件下 MM 命题Ⅱ和命题Ⅲ示意图

4. MM 理论命题Ⅲ

【证明】企业所得税税率为T_C,举债经营企业 L 的加权平均资本成本 $WACC_L$的计算公式如下:

$$WACC_L=\frac{k_B B_L(1-T_C)}{B_L+E_L}+\frac{k_L E_L}{B_L+E_L} \qquad (9-15)$$

将式(9-14)代入式(9-15)可得:

$$WACC_L=\frac{k_B B_L(1-T_C)}{B_L+E_L}+\frac{E_L}{B_L+E_L}\left[k+(k-k_B)\frac{B_L(1-T_C)}{E_L}\right]=k\left(1-\frac{T_C B_L}{B_L+E_L}\right) \qquad (9-16)$$

因此,税盾效应现在价值降低了杠杆企业 L 的加权平均资本成本;杠杆企业 L 的 WACCL<无杠杆企业 U 的 WACC。具体见图9-5中 k 曲线。

(三)考虑个人所得税情况下

在考虑企业所得税的基础上,两位学者又考虑了存在个人所得税的情景,假定企业所得税税率为T_C,个人负债收入的税率为T_{PB},股票收入的税率为T_{PE}。

扣除企业所得税和个人所得税后的收入如表9-9所示。

表9-9 考虑个人所得税条件下收入变化

项　目	负债收入	股票收入
税前收益	EBIT	EBIT
企业所得税	0	$EBIT \times T_C$
税后收益	EBIT	$EBIT \times (1-T_C)$
个人所得税	$EBIT \times T_{PB}$	$EBIT \times (1-T_C) \times T_{PE}$
扣除所得税和个人所得税后的收入	$EBIT \times (1-T_{PB})$	$EBIT \times (1-T_C) \times (1-T_{PE})$

【证明】在有企业所得税和个人所得税情况下，对无杠杆的企业 U 的现金流 CF_U：

$$CF_U = EBIT(1-T_C)(1-T_{PE}) \tag{9-17}$$

对杠杆企业 L 的现金流 CF_L：

$$
\begin{aligned}
CF_L &= EBIT(1-T_C)(1-T_{PE}) + k_B B_L(1-T_{PB}) \\
&= (EBIT-k_B B_L)(1-T_C)(1-T_{PE}) + k_B B_L(1-T_{PB}) \\
&= EBIT(1-T_C)(1-T_{PE}) + k_B B_L[(1-T_{PB}) - (1-T_C)(1-T_{PE})] \\
&= CF_U + k_B B_L[(1-T_{PB}) - (1-T_C)(1-T_{PE})] \tag{9-18}
\end{aligned}
$$

通过对无杠杆企业 U 和杠杆企业 L 的现金流进行比较可以发现，企业 L 比企业 U 多 $k_B B_L[(1-T_{PB}) - (1-T_C)(1-T_{PE})]$。对于两企业的企业价值，通常用税后净利润除以股东权益的资本成本来计算。

企业 U 的企业价值为：

$$V_U = \frac{CF_U}{k_U} = \frac{EBIT(1-T_C)(1-T_{PE})}{k_U} \tag{9-19}$$

企业 L 的企业价值，股东权益部分用税后净现金流除以股东权益的资本成本率，负债部分则用负债除以负债的资本成本率来计算。

$$
\begin{aligned}
V_L &= \frac{CF_U}{k_U} + \frac{k_B B_L[(1-T_{PB}) - (1-T_C)(1-T_{PE})]}{k_B} \\
&= V_U + [(1-T_{PB}) - (1-T_C)(1-T_{PE})] B_L \tag{9-20}
\end{aligned}
$$

因此，由于税率的不同会导致企业采取以下不同的方法筹资：

当 $(1-t_{PB}) > (1-t)(1-t_{PE})$ 时，$V_U < V_L$，企业选择利用负债筹资。

当 $(1-t_{PB}) = (1-t)(1-t_{PE})$ 时，$V_U = V_L$，无区别，即无税情况下 MM 理论命题I。

当 $(1-t_{PB}) < (1-t)(1-t_{PE})$ 时，$V_U > V_L$，企业选择利用股权筹资。

四、MM 理论的启示

（一）个人投资者

首先，投资组合与资本结构的类比及税收考量。若将个人投资者持有的投资组合等同为公司资本结构类，虽然企业所得税有所增加，但同时也产生了税盾效应。这意味着个人投资者可考虑以企业名义进行投资，以便利用税收优惠政策。例如，创办小型公司，借此享受个人所得税减免的益处，从而优化个人税务负担，提升投资收益的税后价值。

其次，借钱投资的重新审视。传统投资观念常建议避免借钱投资，但 MM 理论提供了新视角。借钱投资实为利用财务杠杆，若全部资金均为借入，投资组合价值在理论上达到最高。然而，需理性看待，若投资亏损，继续借到钱的可能性会大幅降低。因此，借钱投资并非绝对不可行，关键在于所借资金能否产生正的现金流，若能，则可适度考虑借钱投资，以期放大收益，但需谨慎评估风险。

最后，投资组合最优配置的思考。MM 理论表明，投资国债未必劣于投资股票，投资者不应被股票表面的高收益所迷惑。应比较风险投资的预期税前收益率与国债收益率，若风险投资的预期税前收益率高于国债收益率，其差值即风险溢价，此时投资风险资产优于国债。此外，若有借款，应确保借款用于投资而非消费，以不影响投资组合的收益，实现资产的合理配置与增值。

（二）公司

MM 理论指出，在特定条件下，公司资本结构与公司价值无关。其两大基石为：第一，在有效金融市场中，公司价值取决于资产的创造价值能力，与融资方式及资本结构无关，这意味着公司应聚焦于资本的运用，不必过度担忧负债项目；第二，资金成本由资金的运用效果所决定，而非资金来源。因此，公司应重点关注提高资金运用效益，聚焦创造价值，从而实现公司长期稳定地发展。

MM 理论作为公司金融理论的里程碑，其划时代意义体现在三个方面：第一，理论基准构建。为后续权衡理论、代理成本理论等研究提供了参照系，形成了"偏离—解释"研究路径。第二，管理启示。企业应优先优化投资决策（NPV>0项目选择），而非过度关注融资工具创新。第三，市场有效性检验。资本结构无关性命题成为检验市场完备程度的理论标尺。历经近半个世纪的发展，尽管相关理论不断更新迭代，但 MM 理论在资本结构研究中的核心地位始终稳固。理论的演进深化了对资本结构的理解，却未使其偏离 MM 理论的框架。

MM 理论的价值并不在于其对现实世界的解释程度，而在于其明确指出，若观察到的现象与定理结论不符，必定是定理中的某些条件未得到满足。基于此，可在逐步放松假设前提的基础上，探讨公司资本结构对其价值的影响，进而构建各种情况下的最优资本结构，为公司资本结构决策提供更具针对性和实用性的理论指导。

第三节　权衡理论与优序理论

一、权衡理论

亚历山大·A. 罗比切克(Alexander A. Robichek，1967)、斯图尔特·C. 迈尔斯(Stewart C. Myers，1984)、艾伦·克劳斯考斯(Alan Kraus，1973)、马克·鲁宾斯坦(Mark Rubinstein，1973)、詹姆斯·H. 斯科特(James H. Scott，1976)等提出了权衡理论。权衡理论指出，负债对公司具有两面性，认为公司需权衡利用负债的利弊来抉择债务融资与权益融资的最佳比例。

（一）负债的有利影响

1. 所得税抵减作用

由于在税务处理上，债务利息支出作为成本在计税前列支，股息则在计税后支付，这使负债具有所得税抵减作用，从而降低公司的税负，增加公司的税后利润，提升公司价值。

2. 权益代理成本的减少

负债在公司治理中发挥着积极作用，负债能够促使企业管理者提升工作效率，减少无意义的消费。此外，负债有助于约束公司自由现金流，降低对低效和非营利项目的投资支出，减少权益代理成本，优化公司资源配置，提升公司运营效率。

（二）负债的不利影响

1. 财务困境成本

财务困境成本源于公司因增加财务杠杆而可能或实际出现的未能履行对债权人的承诺，或支付利息困难的情况而带来的成本，它包含直接成本和间接成本两部分。具体财务困境成本构成与作用机理如表 9-10 所示。

2. 财务困境成本与资本成本

在考虑财务困境成本后，财务杠杆与资本成本率和资本结构之间的关系可借助图 9-6 进行分析。

表 9-10　财务困境成本构成与作用机理分析表

成本类型	具体构成	作用机理
（一）直接成本		
1. 司法程序费用	—破产申请费 —律师费 —法庭审理费	法律程序产生的显性支出直接冲减企业资产净值
2. 资产清算折价	—固定资产快速变现损失 —存货折价出售损失	非正常清算环境下资产公允价值折损
3. 重组管理成本	—财务顾问费 —审计评估费	企业重组过程中的专业服务费用
（二）间接成本		
1. 经营中断损失	生产线关停、设备闲置	破产程序导致运营活动暂停，固定成本持续消耗现金流
	供应商停止赊销、物流合作终止	关键原材料断供影响产品交付能力
2. 客户信任危机	长期客户终止合作	市场对企业持续经营能力产生质疑
	客户要求现款现货	交易条件恶化导致营运资金压力加剧
3. 融资约束加剧	评级机构调降至垃圾级（BB+以下）	触发债务契约违约条款，融资渠道收窄
	新增贷款需提供150%超额担保	资产流动性折损导致融资能力受限
4. 人力资本流失	研发团队关键成员跳槽	知识资产外流削弱创新能力
	高端人才拒绝加入	企业声誉受损影响人才吸引力
5. 战略机会丧失	放弃已立项的扩张计划	债权人风险规避导致长期投资受阻
	竞争对手趁机夺取客户	市场地位弱化引发恶性循环

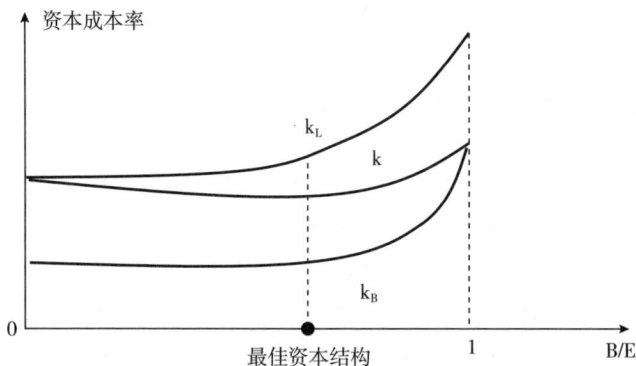

图 9-6　考虑财务困境成本后资本成本率和资本结构的关系示意图

若公司无负债，其权益资本成本率(k_L)与同类风险未利用负债公司的期望收益率(k)相同。而一旦公司开启负债融资模式，k_L 随着债务的增加而上升。随着公司资本结构中债务水平的上升，财务困境成本的概率亦随之增大。

由此，债权人所要求的收益率(k_B)会随着利用负债程度的加深而逐步攀升，进而导致加权平均资本成本率(k)呈现先降后升的"U"形。在公司完全依赖债务融资的极端情况下，即实现100%债务融资时，k 将与 k_B 趋于一致。具体如表9-11所示。

表 9-11 财务杠杆与资本成本关系

负债区间	权益成本	债务成本	WACC 趋势	主导因素
[0, 0.4]	12%~14%	5%~6%	下降阶段	税盾效应
[0.4, 0.8]	14%~22%	6%~9%	"U"形底部	破产概率非线性增长
[0.8, ∞]	22%~∞	9%~15%+	快速上升	债权人风险溢价主导

(三)权衡理论与资本结构

权衡理论指出，由于税盾效应的作用，公司可利用债务融资来提升公司价值。但是，伴随着债务融资比重的逐渐上升，公司面临财务困境的概率也逐渐增大，致使公司市场价值开始下降。因此，当边际破产成本等于边际税盾效应时，即为公司的最优资本结构。

财务杠杆与企业价值的关系可通过图9-7直观展示。

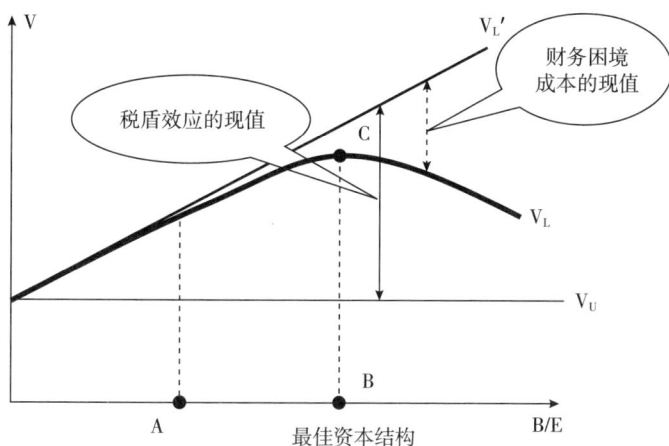

图9-7 财务杠杆与企业价值的关系示意图

如图 9-7 所示，对于无杠杆公司，其公司价值为 V_U，当公司利用负债融资后，在财务杠杆低于点 A 时，不发生财务困境成本，公司的价值是无杠杆公司价值与税盾效应现值之和。随着财务杠杆的进一步提高，超过点 A 后，财务杠杆的负面效应开始显现，财务困境成本出现，公司价值与财务杠杆之间的关系不再呈线性。起初，由于边际税盾效应大于边际破产成本，公司价值仍在逐步上升，公司会继续增加债务资本。随着公司负债比率的持续提升，财务困境成本逐渐增加，当负债比率上升至点 B 时，公司价值处于点 C，此时边际税盾效应等于边际破产成本，即税盾效应给公司价值所带来的增量与财务困境成本所带来的减量会恰好平衡，杠杆公司价值达到最大化，公司有了最佳资本结构。超过点 C 后，边际税盾效应小于边际破产成本，即财务困境成本给公司价值所带来的减量会大于税盾效应所带来的增量，公司价值开始呈下降趋势。

因此，在点 B 的左侧，税盾效应现值大于财务困境成本现值，此时公司应该利用负债；在点 B 的右侧，税盾效应现值小于财务困境成本现值，此时公司应避免继续利用负债。

综上所述，为实现公司价值最大化，权衡理论认为，最优资本结构是"负债的边际税盾效应的现在价值与边际期望破产成本的现在价值相等的点"，这一结论为公司资本结构决策提供了重要的理论依据。

二、优序理论

20 世纪 80 年代，斯图尔特·C. 迈尔斯（Stewart C. Myers，1984）和尼古拉斯·S. 马吉夫（Nicholas S. Majluf，1984）提出了优序理论（Peaking Order）。事实上，优序理论最早出现在 20 世纪 60 年代，戈登·唐纳森（Gordon Donaldson，1960）发现，公司除了不可避免的资金需求，偏好内部融资，排斥外部融资。若外部融资是不可或缺，则优先考虑债务融资，最后才考虑股票融资，从而形成了融资的优先顺序。

1984 年，迈尔斯和马吉夫基于信息不对称理论对优序理论进行了进一步发展，认为融资成本不足以作为融资排序的唯一依据。新优序理论最完整的阐述由迈尔斯和马吉夫共同完成，他们依据信息不对称理论提出了理论上的可行方案，为公司融资决策提供了新的视角和方法。

（一）优序融资理论的主要观点

优序理论强调，企业应构建优化的融资结构，以确保最大的投资收益和融资效率。其核心在于确定最佳的融资结构，即调整资本结构中负债和股权的比例，以实现最佳的投资收益。该理论主张企业应最大限度地利用债务资金，同时确保负债水平在企业的财务承受能力范围内。此外，企业还需考虑股权融资的负担，以保障投资者的最终收益。优序理论的应用可指导企业优化融资结构，根据不同的财务环境和投资者要求，采取有效的融资策略，以获得最大的收益，提高企业的财务状况。

（二）优序融资理论的主要结论

1. 内部融资的优先性

公司偏好内部融资，内部融资主要源自企业内部自然形成的现金流，包括留存收益、折旧和股利等。内源融资成本最低，所受限制较少，因此成为首选的融资方式。

2. 外部融资的顺序选择

随着融资需求的增加，若需外部融资，公司将按照"从安全的债务到有风险的债务"的顺序进行。首先，发行最安全的证券，如银行贷款；其次，债权融资，从有抵押的高级债务、可转换债券和优先股的顺序；最后，股权融资。

（三）权衡理论和优序融资理论的区别

权衡理论和优序融资理论在前提条件不同、财务杠杆比例的生成原因、股利的性质和作用与负债的性质和作用等方面存在区别，如表 9-12 所示。

表 9-12　权衡理论与优序融资理论对比分析

对比维度	权衡理论	优序融资理论
理论基础	基于市场不完美性（税收、破产成本）的静态均衡模型	基于信息不对称的动态行为理论
核心观点	存在最优资本结构，通过平衡税盾收益与财务拮据成本实现价值最大化	不存在目标资本结构，融资顺序遵循：内部资金→低风险债务→高风险债务→股权
关键驱动因素	公司所得税率	信息不对称程度
	财务困境成本	融资约束
	代理成本（AC）	自由现金流（FCF）
融资决策逻辑	主动调整资本结构至最优水平	被动选择融资工具以最小化信息成本
市场有效性假设	半强式有效市场（价格反映公开信息）	弱式有效市场（存在严重信息不对称）
对负债的态度	积极利用债务获取税盾收益，但控制负债率在安全阈值内	优先使用内部资金，债务融资作为次优选择
对股权融资的立场	在最优资本结构范围内谨慎使用	视为最后选择（因信号效应导致股价下跌）
适用场景	成熟行业、稳定现金流企业（如公用事业、制造业）	高成长性、信息不对称严重的企业（如科技初创公司）
局限性	忽略调整成本与动态变化	无法解释长期资本结构稳定性

本章小结

（1）资本结构理论经历了现代资本结构理论和新资本结构理论两个发展阶段，历经半个多世纪。现代资本结构理论扩展了税收、破产因素等影响资本结构的外部因素，并且扩大了资本成本的内涵，逐步将财务困境成本内容加入到资本结构的讨论中，将公司融资决策和资本结构的抉择置于税盾效应和各种资本成本的均衡之中，将影响资本结构的公司外部因素的相关研究推向极致。

（2）众多研究文献和学者并未明确指出最优资本结构的确定方法。在现实中，资本结构受诸多因素的影响，目前尚未有方法完全认知资本结构。

（3）在公司金融实践中，投资项目的资金融通必然改变资本结构，投资项目的价值会因为项目持有人采用不同的融资方式而存在差异。因此，对投资项目的价值评估必须考虑来自融资决策的价值贡献。

重要术语

无税 MM 理论　有税 MM 理论　财务困境成本理论　代理成本理论　权衡理论优序理论　信号传递理论　税盾效应　无风险套利　风险等级　杠杆公司　无杠杆公司

练习题

1. 什么是资本结构？

2. 请结合无税 MM 理论解释无套利均衡分析方法。

3. 请基于无税金财务困境成本等完全资本市场条件下的 MM 定理，回答以下问题。

（1）企业 A 的股东权益市值为 20 亿元，负债市值为 80 亿元，企业 A 的股东权益资本成本率为 12%，负债的资本成本率为 2%。请计算企业的加权资本成本率。

（2）企业 A 新发行股票 30 亿元，并用筹集的资金偿还 30 亿元的负债，企业 A 的其他事业内容没有变化。请计算资本结构发生变化后的企业的加权资本成本率。

（3）请计算(2)中资本结构变化后的企业 A 的股东权益资本成本率。

4. 假设存在负债为 0 的企业 A，预期该企业每年所能产生的净利润为 100 亿元。请计算下列问题：

（1）如果企业 A 将每年的净利润全部作为红利进行分配，假设企业 A 的股东权益资本成本率为 10%，请计算企业 A 的企业价值。（单位：亿元）

（2）如果企业 A 将净利润的 40% 作为留存利益、剩余 60% 作为红利进行分配，假设企业将留存收益再投资于期望收益率（净利润/投资额）为 5% 的某项目，在这种情况下，请计算企业 A 投资后的下一个年度该企业净利润的增长率。（单位:%）

（3）如果企业 A 持续（2）中的利润分配（红利与再投资）政策，并假设再投资所获得的期望收益率也保持 5% 不变。请计算今后每年企业 A 期望红利的增长率。（单位:%）

（4）如果企业 A 永久持续（2）中的利润分配（红利与再投资）政策，并假设 A 企业的股东权益资本成本率为 10% 保持不变，在这种情况下，请计算企业 A 的企业价值。（单位：亿元）

（5）比较（1）和（4）求得的企业 A 的价值是否相等，如果不相等，请说明存在差距的原因。

第十章　股利政策

📚 **学习要点**

1. 熟悉股利政策相关论与股利政策无关论的主要观点。
2. 理解股利支付的程序与方式。
3. 理解股利政策及其影响因素。

第一节　股利类型及支付方式

股利是指公司依照法律或章程规定，按期以一定数额和方式分配给股东的利润，其分配与否及分配额度由公司董事会决定。常见的股利发放方式主要包括现金股利和股票股利。

一、常见的股利发放方式

（一）现金股利

现金股利(Cash Dividend)是上市公司以货币形式支付给股东的股利，是最常见的股利形式。现金股利的发放会导致公司资产端的货币资金等流动性资产等额减少，同时，权益端的未分配利润科目同步削减，是利润的实际分配方式。现金股利包括正常现金股利、额外现金股利、特殊现金股利和清算股利等类型。正常现金股利是直接支付给股东的现金形式，通常按季度支付；额外现金股利是偶发性超额分配的股利，未来可能不会再次出现；特殊现金股利与额外现金股利相似，是不可持续的非常规分配；清算股利是伴随资产剥离或业务终止所支付的股利。

现金股利的发放流程通常涵盖股利宣布、股权登记、除息（亦称除权）和股利支付等环节。在股利宣布日，公司对外公布向所有登记在册的股东按既定股利发放率支付现金股利的消息。股权登记日用于确认股东名单，在该登记日后购入股票的股东无权获得本期股利。除息日也称除权日，除息日之前购买的股票包含股利，而除息日及之后的股票价格中则不包含股利。除息日的设定存在国别差异。例如，在美国，除息日定在股权登记日前 2 天；而在我国，除息日定在股权登记日之后的第 1 天。股利支付日为现金股利的实际发放日，位于股权登记日之后。

（二）股票股利

股票股利（Stock Dividend）亦称送股，作为权益性利润分配工具，其本质是通过会计科目再配置实现资本结构调整。股票股利会计处理标准（基于 IFRS 与 GAAP 对比）如表 10-1 所示。

表 10-1　股票股利会计处理标准（基于 IFRS 与 GAAP 对比）

项目	IFRS 处理规范	GAAP 处理规范	经济实质
送股来源	未分配利润/其他综合收益	留存收益账户	权益内部再配置
资本化比例	按公允价值计量	按面值或市价孰低	避免虚增所有者权益
市场反应	累计异常收益率	累计异常收益率	信号传递效应差异

【例 10-1】

已知 A 公司现有普通股 100 万股，每股票面价值为 1 元，当前市价为 10 元/股。根据股东大会决议，实施 10%比例送股方案，即每持有 10 股普通股可获得 1 股新股。

【解】随着股票股利的发放，留存收益中有 100 万元（100 万元股×10%×10 元）的资本要转移到普通股和资本公积账户中。由于面额（1 元）不变，因此，增发 10 万股普通股，普通股账户仅增加 10 万元，其余 90 万元超面额部分则转移到资本公积账户，而该公司股东权益总额不变。如表 10-2 所示。

表 10-2　A 股票股利发放前后股东权益结构变动　　　　　单位：万元

权益项目	股利前余额	变动金额	股利后余额	会计处理依据
普通股（面值 1 元）	100	10	110	新增股本 = 1 元×10 万股
资本公积	200	90	290	市价与面值差额结转（10-1）×10 万元
留存收益	500	-100	400	权益内部重分类调整
股东权益合计	800	0	800	所有者权益总额不变原则

管理当局发放股票股利的动机和目的如表 10-3 所示。

表 10-3 发放股票股利的动机与目的分析

动机类型	具体目的	理论依据
流动性管理	避免现金流出以维持运营资金，保障再投资能力	自由现金流假说
信号传递	向市场传递企业成长性信号，增强投资者信心	信号传递理论、
股价调控	降低每股价格以提高流动性，扩大投资者基础	流动性溢价理论
股东关系维护	满足股东分配诉求而不稀释控制权	客户效应理论
税务优化	规避股息所得税负担(股东资本利得税通常低于股息税)	税差理论
资本结构优化	将留存收益转化为永久资本，降低财务杠杆率	优序理论
监管合规	满足交易所最低流通股数要求或维持上市资格	市场微观结构理论
股权激励配套	扩大期权池规模而不稀释 EPS	代理成本理论

二、股票回购

股票回购是指公司出资从二级市场回购其发行流通在外的普通股股票。通过购回股利所持股份的方式，将现金分配给股东。股票回购的主要方式有三种：第一，公司公开宣布计划在股票市场上购回自己发放的股票；第二，以高出市场价的溢价购回指定数目的股票；第三，公司直接向大股东洽购。股票回购后，股东获得的资本利得在资本利得税率小于现金股利税率时，可享受纳税优惠。对公司而言，股票回购向市场传递了股价被低估的信号，有助于提升公司价值。

【例 10-2】

下面通过案例分析股票回购前后及发放现金股利后的资产负债情况。A 公司希望将 10 万元发放给股东，A 公司目前有现金 15 万元，其他资产为 85 万元，负债为 0，股东权益为 100 万元，流通在外的普通股股数为 10 万股，因此，每股的市价为 10 元，如表 10-4 所示。求 A 公司进行如下操作后的简易资产负债表的变化。

(1) A 公司拟用 10 万元现金用于每股发放 1 元现金股利。

(2) A 公司拟用 10 万元现金用于回购股票。

表 10-4 A 公司发放现金股利与股票回购前后的资产负债表　单位：万元

资产	负债和股东权益
现金：15	负债：0
其他资产：85	股东权益：100
资产合计：100	负债与股东权益合计：100
流通在外普通股股数：10 万股	
每股市价 = 100/10 = 10（元）	

【解】(1) A 公司将 10 万元用于现金股利，每股发放 1 元现金股利，那么资产负债表将变为：现金由原来的 15 万元减少至 5 万元，其他不变，那么股东权益和公司价值也将减少 10 万元，变为 90 万元，流通在外的股数没有变化，还是 10 万股，因此每股股价将变为 9 元。但公司总的财富是没有变化的，还是 100 万元。

(2) A 公司将 10 万元现金以每股 10 元的价格回购股票，那么资产负债表的左边，现金变为 5 万元，公司价值变为 90 万元，流通在外的股数由原来的 10 万股减去回购的 1 万股，变为 9 万股。每股的市价就等于公司价值 90 万元除以 9 万股，等于 10 元，股价并没有变化。因此，股票回购既不会影响股票价值，也不会影响公司价值。A 公司发放现金股利与股票回购前后的资产负债表如表 10-5 所示。

表 10-5 A 公司发放现金股利与股票回购前后的资产负债表　单位：万元

资产	负债和股东权益
A. 发放现金股利后资产负债表（每股发放 1 元现金股利）	
现金：5	负债：0
其他资产：85	股东权益：90
合计：90 流通在外普通股股数：10 万股	负债和股东权益合计：90
每股市价 = 90/10 = 9（元）	
B. 股票回购后资产负债表（以每股 10 元的价格回购股票）	
现金：5	负债：0
其他资产：85	股东权益：90
资产合计：90	负债和股东权益合计：90
流通在外普通股股数：9 万股	
每股市价 = 90/9 = 10（元）	

三、股票分割

股票分割是指公司将一股股票拆分成多股股票的行为，通常以一定的分割比例进行，如"2 股分割""10 股分割"等。在分割过程中，公司的股本总额保持不变，但股票的数量增加，每股的面值相应减少。例如，一家公司有 100 万股股票，每股面值 1 元，现在进行"2 股分割"，那么分割后公司的股票数量变为 200 万股，每股面值变为 0.5 元。股票分割不会改变公司的股东权益总额，也不会影响公司的市场价值，只是对股票的数量和面值进行了调整，使得股票的价格更加亲民，便于吸引更多投资者。公司进行股票分割的动机与目的及理论依据如表 10-6 所示。

表 10-6　公司进行股票分割的动机与目的及理论依据分析

动机类型	具体目的	理论依据
提高流动性	降低每股价格以吸引小额投资者，提高市场交易活跃度	流动性溢价理论
信号传递	向市场传递管理层对公司未来增长潜力的信心	信号传递理论
维持上市资格	避免股价低于交易所最低要求	市场微观结构理论
优化投资者结构	扩大散户投资者基础，降低机构投资者持股集中度	投资者异质性理论
员工激励兼容	便利股权激励计划实施，使期权行权价更易达成	委托代理理论
行业对标调整	使股价与同业可比公司趋近，增强市场估值可比性	相对估值理论
并购交易准备	创造更灵活的换股比例空间，便于股权收购谈判	并购协同效应理论
心理定价效应	利用"低价幻觉"增强投资吸引力	行为金融锚定效应

第二节　股利政策与公司价值

一、股利无关论

1961 年，股利政策的理论先驱米勒和莫迪格莱尼在《股利政策、增长和股票价值》一文中系统论证了完美市场假设下企业估值与股利政策的独立性命题，即"MM 股利无关论"。主要观点为股利支付决策仅改变收益在现金股利与留存收益间的分配比例，并不创造实质价值，对企业价值没有影响。

假设公司决定将所有收入作为股利发放给股东，那么公司需发行新股来募集资金，满足资金及资本结构要求。新发行股票的价值可抵消发放股利的价值。例如，若公司股利收益率为1%，则股票价格会下跌1%。假设某公司股票现价为20美元，发放1美元股利后，股票价格下跌为19美元。在发放股利前，股东财富为20美元；在发放股利后，股东财富为价值19美元的股票与1美元股利，总财富不变。以下三种情况可进一步说明。

（一）公司用剩余资金发放现金股利

已知某公司在满足当期资本支出需求后，剩余现金N元可用于支付股利，在股利支付前，股东对公司具有N元的要求权，当股利支付后，股东虽然获得了N元现金股利，但相应地失去了对公司资产的N元权益。然而，需要明确股东的总体财富并未发生改变。如图10-1所示。

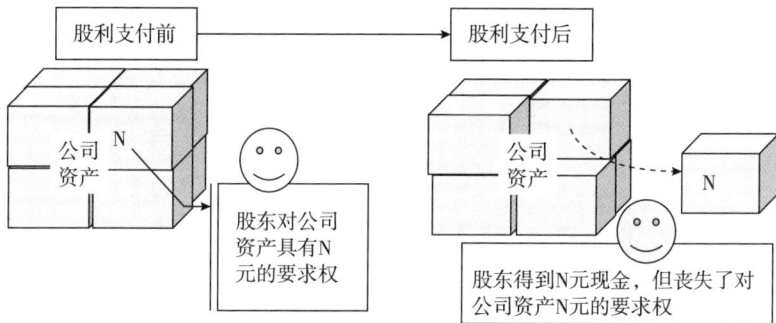

图10-1　公司用剩余资金发放现金股利的示意图

（二）通过发行新股筹资来发放现金股利

当公司面临现金不足而无法直接支付N元现金股利时，可通过增发N元新股的方式解决。此时，公司价值会因新股的注入而暂时增加N元，待现金股利支付完成后，公司价值又将回归到增发新股前的水平。如图10-2所示。

（三）公司不支付现金股利，股东自制股利

假设公司选择不支付现金股利，而股东为了获取现金，可在资本市场上出售部分价值为M元的股票给新股东。这样一来，原本属于老股东的N元资产，将被重新分配为新股东的M元和老股东的N-M元。这一过程实现了新老股东之间的价值转移，然而公司的整体价值在此过程中并未发生改变。如图10-3所示。

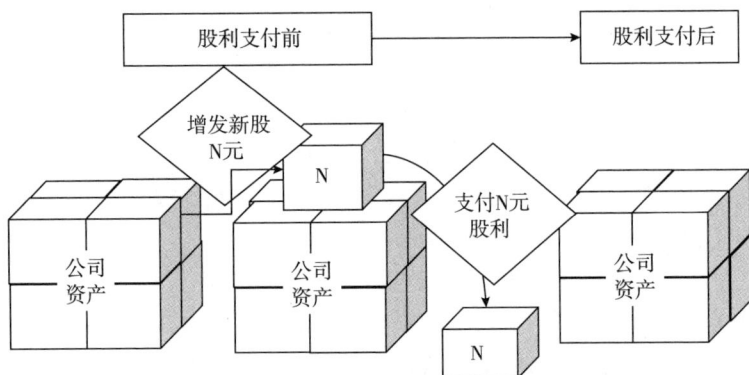

图 10-2   通过发行新股筹资来发放现金股利的示意图

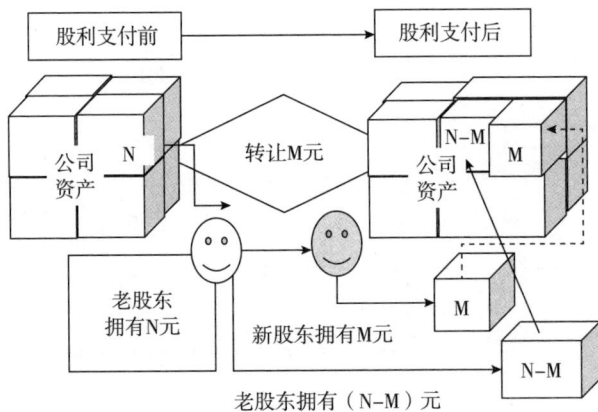

图 10-3   公司不支付现金股利，股东自制股利的示意图

（四）股利无关论的证明

股利无关论的基本假设包括以下三个方面：

（1）无摩擦环境，市场中不存在零交易成本、发行成本和无税负差异等。

（2）信息完全对称，即投资者与管理者信息集等同。

（3）投资政策外生给定，即资本预算决策独立于股利决策。

【证明】根据股利贴现模型，公司价值表达如下：

$$P_0 = \frac{D_1}{(1+r)} + \frac{D_2}{(1+r)^2} + \frac{D_3}{(1+r)^3} + \cdots + \frac{D_n}{(1+r)^n} + \cdots = \sum_{t=1}^{n} \frac{D}{(1+r)^t} \quad (10-1)$$

在任意时期公司的现金流满足以下恒等式：

流入＝流出

因此，

$$X_t + NF_t = D_t + I_t + (1+r) NF_{t-1} \qquad (10-2)$$

其中，X_t 为既有资产在第 t 期所产生的净现金流；NF_t 为实现第 t 期新项目而通过增发股票的方式所筹集到资金；D_t 为第 t 期支付的股利；I_t 为第 t 期新项目的投资；$(1+r) NF_{t-1}$ 为对第 t-1 期资金提供者的回报。

可得：

$$D_t = (X_t - I_t) + [NF_t - (1+r) NF_{t-1}] \qquad (10-3)$$

将式（10-3）代入式（10-2），可得：

$$P_0 = \left[\frac{X_1 - I_1}{1+r} + \frac{X_2 - I_2}{(1+r)^2} + \cdots \right] + \frac{NF_1 - (1+r) NF_0}{1+r} + \frac{NF_2 - (1+r) NF_1}{(1+r)^2} + \cdots$$

$$P_0 = \left[\frac{X_1 - I_1}{1+r} + \frac{X_2 - I_2}{(1+r)^2} + \cdots \right] - NF_0$$

因此，企业价值只与投资支出 I_t 及其所产生的未来现金流 X_t 有关，与股利政策无关。

MM 理论指出，投资者并不关心企业的股利分配，投资者只关心企业的投资获利能力，也就是说企业价值与股利政策无关。企业价值是由其资产的盈利能力和投资决策决定的，而利润如何在股利和留存利润中划分，会影响企业价值。单就股利政策而言，无所谓最佳，也无所谓最次，股利政策是无足轻重的。尽管股利无关论在现实中难以实现，因其严格的假设条件在现实中不存在，如买卖股票存在交易费用，股票价格降低时投资者不愿出售手中股票来创造股利政策，但其严格的假设条件成为现代股利理论研究的主要内容和线索，后续理论及研究均是在放松这些假设条件后的不完善市场中得出的。

二、"在手之鸟"理论

"在手之鸟"理论源于谚语"双鸟在林不如一鸟在手"。该理论最具有代表性的论文是 1959 年迈伦·J. 戈登（Myron J. Gordon）在《经济与统计评论》上发表的《股利、盈利和股票的价格》。他认为，企业的留存收益再投资时存在较大的不确定性，且投资风险会随着时间推移逐渐扩大。因此，投资者更倾向于获得当期的现金股利，而非不确定的未来收入。这一理论强调了投资者的风险厌恶特性以及股利政策对股票价格和投资者预期的影响。"在手之鸟"理论的核心观点如下：

第一，投资者偏好当前收益。由于投资者通常为风险厌恶型，他们更偏好当期较为确定但金额较少的股利收入，而不是未来具有较大风险但可能更多的股利。

第二，股利政策对股票价格的影响。当公司提高股利支付率时，会降低投资者所面临收益的不确定性，从而使投资者可以接受较低的必要报酬率，进而推动公司股票价格上升；相反，若公司降低股利支付率或者选择延期支付，会使投资者承担的风险增大，投资者必然要求较高的报酬率以补偿其承受的风险，公司股票价格则会因此下降。

三、差别税收理论

迈克尔·J. 布伦南（Michael J. Brennan，1970）、费希尔·布莱克（Fischer Black）和迈伦·S. 斯科尔斯（Fischer Black & Myron S. Scholes，1974）、默顿·H. 米勒和迈伦·S. 斯科尔斯（Merton H. Miller & Myron S. Scholes，1982）系统提出了差别税收理论。差别税收理论的核心观点为投资者因现金股利与资本利得的税负差异，对收益形式产生系统性偏好，进而影响企业股利政策与资产定价。该理论突破传统定价模型假设，引入税制摩擦因素，揭示市场异象的财政动因。

【例 10-3】

已知股利所得和资本利得的税率分别为 40% 和 0。公司 A、公司 B 两家公司的相关资料如下：

公司 A 不支付股利，目前股价为 100 元/股，投资者对公司 A 一年后股价预期为 112.5 元/股。此时，股东的税前与税后期望收益率均为 12.5%。公司 B 除在本年年末支付 10 元/股现金股利之外，其他均与公司 A 相同。在股利纳税、资本利得不纳税的情况下，公司 B 的股票价格和税前收益率应为多少？

【解】对于公司 A，投资者所期望的股东税前、税后期望收益率均为 12.5%。

$$\mu_A = \frac{112.5-100}{100} \times 100\% = 12.5\%$$

对于公司 B，扣除现金股利后的股价为 102.5（112.5-10）元/股。由于两家公司的股票风险处于相同等级，持有公司 B 股票的投资者期望税后收益率也为12.5%。因此，在现金股利税率为 40% 的条件下，实际税后现金股利为 10×60% = 6(元)。

公司 B 投资者每股股票的未来价值为股价与现金股利之和，即 102.5+6 =108.5(元/股)。

为提供公司 B 投资者 12.5% 期望的收益率，根据货币时间价值相关公式，公司 B 当前股价 P_B 应为每股股票的未来价值的现值，即：

$$P_B = \frac{108.5}{1+0.125} \approx 96.44(元)$$

此时，公司 B 股票的税前收益率为：

$$\mu_B = \frac{112.5 - 96.44}{96.44} \times 100\% \approx 16.65\%$$

可以看到，由于股利的所得税税率为 40%，而资本利得的所得税税率为 0。所有公司 B 必须为投资者提供比公司 A 高的期望的税前收益率，才能补偿股利所得税的影响。

除股利所得税税率与资本利得所得税税率之间的差异外，学者还研究了投资、股利与税收之间的关系，分析了不同等级的投资者对股利支付率的不同要求。

【例 10-4】

当前市场中对实物资产的投资可获得 r = 18% 的税前收益率。公司所得税税率 T_c 为 40%；个人对股利收入支付需缴纳不同税率的个人所得税，高税率（T_{ph}）和低税率（T_{pl}）的个人所得税税率分别 50% 和 20%；资本利得税 T_g 为 0；已知公司给予股东的股利税前收益率与投资实物资产的股利税前收益率相等，请分别计算高税率和低税率投资者的税前与税后收益率。

【解】（1）高税率股东的实物资产投资的税后收益率为：

$r(1-T_c)(1-T_{ph}) = 18\% \times (1-40\%) \times (1-50\%) = 5.4\%$

若获取等额税后收益率，则所需的税前收益率为：

$r_{ph}(1-T_c) = 5.4\%，r_{ph} = 9\%$

（2）低税率股东的实物资产投资的税后收益率为：

$r(1-T_c)(1-T_{pl}) = 18\% \times (1-40\%) \times (1-20\%) = 8.64\%$

若获取等额税后收益率，则所需的税前收益率为：

$r_{pl}(1-T_c) = 8.64\%，r_{pl} = 14.4\%$

除股息与资本利得课税差异外，学术界从投资决策、利润分配与税收关联性视角展开深入研究。研究表明，差异化税负群体对盈余分配存在显著偏好分歧：当高税率投资者（$T_{ph} = 50\%$）要求实现 5.4 的税后收益率时，企业通过内部融资需达成的税前收益基准为 9%；若采用外部融资并分配利润，则需满足 18% 的税前收益要求。相比之下，低税率投资者（$T_{pl} = 20\%$）的等效收益门槛为 14.4%。这种税后收益差异导致低税率群体更倾向即时获取股息，而高税率群体支持企业持续进行内部再投资直至边际收益降至 9%。

在既定市场条件下，留存收益本质构成股东对企业的隐形增资，其机会成本体现为必要报酬率。对于高税率投资者，9% 的内部融资成本若低于外部融资综合成本，企业将优先采用利润留存策略；反之，当面对低税率投资者时，企业更可能执行分红政策并通过外部市场补充资本。这揭示了所得税级差对企业融资路径选择的影响机理——税率梯度差异直接作用于股利政策制定，进而改变企业扩张资本的获取方式。

由此，可得出差别税收理论的基本观点：

1. 无摩擦市场环境下的税负优化原则

在忽略交易费用的理想条件下，提高现金分红比例将显著增加投资者的即期税负，相较于递延型资本利得形成超额税收损耗。因此，企业实施低股利支付政策更有利于股东财富最大化，此结论构成差别税收理论的基石性命题。

2. 存在市场摩擦时的决策权衡机制

当引入证券交易费用及潜在资本利得税负时，需建立复合成本分析模型。若资本增值相关税费（含交易成本）超过股息所得税，偏好稳定现金流的投资者将推动企业采取高分红策略。该理论强调在即期收益税负与远期资本利得成本之间进行动态平衡，而非简单倡导特定股利政策。

差别税收体系的重要贡献在于构建了税制要素与企业财务决策的联动分析框架，特别是通过揭示"税负客户效应"（Tax Clientele Effect），阐明了不同投资者群体基于税负差异形成的策略性选择规律。

四、代理成本理论

代理成本理论起源于现代企业治理结构中的信息不对称问题。企业所有者和经营者之间的信息不对称导致代理问题的产生。1976 年，迈克尔·C. 詹森（Michael Cole Jensen）和威廉·H. 麦克林（William H. Meckling）首次系统地提出了代理成本理论。将企业代理成本分为两类：一类源自所有权与控制权分离引发的传统委托代理矛盾，表现为管理层与股东的利益偏离；另一类产生于资本结构异化带来的权益关系重构，体现为股东与债权人的契约冲突。总代理成本即为上述两类代理成本的叠加效应。

实施高比例股利支付策略通过压缩管理者可操控的财务冗余空间，有效抑制其机会主义行为倾向。同时，定期现金分红迫使企业更频繁接触资本市场，借助外部监管力量强化治理透明度。但该策略的负面效应体现在提高外部融资频率，可能引致资本成本上升进而削弱企业估值。该理论创新性地构建了"信息传递—行为约束—激励相容"三位一体的分析范式，将资本结构决策转化为治理机制设计问题，为优化企业产权配置提供了理论支撑。

在保持管理层投资决策权恒定的前提下，提升负债融资比重可同步提高其持股集中度，形成利益绑定效应。在很多情况下，管理层不以股东价值最大化为目标管理公司，导致代理问题产生。一方面，公司利润被内部人滥用，代理成本理论认为公司应将大部分盈利返还给投资者，减少内部人员可用的自由现金流量，抑制管理层特权消费，保护股东利益；另一方面，管理层为保护自身利益，倾向于保守投资计划，降低资金使用效率。发放现金股利迫使管理层去资本市场融资，接受市场监管，促使他们更努力提高公司利润，最大化股东价值。因此，现金分红政策对第一类代理成本具有非线性抑制作用，实证研究表明其与权益持有量呈负相关特征。但债务比例提升在降低第一类损耗的同时，会加剧股东与债权人的利益冲突，典型表现为投资决策的资产替换倾向。具备完全信息预期的债权人将通过提高风险溢价实施自我保护，致使第二类代理成本随股权集中度攀升呈现正相关趋势，形成资本结构的动态均衡约束。如图 10-4 所示。

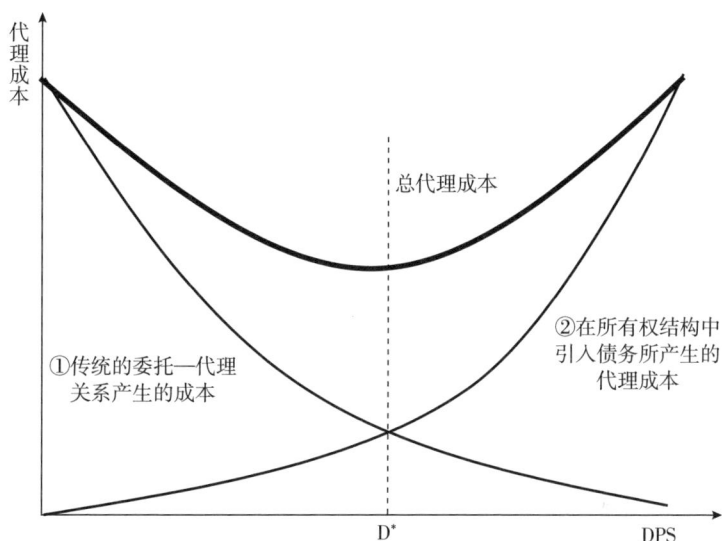

图 10-4　代理成本理论示意图

五、追随者效应理论

追随者效应理论亦称顾客效应理论，最初由米勒和莫迪格利安尼（1961）提出。基于个人所得税累进税制的结构性特征，该理论构建了投资者税负异质性与企业分红策略的关联模型。实证研究表明，市场主体因应税地位差异形成显著的投资偏好分化。以高净值个人为代表的税负敏感型投资者（边际税率 T≥35%）倾向于规避现金分红，优先选择留存收益再投资，以此实现递延纳税效应；而免税型机构（如社保基金）及低税率投资者（T≤15%）偏好稳定分红型资产，以满足当期现金流需求。这种税制性套利空间驱动企业实施客户导向型股利政策调整，最终形成市场均衡状态下的税基分层现象——高股息率证券主要配置于免税账户及低税率投资组合，低股息率资产则集中于高净值投资者持仓。

追随者效应的形成机制可解构为三个维度：

第一，税负敏感度差异。投资者根据自身税收属性计算股息收益的税后净现值，高税级群体面临更高的机会成本。

第二，企业策略响应。管理层通过动态调整分红比例构建"税制适配型"股东结构。

第三，市场均衡实现。证券定价机制自动筛选目标客户群体，形成税负特征与分红政策的匹配效应。

该理论突破传统财务决策模型的同质性假设，揭示出资本市场存在系统性税制套利空间，为理解机构投资者持仓结构差异提供了新的分析视角。其政策启示在于，企业价值评估需纳入税制摩擦系数，且监管框架设计应考量税负中性原则对市场效率的影响。

六、信号传递理论

信号传递理论最早由美国经济学家迈克尔·斯宾塞（Michael Spence，1973）提出，为解析非对称信息环境下的市场行为奠定了理论基础。在财务决策领域，信号传递理论经斯蒂芬·A. 罗斯（Stephen A. Ross，1977）的开拓性研究获得突破性发展，其核心命题在于：企业决策者可通过特定财务行为向市场释放私有信息，其中股利政策因其承诺支付特性成为最具信息含量的信号载体。

相较于存在盈余管理空间的利润指标，现金股利分配具有三重信号优势：

第一，不可逆性特征。股利派发涉及真实现金流出，难以通过会计技术人为操纵。

第二，持续性约束。市场将股利削减视为重大负面信号，倒逼企业审慎决策。

第三，管理层承诺机制。股利水平提升实质构成对未来现金流状况的隐性担保。

信号传递理论作用机理呈现双向反馈特征。当管理层预判企业未来自由现金流将显著改善时，倾向于提高股利支付率释放正向信号；相反，若预期经营环境恶化，则维持或降低现有分配比例传递审慎预期。这种信号传导机制引发市场参与者重新评估企业价值，具体表现为：股利增幅公告常伴随超额收益，而股利削减往往触发股价异常下跌。

信号传递理论框架的学术贡献体现在以下两个维度：

第一，构建了财务政策与企业价值的信息传导通道，揭示出股利决策在资本市场的定价功能。

第二，修正了传统有效市场假说的完全信息假设，为行为公司金融理论发展提供关键支点。后续实证研究进一步证实，在信息透明度较低的市场环境中，股利信号效应呈现显著放大特征。

七、行为理论

从 20 世纪 80 年代开始，以米勒、赫什·谢弗林、梅尔·史特德曼等为代表的学者开创性地将认知心理学引入公司财务研究，构建起四维度的行为解释框架，突破了传统金融理论的完全理性假设。

（一）理性预期理论

1981 年，米勒首先将理性预期概念应用于股利政策研究，在股利政策研究中系统性地将理性预期模型引入财务决策分析。理性预期理论揭示：决策的市场效应不仅受行为本身的影响，更与市场参与者对决策后果的前瞻性判断密切相关。当实际股利分配偏离市场共识预期时，证券价格将产生异常波动，这种价格漂移现象本质反映预期差值的动态修正过程。

（二）自我控制理论

赫什·谢弗林（Hersh Shefrin，1984）和梅尔·史特德曼（Meir Statman，1984）提出了自我控制理论。在自我控制理论假设条件下，市场参与者通过构建"股票投资—股利消费"的预算分离机制，将长期资本配置于权益资产，同时限定即期消费仅来源于股息收入。这种制度设计通过提高股权变现的交易成本，有效抑制了非理性消费冲动，为缺乏自控能力的投资者构建了财务自律工具。

（三）后悔厌恶理论

后悔厌恶理论认为，在不确定条件下，投资者的决策评估存在历史参照依赖特征：当实际收益低于放弃选项的潜在收益时，将触发后悔情绪因子；反之，则产生自我证实快感。这种非对称情绪反应导致投资者对持续分红企业产生路径依赖，形成"股息惯性"投资模式。

（四）有限理论性理论

完全市场的理性人假设并非总是成立，投资者对公司政策的反应存在滞后性，这为管理者提供了通过各种手段控制股利政策的机会。有限理论性理论修正了传统金融学的完全理性假设，证实了决策反馈存在时滞效应。这种认知局限赋予管理层策略调整空间，可通过渐进式股利调整引导市场预期，降低政策突变引发的估值波动。

第三节 股利政策的影响因素

公司制定股利政策时，还需考虑一些因素，包括法律因素、公司自身因素、股东因素及其他一些限制性因素。

一、法律因素

（一）资本保全的限制

监管框架要求利润分配资金仅可来源于经营积累（当期盈余及未分配利润），严格禁止动用股本及资本公积进行分配，确保公司资本维持原则的落实。

（二）企业积累的限制

法定公积金计提规则要求企业将不低于净利润 10% 的资金转入储备账户，直至储备规模达注册资本 50% 阈值。该制度设计强化了企业财务稳健性，为债权人权益提供双重保障。

（三）净利润的限制

企业须满足会计期间累计净利润为正与完成历史亏损弥补程序这一双重盈余标准方可实施分配。该条款有效防范资本侵蚀风险。

（四）无力偿付的限制

当企业流动比率低于行业警戒值（通常设定为 1.5~2.0 倍），或预计分配行为将触发债务违约时，监管机构有权冻结股利发放。此规定源自《中华人民共和国公司法》第一百六十六条对债权人优先受偿权的保护。

（五）超额累计利润限制

鉴于资本利得税负优势，部分企业存在超额累计利润倾向。OECD 国家普遍设置留存收益上限（通常为注册资本 3 倍），超额部分征收惩罚性所得税（如美国《国内税收法典》第 531 条）。目前，我国尚未建立相关规制体系。

二、公司自身因素

从公司的经营需要来讲，存在诸多影响股利分配的因素。

（一）流动性约束机制

现金股利支付将直接降低速动比率，资产流动性层级（按流动资产占比分级）与股利支付强度显著正相关。在实务中，制造业企业平均股利支付率显著低于商贸类企业的实证数据印证该理论。

（二）债务融资弹性

具备投资级信用评级的企业可通过债务工具快速获取资金，因而维持较高股利支付率；反之，信用评级较低企业多采用剩余股利政策。

（三）盈余稳定性特征

采用三年盈余波动率指标衡量的稳定型企业，其平均股利支付率显著高于高波动企业，该差异源于管理层对可持续支付能力的评估机制。

（四）资本支出需求

根据生命周期理论，通常投资机会与股利支付呈负向关系。股利支付率按照成长期企业（研发投入占比>5%）、成熟期企业（固定资产周转率稳定期）、衰退期企业（自由现金流持续为正）这一顺序，由低到高。

（五）资本结构优化

内部融资成本显著低于股权融资成本，促使有扩张需求的企业优先选择利润留存策略，宜采取低股利政策。

三、股东因素

股利政策必须通过股东大会决议才能实施。股东从自身需求出发，对公司的股利分配产生影响。

（一）稳定收入

风险规避型投资者通常认为资本利得的风险较高，不赞成公司留存收益过多，偏好公司持续支付稳定股利。例如，退休基金等机构投资者通常要求最低股息保障倍数要在 2 以上。

（二）股权稀释

若公司持续高股利支付率政策，则公司未来发行新股的可能性将持续增加，大股东（持股>10%）为防范股权稀释风险，多支持剩余股利政策，以防止控制权旁落。

（三）避税考虑

高税股东出于避税目的，倾向于规避现金分红，以此实现递延纳税效应，他们主张实施低股利政策。

（四）规避风险考虑

部分股东认为，通过资本市场获得资本利得风险较高，而当前股利利得是确定的，因此通常会要求公司多支付股利。特别是当市场波动率突破阈值时，股东要求特别分红的议案数量会大幅度增加，反映股东对确定性收益偏好强化特征。

四、其他因素

还需考虑一些其他限制性因素，包括债务合同约束、公司的债务合同，特别是长期债务合同，往往有限制公司现金支付程度的条款，这使公司只得采取低股利政策。

（一）通货膨胀因素

在货币购买力持续贬值的宏观经济环境下，由于公司资金购买力逐渐下降，企业资本保全需求显著增强，为维持现有的公司经营规模，需要公司不断追加投入，这意味着未来需将更多的税后利润进行内部积累，此时公司通常会收紧股利政策。

（二）限制性条款

标准信贷协议通常设置递进式股利约束条款：

第一，收益递延条款。限定股利分配资金仅来源于契约生效后的增量经营现金流，历史留存收益锁定为偿债保障基金。

第二，流动性警戒线。当速动比率[（流动资产-存货）/流动负债]低于1.25时，自动触发股利支付禁令。

第三，偿债能力阈值。要求EBIT利息覆盖倍数维持3.0倍以上，否则启动利润分配限制程序。

第四节　股利政策

一、剩余股利政策

（一）剩余股利政策的含义

剩余股利政策作为资本预算约束下的动态分配机制，其核心在于通过资本结构优化实现投资效率与股东回报的均衡。该模型遵循"投资优先—剩余分配"原则发放股利。该政策有利于企业保持目标资本结构，如图10-5所示。

（二）剩余股利政策的决策步骤

（1）明确最优资本支出规模。这需要综合考虑公司的资本投资规划和加权平均资本成本，通过科学的分析和测算，确定公司最为理想的资本支出额度，也就是最佳资本预算。

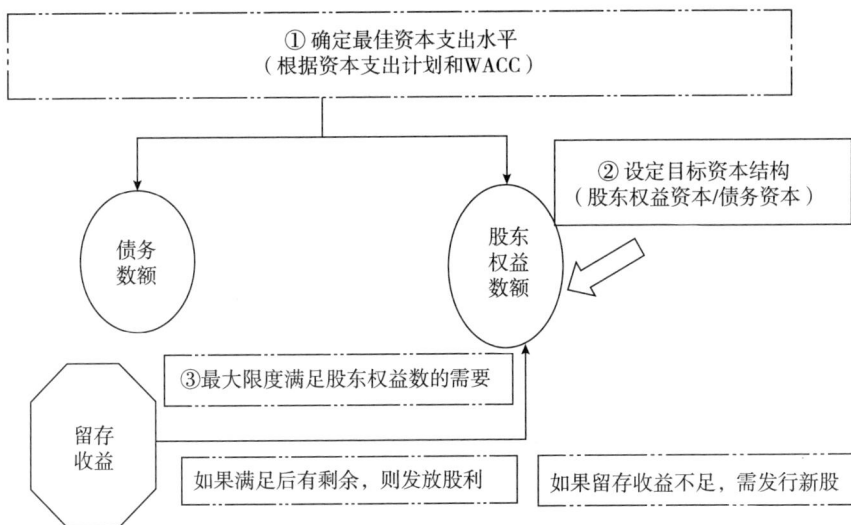

图 10-5　剩余股利政策示意图

（2）预估股东权益资本的需求量。在确定了最佳资本预算之后，结合公司的目标资本结构，进一步预测公司为实现这一预算所需筹集的股东权益资本的具体数额。

（3）运用留存收益来满足资金需求。公司将留存收益作为首选资金来源，用于满足上述预测的股东权益资本增量需求。倘若留存收益不足以覆盖这一需求，那么公司则需要采取发行新股的方式，以获取所需的额外权益资本。

（4）实施股利发放。在留存收益已经充分满足公司股东权益资本需求的前提下，若仍有剩余资金，公司则将这部分剩余资金以股利的形式发放给股东。

【例 10-5】

某公司当年利润为 150 万元，已知该公司最佳资本结构中负债和股东权益占比分别为 70%和 30%，下一年度公司的最佳资本支出额为 120 万元。请计算在公司采用剩余股利政策时，当年的股利是否应发放？若发放，发放的金额为多少？

【解析】本年税后利润为 150 万元，下年需支出 120 万元，可根据公司的最佳资本结构，分别计算所需债务和权益资本的出资额，在满足了投资资本的前提下，可将剩余权益部分作为股利进行分配。

【解】根据利润分配公式可知，净利润−股利＝本期新增加的留存收益，净利润是 150 万元，留存收益需要优先考虑未来投资，已知当年需要增加的投资资本为 120 万元，在公司的目标资本结构中，目标权益比重为 70%，那么留存收益为 84（120×70%）万元，由此可以得出，公司应分配的股利为 66（150−84）万元。如

图 10-6 所示。

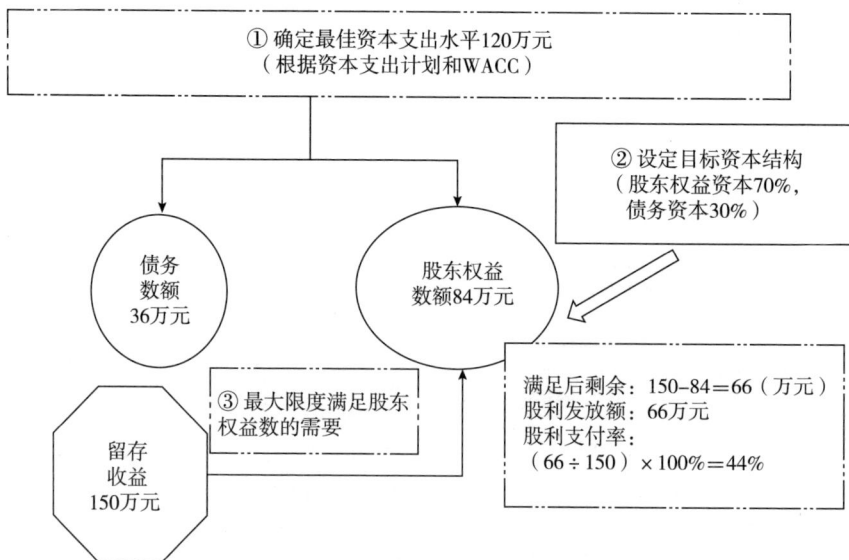

图 10-6　剩余股利政策最佳资本支出示意图

【例 10-6】

如果上题假设资本支出计算分别增加至 200 万元和 300 万元，公司仍采用剩余股利政策，请分别计算该公司当年的股利发放金额与股利支付率。

【解】该公司的股利发放额和股利支付率如表 10-7 所示。

表 10-7　不同资本支出预算条件下股利发放额及支付率　　单位：万元

资本支出预算	200	300
现有留存收益	150	150
资本预算所需要的股东权益资本	140（200×70%）	210（300×70%）
股利发放额	10	—
股利支付率	6.67%	—

当下年度资本支出计划为 300 万元时，公司当年收益(150 万元)不能满足最优资本结构对股权资本的自己需求(210 万元)，因此，不能发放股利，公司需额

外发行新股60(210-150)万元，以实现最优资本结构对股权资本的需求。

（三）剩余股利政策评价

剩余股利政策的优缺点如表10-8所示。

表10-8 剩余股利政策的优缺点

类别	具体内容	理论依据
（一）优点		
（1）资本结构优化	优先使用留存收益满足投资需求，严格遵循目标资本结构（如债务/权益比例），降低加权平均资本成本（WACC）	MM定理（考虑税收效应）、权衡理论
（2）投资效率导向	将边际资本回报率（ROIC）与资本成本（WACC）直接挂钩，确保新增项目净现值（NPV）为正	净现值法则、资本预算约束理论
（3）融资成本节约	内部融资（留存收益）成本显著低于外部股权融资，减少稀释效应	融资优序理论
（4）代理成本控制	通过绑定投资决策与利润分配，约束管理层过度留存自由现金流	自由现金流假说
（二）缺点		
（1）股利波动性	股利支付与投资机会、盈利水平双重波动关联：投资机会增加→股利减少；盈利下降→股利锐减	股利平滑理论、信号传递理论
（2）信号扭曲风险	非连贯性股利政策易被市场解读为：投资机会枯竭（高股利时），财务危机预警（零股利时）	信息不对称理论
（3）适用性局限	在成熟期企业面临矛盾：投资机会减少→需高股利，但高股利引发增长停滞担忧	企业生命周期理论
（4）流动性约束	严格的投资优先原则可能过度压缩营运资金：当突发资本需求出现时被迫高成本融资	预防性储蓄理论

二、固定股利或稳定的股利政策

（一）含义

固定股利或稳定的股利政策由米勒和莫迪格莱尼（1961）提出，其核心在于建立跨周期的刚性股息分派机制。该模型要求企业设定基准股息支付额，并在经济周期波动中维持该分配水平恒定，仅在公司管理层明确未来盈利将大幅度且不会逆转地增长时，才会适当提升公司的股利支付水平。

（二）政策评价

固定股利或稳定的股利政策的优缺点如表10-9所示。

表 10-9 固定股利政策的优缺点

类别	具体内容	理论依据
（一）优点		
(1)预期稳定性	通过建立可预测的股息支付模式，降低投资者对未来现金流的不确定性，形成股息锚定"效应"	股利平滑理论、行为金融学的确定性偏好理论
(2)信号强化机制	持续稳定的股息发放传递企业财务稳健信号，特别是在行业下行周期中增强市场信心	信号传递理论
(3)股东信任构建	避免股利波动引发的信任危机，尤其是吸引退休基金、保险机构等长期资本	委托代理理论中的声誉机制
(4)融资成本优化	稳定的现金流分配模式提升信用评级稳定性（如维持 AA 级及以上），降低债务融资溢价	信用评级传导理论
（二）缺点		
(1)财务刚性约束	强制维持股利支付导致以下风险：资本支出受限、流动性储备不足	财务灵活性假说
(2)增长抑制效应	为维持股利支付而放弃 NPV>0 的项目	投资不足理论
(3)信号扭曲风险	市场可能误判：稳定股利被解读为缺乏增长机会，股利不变掩盖实际业绩波动	信息甄别理论
(4)周期错配问题	在经济下行期维持股利支付导致：资产负债率攀升，利息保障倍数恶化	顺周期效应理论

三、固定股利支付率政策

（一）含义

该分配策略要求企业预先设定税后利润分配基准比率，并严格遵循"盈余驱动型"分配原则，即股利额等于净利润乘以固定的股利支付率。该政策使股东获取的股利与公司实现的净利润紧密联系，净利润较多的年份，股东领取的股利较多；净利润较少的年份，股东领取的股利较少，较为公平地对待每一位股东。同时，由于股利支付额随公司收益变动，不会给公司带来固定的财务负担。然而，这也导致公司每年发放的股利极不稳定。

（二）政策评价

固定股利或稳定的股利政策的优缺点如表 10-10 所示。

表 10-10　固定股利支付率政策的优缺点

类别	具体内容	理论依据
(一)优点		
(1)股东权益公平性	严格遵循"等比例分配"原则，确保所有股东按持股比例获得收益分配，消除特殊利益输送风险	股东平等原则、代理成本理论
(2)财务弹性机制	股利支付与当期盈利直接挂钩，避免刚性支付压力，在亏损年度自动暂停分配	剩余索取权理论、财务灵活性假说
(3)信号传递透明度	股利波动率真实反映企业经营状况	信息含量假说、有效市场假说
(4)资本保全保障	分配资金严格限定于可分配利润，杜绝资本侵蚀风险	资本维持原则(《中华人民共和国公司法》第一百六十六条)
(二)缺点		
(1)股利剧烈波动	盈利周期性波动导致股利支付剧烈震荡：经济上行期股利超额分配、经济下行期支付中断	股利平滑理论、行为金融学的损失厌恶理论
(2)投资约束效应	高盈利期大比例分配导致内部融资不足：资本缺口，被迫放弃 NPV>0 项目	投资不足理论、融资约束假说
(3)市场误读风险	投资者可能将股利波动解读为：管理层缺乏战略定力，行业前景恶化	信号扭曲理论、"羊群效应"理论
(4)治理结构挑战	盈利波动引发控制权争夺：大股东通过盈余管理操纵分配时点，股利停发触发股东诉讼	公司治理理论、法律风险理论

四、低正常股利加额外股利政策

(一)含义

低正常股利加额外股利政策由米勒和莫迪格莱尼(1961)提出，认为公司每年只支付固定的、金额较低的股利，一般情况下按此金额支付正常股利，只有当企业盈利较多时，再根据实际情况向股东发放额外股利。

(二)政策评价

低正常股利加额外股利政策的优缺点如表 10-11 所示。

表 10-11　低正常股利加额外股利政策的优缺点

类别	具体内容	理论依据
(一)优点		
(1)收益稳定性保障	基础股利的持续支付(通常为净利润的 20%~30%)提供可预期现金流,缓解投资者对收入不确定性的担忧	股利平滑理论、行为金融学的确定性偏好理论
(2)盈余弹性机制	额外股利在盈利扩张期提供超额回报,实现"保底+弹性"的分配结构	剩余股利理论改良模型、动态资本配置理论
(3)信号传递优化	双重股利结构传递多维信息:基础股利表明财务稳健性,额外股利展示增长潜力	分层信号理论、信息不对称管理模型
(4)财务风险控制	基础股利设定在可持续支付水平(EBITDA 覆盖率 ≥ 3.0),避免盈利波动导致支付中断	预防性财务规划理论
(二)缺点		
(1)预期管理复杂性	额外股利的非定期发放导致:投资者形成超额收益依赖、管理层面临盈余预测压力	适应性预期理论、行为金融学的锚定效应
(2)代理成本增加	为维持基础股利支付可能:放弃 NPV>0 项目,过度使用财务杠杆	自由现金流假说、投资短视理论
(3)市场定价扭曲	投资者可能误判:持续额外股利被计入永久收益,基础股利偏低引发增长停滞担忧	市场非理性定价理论、信号混淆假说
(4)治理结构挑战	双重股利决策权配置难题:董事会与管理层对超额利润分配比例的博弈,大股东通过操控额外股利进行利益输送	公司治理权力制衡理论、隧道效应理论

本章小结

(1)股利政策是关于公司股利发放比例以及发放方式的公司决策。但股利政策决定是一个颇受争议的话题,因此,形成了很多理论。股利政策理论源自无税 MM 理论,该理论认为在完美资本市场条件下,公司价值与公司的获利能力有关,而与公司的股利政策无关。随着经济学新的分析方法的引入,股利政策理论得到了发展,并且也越来越具有现实解释功能。

(2)股利政策既与融资决策相关,也与投资决策有关,决定公司股利政策的因素众多。由于股利政策、资本预算和融资决策会相互影响,因此,为了独立地分析股利政策,早期的理论都是在给定的资本预算和融资决策下展开讨论。

(3)股利政策是公司重要的利益分配政策,也是一种重要的融资方式。在现实中，决定公司股利政策的因素众多。在无税 MM 股利政策理论诞生之前，"在手之鸟"理论已经流行了很久，成为解释股利政策的重要理论。但是，股利 MM 理论的诞生，为股利政策理论研究提供了全新的方法和思路，即无套利均衡分析方法。

重要术语

股利政策 股票回购 股票分拆 "在手之鸟"理论 MM 理论 差别税收理论 代理成本理论 信号理论 追随者效应理论 行为理论 剩余股利政策 固定股利或稳定增长股利政策 固定股利支付率政策 低正常股利加额外股利政策

练习题

1. 股利无关论的主要假设条件是什么？

2. 与增加股利相比，公司更加不愿意削减股利，这是为什么？

3. 2022 年，某公司合计发放股利 255 万元。2012~2022 年，该公司盈利始终保持着 10% 的固定增长率，2022 年底，其税后盈利已达到 1381 万元，而投资机会总额为 1000 万元。预计 2023 年后，公司的盈利将恢复至 10% 的增长率。若公司分别采用以下不同的股利支付政策，请分析计算该公司 2023 年的股利。

（1）股利按盈利的长期增长率同步稳定增长。

（2）维持 2022 年的股利支付率不变。

（3）实施剩余股利政策，即 1000 万元投资中 30% 为负债融资。

（4）2023 年资本支出计划中，权益融资、负债融资和留存收益的比例分别为 30%、30% 和 40%，剩余留存收益将用于发放股利。

4. 某公司在外流通的普通股为 20 万股，面值为 2 元/股，公司未发行优先股，该公司计划明年的资本支出总额为 80 万元，预期当年的税后利润为 200 万元。已知，该公司计划按 20% 比例计提盈余公积与公益金，剩余税后利润用于该公司下一年资本支出计划。请计算如下问题：

（1）若该公司实施剩余股利政策，则每股股利为多少？

（2）若该公司实施剩余股利政策，则股利发放率为多少？

参考文献

[1] Bodie Z, Kane A, Marcus A J. Investments(12th Edition)[M]. Boston: McGraw-Hill/Irwin, 2022.

[2] Copeland T E, Weston J F. Financial Theory and Corporate Policy(3rd Edition)[M]. Reading, Massachusetts: Addison Wesley Publishing Company, 1988.

[3] Fabozzi F J, Fabozzi T D. The Handbook of Fixed Income Securities(4th ed.)[M]. Homewood: Irwin Professional Publishing, 1995.

[4] Fama E F, French K R. The Cross-Section of Expected Stock Returns[J]. Journal of Finance, 1992, 47: 427-465.

[5] Farrar D E, Selwyn L L. Taxes, Corporate Financial Policy and Return to Investors[J]. National Tax Journal, 1967, 20(4): 444-454.

[6] Ingerosll J E, Ross S A. Waiting to Investment: Investment and Uncertainty [J]. Journal of Business, 1992, 65: 1-29.

[7] Jensen M C, Meckling W H. Theory of the Firm: Managerial Behavior, Agency Costs and Ownership Structure[J]. Journal of Financial Economics, 1976, 32: 321-334.

[8] Markowitz H M. Portfolio Selection: Efficient Diversification of Investments [M]. New York: John Wiley & Sons, 1959.

[9] Markowitz H M. Portfolio Selection[J]. Journal of Finance, 1952, 7: 77-91.

[10] Myers S C, Majluf N S. Corporate Financing and Investment Decisions when Firms Have Information That Investors Do Not Have[J]. Journal of Financial Economics, 1984, 13(2): 187-221.

[11] Myers S. Interactions of Corporate Financing and Investment Decisions-Imlications for Capital Budget[J]. Journal of Finance, 1974, 29(March): 1-25.

[12] Ross S A, Westerfield R W, Jaffe J F. Corporate Finance(13th Edition) [M]. Boston: McGraw-Hill/Irwin, 2004.

［13］Ross S A, Westerfield R W, Jaffe J F. Corporate Finance (7th Edition)［M］. Boston：McGraw-Hill/Irwin, 2004.

［14］Ross S A. The Arbitrage Theory of Capital Asset Pricing［J］. Journal of Economic Theory, 1976, 13：341-360.

［15］Sharpe W F. Capital Asset Prices：A Theory of Market Equilibrium under Conditions of Risk［J］. Journal of Finance, 1964, 19：425-442.

［16］Shefrin H, Statman M. Explaining Investor Preference for Cash Dividends［J］. Journal of Financial Economics, 1984, 20：186-194.

［17］布雷利, 迈尔斯, 艾伦. 公司财务原理(原书第 10 版)［M］. 赵英军, 译. 北京：机械工业出版社, 2012.

［18］斯蒂芬·罗斯, 等. 公司理财［M］. 吴世农, 等译. 北京：机械工业出版社, 2017.

［19］威廉·L. 麦金森. 公司财务理论［M］. 刘明辉, 等译. 大连：东北财经大学出版社, 2002.

［20］詹姆斯·瓦伦. 财务报表分析(第 8 版)［M］. 胡玉明, 译. 北京：中国人民大学出版社, 2020.

［21］张新民, 钱爱民. 财务报表分析［M］. 北京：中国人民大学出版社, 2023.

［22］朱叶, 王伟. 公司财务学［M］. 上海：上海人民出版社, 2003.